I0816921

DEJA DE DECIR SÍ CUANDO QUIERES DECIR NO

Hailey Magee

DEJA DE DECIR SÍ CUANDO QUIERES DECIR NO

CÓMO DECIR LO QUE NECESITAS
Y OBTENER LO QUE MERECES

DIANA

Título original: *Stop People Pleasing: And Find Your Power*

Traducción: Laura Mier
Formación: Alejandra Romero
Diseño de portada: Planeta Arte & Diseño
Ilustración de portada: © Shutterstock
Fotografía de la autora: © Erek West

Bajo el sello editorial DIANA M.R.
Avenida Presidente Masarik núm. 111,
Piso 2, Polanco V Sección, Miguel Hidalgo
C.P. 11560, Ciudad de México
www.planetadelibros.com.mx

Primera edición impresa en México: julio de 2025
ISBN: 978-607-39-2974-5

Impreso en los talleres de Corporación en Servicios
Integrales de Asesoría Profesional, S.A. de C.V.,
Calle E # 6, Parque Industrial
Puebla 2000, C.P. 72225, Puebla, Pue.
Impreso y hecho en México / *Printed in Mexico*

Para Aaron, por enseñarme que no necesito ser menos para ser amada.

ÍNDICE

PARTE III: CUÍDATE

PARTE IV: ENRIQUÉCETE

INTRODUCCIÓN

Era mediados de agosto y hacía un sol inclemente en Boston. Me encontraba en la banqueta de una calle muy transitada, con los brazos cargados de bolsas de papel llenas de compras. Lo único que deseaba era volver a mi departamento y sentarme frente al aire acondicionado. Pero, en lugar de eso, me esforzaba por escuchar al promotor de Greenpeace que llevaba diez minutos hablándome de la difícil situación de los osos polares.

Hice todo lo posible por mantener una expresión de preocupación adecuada mientras el sudor me resbalaba por la frente. Me gustaban los osos polares, ¿a quién no?, pero no contaba con tiempo ni dinero de sobra. Tenía una reunión telefónica en treinta minutos y ya iba tarde, pero la cortesía me inmovilizó. No quería que este extraño, al que probablemente nunca volvería a ver, pensara que era grosera.

Cuando finalmente me hizo la pregunta: «Entonces, ¿podrías donar treinta dólares para mantener vivos a nuestros amigos peludos?», busqué mi cartera, incapaz de resistirme a la culpa. En ese momento, una de las bolsas con mis compras se rompió y las latas cayeron en cascada por la banqueta. Me disculpé profusamente, y cuando al fin recogí las últimas, el promotor ya había abordado a otra persona.

Déjame usar otro ejemplo.

Unas semanas más tarde estaba en el recinto donde se presentaba la banda de un amigo, pero me quedé atrapada en el bar. Habían pasado

35 minutos —revisé el reloj cada cinco, así que estaba segura de ello— y un hombre que no conocía *seguía* hablándome, con insoportable lujo de detalles, de sus 12 guitarras. Durante los primeros minutos le presté toda mi atención (siempre me alegraban las charlas breves con algún desconocido amable), pero al final, utilicé todas las señales que se me ocurrieron para transmitir mi desinterés. Miré mi teléfono, observé a mi alrededor, di respuestas monosilábicas. Y aun así, él seguía.

Este hombre no me intimidó ni me amenazó; desde cualquier punto de vista, era inofensivo. Pero, por alguna razón, no pude reunir el valor para decirle: «Fue un placer hablar contigo, pero ahora voy a escuchar a la banda».

No pude encontrar mi voz. En su lugar, esperé a que él me liberara.

Un mes más tarde tuve mi primera cita con un hombre que había conocido por internet. Enseguida supe que no éramos compatibles: no se parecía a las fotos de su perfil, teníamos pocos intereses en común y me interrumpía constantemente. Durante el postre, me dio una larga cátedra sobre la complejidad del mercado de valores.

Cuando por fin terminó la cita, abordé el Uber, inundada de alivio. «Bueno, al menos se acabó», pensé. No había pasado ni una hora cuando recibí un mensaje de texto: «Fue muy divertido. ¿Cuándo puedo verte de nuevo?».

No sabía qué decir. La idea de responder honestamente: «¡Gracias por la cita! No sentí la chispa, pero te deseo lo mejor», me pareció mezquina. Simplemente no pude hacerlo, no sabía cómo, así que no respondí.

Pasaron tres días cuando llegó otro mensaje de texto: «¿Sabes?, es increíblemente grosero que no me respondas», decía. «Tuvimos una gran cena, que por cierto yo pagué, y me debes una explicación».

No me detuve a cuestionar su derecho. No me detuve a considerar si este punto de vista transaccional se alineaba con mi ética feminista. Todo lo que sabía era que me sentía culpable, así que, en lugar de responder con honestidad, inventé una excusa: «¡Lo siento mucho, he estado ocupada!» y acepté que nos viéramos para una segunda cita. Fueron cuatro salidas hasta que finalmente encontré el valor para despedirme de él.

Durante la mayor parte de mi vida, complacer a la gente fue el aire que respiraba, me resultaba tan natural que ni siquiera tenía una palabra para describirlo. Cuando alguien quería algo de mí, ya fuera un familiar, un amigo, un amante o un extraño, se lo daba, sin importar lo incómoda, agotada o resentida que me sintiera por dentro.

No importaba si llegaba tarde a una reunión; no importaba si me perdía a la banda de mi amigo; no importaba si no quería volver a verlos nunca. Era una persona complaciente. Ponía a los demás por delante. No sabía decir que no.

En mi relación sentimental escuchaba la música que elegía mi pareja, salía con sus amigos y discutíamos según sus condiciones. Con mi familia sentía que las emociones de los demás eran mi responsabilidad; las monitoreaba y atendía con mucha más dedicación que las mías. Con mis amistades me costaba compartir desde el corazón: convencida de que yo no era «interesante», me sentía mucho más cómoda escuchando. En mi comunidad se me conocía como la «alegre que siempre sonreía», y aunque estas etiquetas pretendían ser un elogio, ocultaban una tristeza más profunda: la dolorosa sensación de que nadie me conocía *realmente* o que ni siquiera importaba hacerlo.

Tras años de terapia llegué a reconocer las circunstancias de mi vida que me llevaron a complacer a los demás, pero no sabía cómo convertir ese conocimiento en acción para romper el ciclo de forma tangible. Mis anotaciones matutinas en el diario estaban salpicadas de preguntas exasperadas: «¿Cómo puedo hacerme oír?», «¿Cómo dejo de decir que sí cuando quiero decir que no?», «¿Cuándo voy a ponerme, para variar, en primer lugar?» y, en un día especialmente difícil, con el dramatismo de pluma roja y llena de rabia, escribí: «Si puedo aprender a defenderme antes de morir, moriré siendo una mujer feliz».

Todavía tengo esa nota del diario. La veo de vez en cuando, sobre todo cuando necesito un recordatorio de lo lejos que he llegado.

Poco después de escribir estas frustraciones, romper el patrón de complacer a la gente se convirtió en mi misión personal. Pasé por una ruptura devastadora con una pareja en la que me había perdido por completo y, en su ausencia, sentí con una claridad abrasadora que nunca encontraría la satisfacción si seguía basando mi autoestima únicamente en la aprobación de los demás. Me di cuenta, dolorosa, repentina y visceralmente, de que nadie iba a «salvarme» de mi afán por complacer a los demás. *Tenía que asumir la responsabilidad de mi propia felicidad.* No era un deber que pudiera delegar en otros.

En los años siguientes, me conecté lenta e intencionadamente con mis sentimientos, necesidades, deseos y sueños. Al principio, eran tímidos conmigo —habían aprendido, a lo largo de años de abandono, que no podían confiar en mí para cuidarlos—, pero cuanto más les prestaba atención, más fuertes se volvían. Cuanto más me cuidaba a mí misma, más cómoda me sentía usando mi voz con los demás. Cuanto más respetaba mis necesidades, más me parecía imprescindible invertir en relaciones con personas que *también* me respetaran. Poco a poco, aprendí el arte y la técnica de establecer límites, dejando claro lo que toleraría y lo que no en mis relaciones con los demás.

Fue empoderante, liberador e incómodo. Me sentí incómoda pidiendo a los demás que me mostraran su cariño de las formas específicas que necesitaba; me sentí culpable por poner límites estrictos a mis seres queridos; sentí dolor al dejar atrás relaciones que no encajaban bien con la persona en la que me estaba convirtiendo. Pero bajo cada dolor creciente, como un tamborileo lento y constante, estaba el conocimiento de que, después de todos estos años, finalmente estaba defendiéndome.

Cuando empecé a sentir la libertad y confianza en mí misma que nunca había conocido, tuve la certeza de que quería ayudar a otros a hacer lo mismo. Mi objetivo era ayudar a personas que, como yo, estaban dispuestas a convertir su deseo de cambio en acción: dar pasos tangibles y reales para romper el patrón de complacer a los demás.

El *coaching*, como disciplina, está diseñado para esto. Plantea y responde a la pregunta: «¿Hacia dónde quiero ir y cómo, específicamente, llego allí?». Así que me inscribí en un programa de formación certificado por la Federación Internacional de Coaching. Cuando me gradué un año después, supe que quería ayudar a otros a romper el patrón de complacer a los demás, establecer límites firmes y dominar el arte de decir la verdad.

Además de mis sesiones individuales con clientes, comencé a escribir sobre el tema y a compartir mi trabajo en línea. Me sorprendió lo profundo que resonó en personas de todo el mundo. Recibí mensajes de gente en proceso de recuperación en Estados Unidos, India, Yemen, Francia, Afganistán, Nueva Zelanda, Sudán y más. «Pensé que era el único que luchaba de esta manera», decían. «Yo también pensaba que era la única», les dije.

Con cada nuevo seguidor y suscriptor, experimentaba un sentido de solidaridad: *estamos juntos en esto. No somos los únicos.*

Cinco años después, mis escritos han llegado a millones de personas, y mis talleres para dejar de complacer a los demás y establecer límites han acogido a miles de participantes de todo el mundo. *Deja de decir sí cuando quieres decir no* es la síntesis de años de investigación, *coaching*, enseñanza y cientos de conversaciones individuales con personas que dijeron *basta.* Respaldado por la academia y la psicología, ofrece un enfoque basado en acciones para romper el patrón, con herramientas prácticas que te ayudarán a encontrar tu voz y adueñarte de tu poder.

En la **parte I: Encuéntrate a ti mismo** aprenderás a descubrir (y priorizar) tus sentimientos, necesidades, valores y deseos, y profundizarás en el concepto que tienes de ti mismo. Estos son los cinco pilares de tu identidad y, solo cuando los cuides de forma constante, podrás llevar con más confianza tus relaciones con los otros.

En la **parte II: Defiende tus derechos** aprenderás a respetar tus necesidades, a hacer peticiones concretas, a establecer límites de autoprotección y a reconectar con tu propio poder y agencia. También analizaremos cómo complacer a otros afecta de manera diferente a los grupos en función de su estatus social y grado de privilegio.

La **parte III: Cuídate** estará ahí cuando aparezcan las dolencias que todos enfrentamos cuando rompemos el patrón de complacer a la gente. Aprenderás a abrazar la valentía; a ser resistente a la culpa, el miedo, la ira, la soledad y el dolor; a afrontar los retos de dejar atrás las relaciones; y a hacer frente a las transiciones difíciles. Te ayudará a replantear estos retos como poderosas oportunidades de crecimiento y transformación.

La **parte IV: Enriquécete** muestra cómo romper este patrón mejorará tu vida. Aprenderás a dejar de subestimarte frente a quienes te rodean; a erradicar la complacencia de tu vida sexual; a reconectar con el juego; a abordar tu proceso de recuperación con neutralidad y discernimiento; y a descubrir cómo dar y compartir desde un lugar genuino y con respeto por ti mismo.

Cuando comencé a escribir este libro sabía que quería ampliar la conversación sobre este tema de dos formas clave: ofreciendo matices y reconociendo los problemas que conlleva esta importante labor de sanación.

A medida que prácticas como «complacer a los demás» y «cuidarse a uno mismo» se popularizan, ideas complejas, como la de «los límites», suelen diluirse hasta el punto de desalentarnos en la construcción de relaciones saludables. Nos dicen que si alguien no nos aporta «amor y luz en todo momento», debemos apartarlo. Nos dicen que, si alguien no está de acuerdo con nosotros, debemos dejarlo atrás para «proteger nuestra paz». Nos dicen que si alguien no puede satisfacer *todas y cada una* de nuestras necesidades, «nos merecemos algo mejor».

Estos lugares comunes son unidimensionales e ignoran que la realidad de las relaciones humanas es compleja. Impiden nuestra curación al animarnos a buscar un estándar inalcanzable y nos impiden mirar hacia adentro para evaluar cómo podemos estar contribuyendo a nuestra desdicha o impotencia.

Por eso *Deja de decir sí cuando quieres decir no* incorpora matices para ayudarte a romper el patrón de complacer a los demás y, al mismo tiempo, fomentar relaciones sostenibles y realistas. Este libro se toma en serio preguntas como: ¿Cuál es la diferencia entre ser amable y complacer a los demás? ¿Cómo podemos tener autocompasión por las circunstancias dolorosas que nos llevaron a complacer a los demás y, al mismo tiempo, asumir la responsabilidad personal de romper el patrón? ¿Cuándo es apropiado ceder en nuestras necesidades y cuándo mantenernos firmes en ellas? ¿Cómo podemos distinguir cuándo otras personas están violando nuestros límites y cuándo somos nosotros mismos quienes los transgredimos al dar más de lo que nos resulta cómodo?

Creo que este matiz es donde reside nuestra verdadera curación. Del mismo modo, creo que debemos hablar de los matices emocionales de la curación: el hecho de que este trabajo interior no solo es empoderante y liberador, sino también difícil y, a veces, profundamente incómodo. A medida que rompemos el patrón, a menudo sentimos miedo de hacer peticiones a los demás, por muy razonables que sean. Muchas veces nos sentimos culpables después de establecer límites, por muy necesarios que sean. Seguido sentimos tristeza cuando dejamos atrás relaciones tóxicas, sin importar lo perjudiciales que hayan sido para nosotros.

No solo es normal sino inevitable que nos enfrentemos a estos problemas a medida que dejamos atrás la complacencia. Si no los admitimos, no podemos tranquilizarnos por su causa y si no nos tranquilizamos, es más probable que reneguemos de nuestros límites y nos retiremos, una vez más, al silencio. Por esta razón, *Deja de decir sí cuando quieres decir no* ofrece herramientas prácticas para normalizar y calmar el sentimiento de culpa, miedo, ira, incertidumbre y dolor a medida que nos adentramos en nuestro poder.

¿Recuerdas aquella versión antigua de mí que estaba en esa calle tan transitada de Boston, que escuchaba a aquel hombre en el bar y que fue a aquella serie espantosa de citas que le destrozaron el alma?

Nunca, ni en un millón de años, habría imaginado que un día estaría aquí sentada, escribiendo esta introducción en mi computadora, sintiendo que de verdad he dejado de complacer a la gente.

Ridículo, habría dicho. *Imposible.*

Pero *es* posible. Lo he visto en mí misma; lo he atestiguado en cientos de mis clientes; lo he visto en miles de personas en todo el mundo que se han tomado el tiempo de enviarme un correo electrónico para decirme: «Nunca pensé que podría hacer esto, pero lo hice».

Esta recuperación no es un acontecimiento único; es un proceso de volver a *nosotros* mismos una y otra vez. Cada que dirigimos nuestra atención a nuestros sentimientos, nuestros deseos y nuestros sueños, estamos sanando. Cada que usamos nuestra culpa para calmarnos, en lugar de reaccionar ante ella, estamos sanando. Cada que usamos nuestra voz donde antes nos habríamos quedado en silencio, estamos sanando.

Les debo mucho a los cientos de personas que se están recuperando y que me dieron permiso para incluir sus historias en este libro. Aunque los nombres, las edades y otros datos se cambiaron para preservar su privacidad, las viñetas que leerás son historias reales de personas reales de todo el mundo.

Espero que *Deja de decir sí cuando quieres decir no* te acompañe, te apoye y te anime mientras rompes con el patrón de complacer a los demás. Este trabajo no es fácil, pero te lo aseguro, vale muchísimo la pena.

HAILEY MAGEE, Seattle, WA

I

ENCUÉNTRATE A TI MISMO

1
COMPLACER A LOS DEMÁS: QUÉ ES, DE DÓNDE VIENE Y POR QUÉ LO ESTAMOS DEJANDO ATRÁS

Complacer a la gente es el acto de priorizar de forma crónica las necesidades, los deseos y los sentimientos de los demás a expensas de los nuestros. Como personas complacientes, nos cuesta hablar por nosotros mismos en nuestras relaciones. Transgredimos nuestros límites por caerles bien a los demás; tenemos una inmensa dificultad para establecer límites; nos cuesta identificar y abandonar entornos tóxicos; nos involucramos en muchas relaciones unilaterales en las que todo es dar y no recibir. A menudo, nos sentimos definidos por lo útiles, serviciales y solidarios que podemos ser con otras personas.

Aunque complacer a otros se manifiesta en nuestras relaciones con los demás, deriva de una desconexión con nosotros mismos. Podrías pensar en ello como una forma de autoabandono. *Incluso en ausencia de los demás,* muchos de nosotros evitamos atender nuestras necesidades básicas; menospreciamos nuestras emociones; nos sentimos incómodos cuando estamos solos; y nos desconectamos del juego, la creatividad, el asombro, la alegría y el deleite. Al estar aislados de la sensación de valía personal, podemos caer en el perfeccionismo, la vergüenza y el juicio propio; tener problemas de tolerancia a la angustia, autoapaciguamiento y regulación emocional; o, incluso, caer en compulsiones o adicciones para evitar sentir nuestras emociones.

Complacer a los demás es un patrón de comportamiento, no una enfermedad mental o un diagnóstico. Para la mayoría, no se trata de una elección consciente en cada momento, sino de una forma arraigada de relacionarse con los demás, inculcada desde la infancia. En este capítulo, exploraremos el origen de este patrón, cómo afecta a nuestras relaciones, qué lo diferencia de la amabilidad y cómo podemos utilizar este conocimiento para empezar a romperlo.

CUATRO RETRATOS DE LA GENTE COMPLACIENTE

El patrón de la gente que busca complacer a los demás afecta a personas de todos los géneros, edades, etnias y niveles de ingresos, pero no se manifiesta de la misma manera en todos. Algunos se sienten completamente seguros y auténticos en el trabajo, pero se vuelven pasivos en sus relaciones románticas; otros no tienen problemas para hablar por sí mismos con los amigos, pero les cuesta establecer límites con los miembros de la familia; y otros sienten que complacer a la gente afecta a todos los ámbitos de su vida: trabajo, romance, amigos, familia y comunidad.

Complacer a la gente puede verse así:

Tanya

Tanya, de 45 años, es abogada corporativa en la ciudad de Nueva York. Es feroz e intransigente en la sala del tribunal, pero en sus relaciones personales se siente intrascendente y disminuida. Subsidia con resentimiento los gastos de su pareja desempleada mientras él busca trabajo a paso de tortuga. Cada fin de semana viaja al norte del estado para visitar a su madre, que enviudó recientemente y a la que describe como «narcisista y autoritaria». Tiene un par de amigos ocasionales en la ciudad, pero sus citas para tomar café se convierten rápidamente en sesiones de terapia cuando sus amigos le cuentan sus problemas personales y sin mostrar el menor interés a cambio.

Un sentimiento de obligación y resentimiento impregna todas las relaciones de Tanya. Ella da demasiado y recibe poco en cada una de ellas, pero no sabe cómo cambiar esta dinámica.

Aaron

Aaron, de 35 años, está comprometido, pero las complicaciones familiares amenazan su compromiso. Su padre murió cuando él era niño y, desde entonces, Aaron ha estado muy unido a su madre, Jada. Siempre que ella necesita algo, él está ahí en un abrir y cerrar de ojos para proporcionárselo. Jada lo llama varias veces al día para platicar de todo, desde el tiempo hasta el último partido de futbol. Incluso cuando Aaron y su prometida, Issa, están en una cita, él se aparta para atender las llamadas telefónicas de su madre.

Se siente asfixiado por la insistente presencia de su madre, e incluso Issa ha expresado sus dudas sobre convertirse en la tercera en discordia en la relación entre Aaron y Jada. Pero desde que murió su padre, se siente responsable del bienestar emocional de su madre. Quiere darse espacio, pero no sabe cómo, y le aterra herir sus sentimientos.

Lena

Lena, de 29 años, nació en una familia judía ortodoxa. A medida que ha crecido se ha sentido incómoda con ciertos aspectos de su fe, en particular con sus rígidos roles de género. Después de muchos meses de reflexión, decide que ya no puede participar en la religión y se desafilia.

Recién alejada de la comunidad ortodoxa, se da cuenta de hasta qué punto su educación le ha impedido encontrar y usar su propia voz. En situaciones sociales, siempre se somete a los hombres del grupo; en conflictos con amigos, inmediatamente se vuelve pasiva y complaciente. Sin una comunidad religiosa que la guíe, no tiene idea de lo que quiere, cuáles son sus sueños o quién es. Lena quiere seguir su brújula interior, pero no sabe dónde encontrarla.

Zoe

Zoe, una persona no binaria de 24 años alegre y parlachine, es estudiante de posgrado en un programa de teatro. Zoe hace amigos sin esfuerzo; su agenda social siempre está llena de citas para tomar café, horas felices y aventuras de fin de semana. Pero, a pesar de sus muchos amigos, Zoe se siente desconectade y, fundamentalmente, no viste.

A una edad temprana, Zoe aprendió que estar siempre alegre era una estrategia infalible para llamar la atención de sus padres distantes, por lo que ahora utiliza el mismo método para hacer amigos en la edad adulta. Zoe siempre es amigable y agradable, pero, aunque hace amigos rápidamente, nunca profundiza esos vínculos; nunca comparte cuando pasa por un momento difícil y no pide ayuda a nadie. Anhela la conexión y desea que le vean y conozcan, pero su afán por agradar a la gente le impide entablar amistades íntimas.

Tanya, Aaron, Lena y Zoe tienen diferentes orígenes, pero comparten la dificultad de ver por ellos y el deseo de expresarse auténticamente en sus relaciones. Los cuatro quieren identificar y hacer valer sus necesidades, establecer límites saludables y tomar decisiones basadas en sus valores y prioridades.

El primer paso para romper el patrón de complacer a los demás es comprender cómo se originó en nuestra vida. Hacerlo nos ayudará a ser conscientes de nosotros mismos y a desarrollar la autocompasión, pues comenzamos a entender que originalmente apareció en nuestra vida como una estrategia de afrontamiento que nos mantiene a salvo.

LOS ORÍGENES DE LA GENTE COMPLACIENTE

Desarrollamos el patrón de complacer a los demás como una forma de gestionar nuestra experiencia en entornos que nos parecen poco seguros, impredecibles o carentes de apoyo. Muchos de nosotros lo aprendemos en la infancia para obtener seguridad o afecto de cuidadores preocupados, no disponibles o abusivos. Para los grupos marginados, como las personas de color, las personas LGBTQ+ o las personas neurodivergentes, agradar a los demás también puede ser una estrategia de supervivencia para evitar el estigma, el acoso o el daño.

Trauma

Aquellos que han experimentado un trauma son más propensos a desarrollar el patrón de complacer a la gente. En 2003, el psicoterapeuta y experto en traumas Pete Walker amplió el conocido modelo de «lucha, huida o congelación» de reacción al estrés para incluir un cuarto elemento: adulación. Cuando se siente amenazada, una persona con la respuesta de adulación tratará de complacer, gratificar o acomodar a la fuente de la amenaza en lugar de contraatacar, huir o encerrarse en sí misma.

La respuesta de adulación es particularmente común entre aquellos que sufrieron abusos en la infancia. Walker explica que, en la niñez, estas personas probablemente aprendieron que protestar contra los malos tratos conducía a represalias aún más graves, por lo que «renunciaron a la respuesta de lucha, eliminaron el *no* de su vocabulario y nunca desarrollaron las habilidades lingüísticas de una asertividad saludable».

Si la adulación ayudó a alguien a evitar el daño durante la infancia, esta estrategia de afrontamiento puede persistir incluso mucho después de que deje de mantener a la persona a salvo. Como adulto, enfrentar situaciones que provocan miedo o ansiedad puede llevar a comportamientos con los que, en teoría, se pueda ganar la aprobación de los demás: parecer amables y alegres, hacer cumplidos o incluso aceptar actividades que no interesan. Walker explica que quienes adulan «buscan seguridad fusionándose con los deseos, necesidades y demandas de los demás. Actúan como si creyeran inconscientemente que el precio de admisión a cualquier relación es la renuncia a todas sus necesidades, derechos, preferencias y límites».

El trauma también puede llevar a las personas a ser hipervigilantes de por vida, y a supervisar a detalle los estados de ánimo de los otros en busca de cambios sutiles y signos de peligro. A menudo, quienes han sobrevivido al trauma se convierten en expertos en leer las emociones ajenas, pero tienen dificultades para identificar las propias. Con el tiempo, muchos se desconectan por completo de su mundo interno. De esta manera, los efectos a largo plazo del trauma pueden hacer que una persona sea menos capaz de acceder a sus sentimientos y necesidades, y de decir *no* y practicar una asertividad saludable en momentos de estrés.

Cómo nos criaron

No todas las personas complacientes surgieron del trauma. A veces, desarrollamos el patrón por cómo fuimos criados.

Nuestros cuidadores nos enseñan a interactuar con el mundo. Nos enseñan si nuestras emociones y necesidades son aceptables; nos instruyen sobre si merecemos amor y en qué condiciones. En la década de 1960, la psicóloga clínica Diana Baumrind identificó cuatro estilos de crianza distintos: permisivo, negligente, autoritario y democrático. Tanto la crianza autoritaria como la permisiva pueden llevar a los niños a desarrollar el patrón de complacer a la gente.

Los padres autoritarios son punitivos, controladores y tienen expectativas irrazonablemente altas de sus hijos. Aunque satisfacen las necesidades materiales de sus hijos, rara vez les brindan afecto o apoyo emocional. Los padres autoritarios ofrecen pocas explicaciones para sus reglas y no tienen espacio para el compromiso: su control es primordial. Tener reglas tan rígidas en un entorno emocionalmente estéril lleva a muchos niños a creer que la única forma de obtener la aprobación de los demás es hacer todo bien. Se vuelven personas cuya motivación depende del exterior, y que buscan ansiosamente su valor en la validación de sus padres, maestros y compañeros. Aterrorizadas por la desaprobación, tienden a tener ansiedad crónica y ser extremadamente críticas consigo mismas. Muchas se convierten en perfeccionistas que no toleran cometer errores. Preocupadas por satisfacer las expectativas de los demás, les cuesta identificar sus sentimientos y deseos. Aunque muchas se convierten en adultos trabajadores y exitosos, a menudo acuden a terapia en busca de ayuda para solucionar la poca asertividad, la culpa, la depresión, la ansiedad y la baja autoestima.

En el lado opuesto del espectro se encuentran los padres permisivos: aquellos que son muy receptivos emocionalmente con sus hijos, pero que no aplican de manera consistente las expectativas, las reglas y las consecuencias del comportamiento rebelde. Algunos padres permisivos actúan menos como padres y más como amigos de sus hijos. Pueden compartir en exceso detalles íntimos de sus vidas, exigir de manera inapropiada el apoyo emocional de sus hijos o posicionar a sus hijos como aliados durante los conflictos parentales. Esta inversión de roles a menudo da lugar a hijos sobreprotegidos que asumen más responsabilidades de las apropiadas para su edad. Estos niños aprenden que el amor que reciben se basa enteramente en lo emocionalmente solidarios que pueden ser, una mentalidad que a menudo impregna sus relaciones en la edad adulta.

Cuando los hijos desempeñan el papel de confidentes y soportes de sus padres, a menudo les cuesta desarrollar su sentido de identidad. Les resulta fácil ver las necesidades y sentimientos de sus padres, pero les cuesta identificar los suyos. Como resultado, los hijos adultos de padres permisivos a menudo desempeñan el papel de salvador, ayudante, solucionador o mártir en sus relaciones adultas.

Del mismo modo, los cuidadores emocionalmente inmaduros, aquellos que no pueden regular sus emociones, tienen dificultades para reconocer, validar y estar presentes con las emociones de sus hijos. Estos niños nunca aprenden que sus sentimientos y experiencias son significativos; sus mundos interiores no son reconocidos. Los hijos de padres inmaduros aprenden a descuidar sus sentimientos y necesidades, y a menudo se convierten en adultos que escuchan, ayudan y arreglan todo de forma crónica.

Por último, los cuidadores también pueden inculcarles a sus hijos el deseo de complacer a los demás si ellos mismos dan ese ejemplo. De niños, aprendemos qué es un comportamiento normal observando a nuestros cuidadores. Nos fijamos en sus gestos, sus decisiones, cómo pasan el tiempo, y cómo se tratan y hablan a sí mismos. Si tuvimos un cuidador deferente, pasivo, abnegado o incapaz de establecer límites, es posible que, sin querer, reproduzcamos estos comportamientos conforme crezcamos.

Criarse junto a una adicción

A veces, las limitaciones emocionales de los cuidadores les impiden dar a sus hijos el apoyo que necesitan. Sin embargo, los cuidadores que luchan contra la adicción, o que están preocupados por la adicción de otro miembro de la familia, también pueden no ofrecer el apoyo, la presencia y el ánimo adecuados a sus hijos.

Por lo general, las familias en las que hay un adicto se centran excesivamente en él. Los miembros de la familia controlan el comportamiento del adicto, lo animan a recuperarse, tratan de controlar sus estados de ánimo erráticos y lidian con las consecuencias de su comportamiento impredecible. Los niños aprenden que su principal responsabilidad es cuidar del adicto y no reciben el apoyo que necesitan para identificar o comunicar sus sentimientos y necesidades básicas.

Muchos niños criados en un entorno de adicción se convierten en adultos hiperindependientes e hiperresponsables. Creen que son dignos de amor *en la medida en que pueden ser valiosos para los demás.* Las investigaciones demuestran que los hijos adultos de alcohólicos tienden a sentirse personalmente responsables de cualquier acontecimiento negativo en el hogar o en el lugar de trabajo. Al igual que en su infancia, se sienten responsables de todos los que les rodean. Extraños incluso para sí mismos, los hijos adultos de adictos se rodean con frecuencia de adictos o parejas emocionalmente inaccesibles, recreando inadvertidamente dinámicas de su infancia.

Una respuesta a las normas de género

La dinámica familiar suele sembrar las semillas de la complacencia, pero las normas de género también pueden desempeñar un papel importante. A pesar de los significativos avances hacia la igualdad de género en el último siglo, las mujeres siguen siendo vistas como las cuidadoras de nuestra cultura. Los trabajos centrados en el cuidado, como la enfermería, la enseñanza y el trabajo social, son realizados de manera desproporcionada por mujeres. En el hogar, las mujeres realizan cuatro horas de cuidado y trabajo doméstico al día, en comparación con las dos horas y media de los hombres. El psicólogo Marshall Rosenberg escribe: «Durante siglos, la imagen de la mujer amorosa se ha asociado con el sacrificio y la negación de las propias necesidades para cuidar de los demás. Debido a que las mujeres son socializadas para ver el cuidado de los demás como su deber más importante, aprenden a ignorar sus necesidades».

Incluso en las relaciones interpersonales se sigue animando a las mujeres, implícita o explícitamente, a dar prioridad a los demás. Las mujeres, con más frecuencia que los hombres, son las responsables del trabajo emocional: el trabajo no remunerado e infravalorado de darles mantenimiento a las relaciones, gestionar las emociones de las personas y hacer que la gente sea feliz. Las investigaciones demuestran que las mujeres se disculpan con mucha más frecuencia que los hombres y son más propensas a calificar su comportamiento como ofensivo o digno de disculpa. Las mujeres son aún más propensas a ser llamadas «mandonas» cuando expresan confianza o asertividad.

Hoy en día, es menos común instruir *explícitamente* a las mujeres a que guarden silencio y se sacrifiquen, pero estas normas están profundamente arraigadas en nuestra cultura. Puede que no siempre las digamos en voz alta, pero siguen desempeñando un papel importante en las expectativas de nuestra sociedad hacia las mujeres y en las expectativas de las mujeres hacia sí mismas.

Los hombres se enfrentan a diferentes normas de género, pero esas normas también pueden fomentar la complacencia de las personas al animar a los hombres a reprimir sus emociones, no mostrar debilidad y superar sus límites. En general, se espera que los hombres sean estoicos, insensibles y poco expresivos en lo emocional; un estudio de 2019 reveló que el 58% de los hombres siente que se espera de ellos que sean «emocionalmente fuertes y que no muestren debilidad», y el 38% evita hablar con otros sobre sus sentimientos para no parecer «poco varoniles».

Esta caricatura del hombre insensible crea dos dolorosas desconexiones. En primer lugar, muchos se desconectan de sus sentimientos y necesidades porque se les ha desanimado a tenerlos. En segundo, también se desconectan de los *demás* porque es difícil construir conexiones íntimas y de apoyo si nunca se te ha permitido ser vulnerable.

También es frecuente que sientan la presión de esforzarse más allá de sus límites en el trabajo. A pesar del aumento de la participación de las mujeres en la fuerza laboral, muchos hombres todavía se sienten obligados a demostrar su valía desempeñando el papel tradicional de sostén de la familia. Al negar sus necesidades de descanso y recuperación, trabajan en exceso para alcanzar este ideal masculino, lo que les genera altos niveles de estrés y una reducción del tiempo de sueño. Las normas de género pueden impedir que los hombres acepten sus emociones, establezcan conexiones íntimas y honren sus necesidades de descanso y recuperación.

Una respuesta a la cultura

El comportamiento considerado «complaciente» en una cultura puede ser común y celebrado en otra. En última instancia, lo que define a una expresión saludable o nociva de la generosidad está determinado por factores culturales.

Las culturas individualistas, como las de Estados Unidos, Reino Unido y Sudáfrica, animan a las personas a fijarse metas autodirigidas en lugar de cumplir las metas de otros (aunque, como vimos en la sección anterior, las mujeres y los grupos marginados siguen enfrentándose a la presión social de subyugar sus necesidades para cuidar de los demás). Las culturas individualistas ponen menos énfasis en las afiliaciones familiares y de grupo, y más énfasis en la autonomía, la individualidad y la autorrealización. Como resultado, algunos miembros de estas culturas experimentan una sensación de libertad y agencia, mientras que otros se sienten desarraigados y desconectados.

Mientras tanto, las culturas colectivistas, como China, Corea, Japón e India, animan a sus miembros a dar prioridad al grupo o a la familia por encima del individuo (muchas religiones organizadas también funcionan como culturas colectivistas). Al hacer hincapié en la conformidad, la obediencia y la lealtad, las culturas colectivistas afirman que las afiliaciones familiares y de grupo son de suma importancia. Como resultado, algunos miembros de las culturas colectivistas experimentan un sentido de pertenencia y seguridad, mientras que otros se sienten restringidos y confinados.

Algunas personas procedentes de culturas colectivistas, especialmente las que emigran a culturas individualistas, pueden experimentar conflicto entre los ideales de su cultura y su deseo personal de priorizar sus necesidades personales, pasiones y sueños.

Una respuesta al estigma y a la opresión

Para muchos grupos excluidos, complacer a la gente, cambiar de forma y enmascarar el yo auténtico son métodos de supervivencia. Si tu sociedad te enseñó que la gente como tú no merecía cuidados básicos, dignidad y respeto, actuar con deferencia, especialmente hacia los que tienen autoridad, puede ser una forma de protegerte del daño. Cuando los actos de violencia y acoso contra los miembros de tu grupo de identidad son habituales, hacerse lo más pequeño e imperceptible posible es una estrategia de supervivencia.

Varios grupos se enfrentan a presiones distintas para agradar a la gente. Este tema es extenso y merece un espacio más amplio, por lo que en el capítulo 13 analizaremos cómo las opresiones sistémicas afectan a los patrones individuales de complacer a la gente.

La seguridad es el hilo conductor

Aunque el patrón de complacer a la gente tiene muchos orígenes, un hilo conductor los conecta a todos: la búsqueda de la seguridad. La seguridad no significa necesariamente estar a salvo de daños físicos o violencia, aunque puede hacerlo. También puede significar seguridad en un sentido más amplio:

- **Seguridad social:** «Pertenezco» o «La gente me aprueba».
- **Seguridad emocional:** «Me conocen y me entienden» o «Me quieren» o «Soy importante».
- **Seguridad material:** «Mis necesidades básicas están cubiertas».

Complacer a los demás pudo habernos mantenido a salvo en la infancia, pero ahora, como adultos con capacidad de acción e independencia, usar nuestra voz en lugar de silenciarla es una estrategia mucho más eficaz para obtener lo que queremos y necesitamos en nuestra vida.

Complacer a los demás en psicología

Aunque no es una enfermedad mental o un diagnóstico formal, muchas escuelas de psicología examinan el patrón de descuidar el yo para poner a los demás en primer lugar y varias formas de terapia proporcionan intervenciones útiles para romperlo.

Aaron Beck, el fundador de la terapia cognitivo conductual, acuñó el término *sociotropía* y lo definió como el rasgo de personalidad caracterizado por una dependencia excesiva hacia la aprobación de los demás y una inversión excesiva en las relaciones personales.

Quienes obtienen una puntuación más alta en la escala de sociotropía sienten la necesidad de complacer a los demás, son demasiado serviciales y nada asertivas, tienen problemas para hacer valer sus necesidades, y temen las críticas y el rechazo. Las personas sociotrópicas son más propensas a desarrollar depresión, pero se ha demostrado que la terapia cognitiva —que desafía los patrones de pensamiento negativos sobre uno mismo y el mundo— mitiga estos efectos depresivos.

Mientras tanto, la teoría de sistemas familiares de Bowen promueve el concepto de *diferenciación*, que define como la capacidad de reconocer dónde terminamos nosotros y dónde empiezan los demás. Las personas altamente diferenciadas tienen un sentido de sí mismas fuerte e independiente, mientras que las personas menos diferenciadas dependen en gran medida de la aprobación de quienes las rodean. Estas últimas tienden a ajustar sus acciones para complacer a los demás, evitan decir que no y tienen problemas para sostener sus opiniones frente al desacuerdo. La terapia familiar Bowen ayuda a las personas a aumentar su nivel de diferenciación y a crear límites saludables para que puedan manejar mejor sus relaciones.

La teoría del apego también puede ayudarnos a comprender el patrón de complacer a la gente, pues afirma que las relaciones que establecemos en la infancia con nuestros cuidadores afectan la forma en que interactuamos con los demás de adultos. Las personas con un estilo de apego ansioso generalmente tuvieron cuidadores que atendían sus necesidades de manera inconsistente. Como adultos, tienden a sentirse inseguros sobre el estado de sus relaciones, anhelan una intimidad más profunda y buscan seguridad excesiva de sus parejas. Más que nada, las personas con apego ansioso temen ser abandonadas y son hipersensibles a lo que consideran una amenaza a su relación. Impulsadas por la inseguridad y la baja autoestima, anticipan el rechazo y harán todo lo posible para evitarlo, incluso si implica el sacrificio de sus necesidades, deseos o sentimientos. La terapia centrada en el apego ayuda a los pacientes a comprender su tipo de apego y a modificar comportamientos en sus relaciones.

Por último, el campo de las adicciones ofrece el concepto de *codependencia*. Popularizado originalmente en la década de 1980 para describir las características de autosacrificio compartidas por muchos cónyuges de alcohólicos, el término *codependiente* ha evolucionado para describir a cualquier persona, involucrada o no con un adicto, que se descuida a sí misma de forma crónica y da prioridad a los demás. Los codependientes suelen tener problemas para identificar sus sentimientos, evitan comunicar sus necesidades, se les dificulta tomar decisiones, permanecen en relaciones perjudiciales durante demasiado tiempo y creen que los demás son incapaces de cuidar de sí mismos. El programa de 12 pasos de Codependientes Anónimos se creó para ayudar a las personas a recuperarse de la codependencia y muchos centros de tratamiento de adicciones también ofrecen programas de recuperación.

Aquellos con depresión, ansiedad, ansiedad social y diversas formas de neurodivergencia también pueden complacer a la gente de forma excesiva. Aunque no existen datos sobre la prevalencia de este malestar específico, la ubicuidad del trauma, la adicción, la depresión, la ansiedad, la injusticia social y los otros orígenes del patrón de complacer a la gente indican que afecta a millones de personas en todo el mundo.

A pesar de lo común que es complacer a los demás, y de cuántos marcos existen para abordarlo, muchos todavía dudan en etiquetar su exceso de generosidad o autosacrificio crónico como complacencia. Algunos dicen: «Priorizar los sentimientos y necesidades de los demás suena como algo que todos deberían hacer. A mí me parece un acto de amabilidad»; y tienen razón: preocuparse por las necesidades y los sentimientos de los demás es una forma de bondad, pero esta se convierte en complacencia cuando nos descuidamos crónicamente a nosotros mismos en el proceso.

AMABILIDAD VS. COMPLACENCIA

A primera vista, complacer a los demás puede parecer amabilidad. Después de todo, la generosidad, la lealtad, la compasión y la dedicación son piedras angulares de las relaciones saludables. Pero hay una diferencia entre complacer y ser amable.

Los psicólogos descubrieron que la amabilidad (que ellos llaman «altruismo saludable») y complacer a los demás (que llaman «altruismo patológico») tienen motivos completamente diferentes. La misma acción que complace a una persona puede ser amabilidad para otra; todo depende de por qué lo haces y si te afecta de forma negativa.

Los psicólogos definen el altruismo patológico como «la disposición de una persona a anteponer de manera irracional las necesidades que percibe de otra a las suyas, de una manera que causa daño a sí misma». Los altruistas patológicos a menudo se descuidan en pos del bienestar de los demás. Los investigadores han descubierto que sus acciones están motivadas por el deseo de ganar la aprobación de los demás y evitar el rechazo.

En esencia, los comportamientos complacientes se basan en:

- **Transacción:** «Te doy esto para que me devuelvas algo».
- **Obligación:** «Hago esto porque si no lo hago, me sentiré culpable».
- **Compulsión:** «Hago esto porque no puedo evitarlo».

- **Aversión a la pérdida:** «Hago esto porque si no lo hago, temo perderte».

Para muchos, este patrón se basa en un contrato encubierto o un acuerdo tácito: «Daré más de lo que me corresponde, traspasaré mis límites por ti y, a cambio, me harás sentir amado, querido y necesitado». El problema es que los demás nunca aceptaron esta transacción. Podemos dar demasiado y satisfacer las necesidades de los demás creyendo que entonces estarán obligados a darnos el amor y la atención que anhelamos. Esta mentalidad transaccional impregna nuestras relaciones con montones de deudas invisibles.

Después de ser demasiado generosas, las personas complacientes a menudo se sienten agotadas, frustradas y resentidas. Cuando los demás no responden a nuestra generosidad como nos gustaría, incluso podemos demonizarlos como «groseros», «egocéntricos» o «que se aprovechan de nosotros». Como resultado, la complacencia a menudo nos hace sentir desconectados de las mismas personas a las que intentamos «ayudar».

Gwen se muda de su departamento. La noche antes de la fecha prevista para la mudanza, envía un mensaje de texto a su amiga Hazel y le pregunta si está disponible para ayudarla al día siguiente. Cuando Hazel recibe el mensaje, se siente abrumada de inmediato: tiene un plazo de entrega ajustado en el trabajo y ya tiene planes para la noche siguiente con unos amigos. En realidad, no tiene tiempo para ayudar, pero se siente culpable de decirle que no a su amiga; no quiere quedar mal, así que, en su lugar, acepta y le dice a Gwen que irá a su casa al día siguiente a las diez de la mañana.

Durante el resto de la noche, Hazel se siente estresada y resentida. «Es mucho pedirle a un amigo que te ayude con menos de 24 horas de anticipación —piensa—. No puedo creer que tenga que pasarme el día de mañana moviendo cajas pesadas en lugar de avanzar con mi entrega».

El hecho de que Hazel haya aceptado no es amabilidad, sino complacencia: accede a ayudar por obligación («Me sentiré culpable si digo que no») y por aversión a la pérdida («No quiero quedarle mal a Gwen»). Como veremos en la siguiente sección, el resentimiento posterior que siente Hazel es una clara señal de que está transigiendo sus límites.

Amabilidad y altruismo saludable

Los psicólogos definen el altruismo saludable como la capacidad de «experimentar un placer sostenido y relativamente libre de conflictos al contribuir al bienestar de los demás». Los altruistas sanos satisfacen sus necesidades al tiempo que toman medidas para mejorar la vida de los demás, pero no sacrifican su bienestar en el proceso. Las investigaciones demuestran que este tipo de altruismo está motivado por el deseo de nuevas experiencias y crecimiento personal.

Los actos de bondad tienen su origen en:

- **Deseo:** «Quiero darte esto».
- **Buena voluntad:** «Quiero mejorar tu calidad de vida porque me preocupo por ti».
- **Elección:** «No tengo que hacer esto, quiero hacerlo».
- **Abundancia:** «Te doy esto porque hay suficiente para todos».

Compartir desde la bondad significa que podríamos decir «sí» o «no», pero elegimos por voluntad propia decir sí. No esperamos necesariamente nada a cambio. Nuestra generosidad no está motivada por las reacciones de los demás, sino por la *satisfacción interna* que proviene de actuar de acuerdo con nuestros valores. Es importante destacar que la forma en que actuamos públicamente se alinea con la forma en que nos sentimos en privado. Después de compartir con los demás de esta manera, podemos sentirnos cansados o agotados, pero junto con la fatiga suelen surgir sentimientos de felicidad, buena voluntad y conexión.

Después de que Gwen le envía un mensaje de texto a Hazel, también le envía un mensaje de texto a su amigo Gabriel para pedirle ayuda. Gabriel comprueba su agenda para ver si tiene tiempo al día siguiente. En ese momento, su único plan es ir con un amigo a jugar básquetbol a las tres de la tarde, así que está dispuesto a ayudar.

Gabriel responde: «Sí, puedo ayudar hasta las 2:45. ¡Estaré allí a las 10 con mi camión!».

Después de responder, Gabriel siente satisfacción por haber accedido a ayudar a un amigo necesitado. Su aceptación se basó en el deseo («Quiero ayudar a Gwen») y la elección («No *tengo* que hacer esto, *quiero* hacerlo»). Como ofreció su apoyo hasta donde le resultaba cómodo, sus acciones no le afectaron negativamente. Fue amable, no complaciente.

El altruismo patológico y el altruismo saludable difieren tanto en la motivación que hay detrás de los actos altruistas como en la medida en que causan daño personal. Los psicólogos Scott Barry Kaufman y Emanuel Jauk animan a quienes buscan pasar de uno a otro a aumentar su nivel de «egoísmo saludable», es decir, la idea de que «es saludable, e incluso benéfico para el crecimiento personal, cuidar de uno mismo y disfrutar de los pequeños placeres de la vida». En el capítulo 2 hablaremos de cómo empezar a cuidarnos de esta manera.

CÓMO NOS PERJUDICAMOS AL COMPLACER A LOS DEMÁS

Complacer a los demás una vez, como ayudar a un amigo a mudarse cuando realmente no tienes tiempo, puede que no te cause un daño grave. Pero a largo plazo, estos pequeños actos de descuido personal se acumulan y afectan nuestro bienestar, nuestras relaciones y nuestros sueños para el futuro.

Después de años practicando este tipo de complacencia nos convertimos en extraños para nosotros mismos, nos alineamos a los estados de ánimo y sentimientos de los demás y, por desgracia, nos desvinculamos de los nuestros. Cuando los demás nos preguntan qué queremos o con qué soñamos, puede que nos moleste descubrir que no tenemos idea. En lugar de diseñar nuestra vida, nos convertimos en espejos que reflejan los deseos de los demás.

Priorizar de forma crónica las necesidades de los demás nos deja poco tiempo o energía para cuidarnos a nosotros mismos y, como resultado, nuestra salud física y mental puede verse afectada. Podemos descuidar nuestras necesidades físicas de descanso, comidas saludables o citas médicas, desatender nuestras necesidades financieras prestando dinero que no tenemos, e incluso relegar las emocionales al entablar relaciones con parejas y amigos afectivamente inaccesibles. Estos descuidos pasan factura. Suprimir estas necesidades puede conducir a mayores índices de ansiedad, depresión y estrés. Las investigaciones también muestran que la supresión emocional puede contribuir a enfermedades físicas, aumentando la probabilidad de padecimientos cardiacos, complicaciones de salud gastrointestinal y enfermedades autoinmunes.

Cuando complacemos a los demás, nos cuesta crear intimidad en nuestras relaciones. La verdadera intimidad requiere que nos dejemos ver como realmente somos, y complacer a los demás es como llevar una máscara. Somos los siempre alegres y los tolerantes, los que decimos que sí, pase lo que pase. Guardamos silencio cuando nos hacen daño y no somos honestos sobre lo que necesitamos. Aunque estas formas de interactuar pueden reducir el potencial de conflicto a corto plazo, no conducen a una verdadera intimidad con el tiempo. Cuanto más complacemos a la gente, más nos sentimos dolorosamente invisibles y desconocidos.

Para muchos, complacer también genera resentimiento. Este es el resabio de sentirnos incómodos, al igual que Hazel, al establecer nuestros límites y fronteras. A menudo, esperamos que los demás «conozcan» nuestras necesidades, sentimientos y límites, aun cuando nunca los hemos comunicado. En lugar de decir que no cuando estamos sobrecargados, aceptamos cuando otros nos piden favores, sonriendo por fuera mientras gritamos por dentro: «¡Deberían saber lo ocupado que estoy!». En vez de hablar con los otros cuando nos han hecho daño con su comportamiento, nos enojamos en silencio pensando: «¡Deberían saber cómo me hizo sentir eso!». En lugar de pedir ayuda cuando la necesitamos, sufrimos en silencio cuando los demás no nos la ofrecen automáticamente, pensamos: «¡Deberían saber lo que necesito!». En vez de expresar cómo queremos que nos cuiden, exigimos a nuestros seres queridos un estándar invisible y nos sentimos enojados cuando no lo alcanzan: «¡Deberían saber cómo cuidarme!».

De esta manera, externamos la responsabilidad de satisfacer nuestras necesidades y sentimientos a otras personas. Las expectativas tácitas ponen a nuestros familiares, parejas y amigos en la injusta posición de reprobar exámenes que no sabían que estaban haciendo.

Por desgracia, estos patrones de comportamiento suelen tener un efecto dominó, y podemos modelar la complacencia hacia los demás sin siquiera darnos cuenta. Muchos de nosotros conocemos demasiado bien este efecto dominó cuando vemos a nuestros cuidadores modelar el autosacrificio y la abnegación en sus relaciones. No importa si somos padres, jefes, líderes en nuestras comunidades o algo más, tenemos personas que nos admiran. Les estamos enseñando, a través de nuestro comportamiento, cómo valorarse a sí mismos, cómo expresarse, y qué esperar de sus relaciones con los otros y qué aceptar de ellos. Podemos modelar la complacencia, el autosacrificio y la deferencia, pero también la confianza, la autodefensa y el respeto por uno mismo.

ES HORA DE CAMBIAR

Si estás leyendo este libro, probablemente has empezado a sospechar que los costos de la complacencia superan los beneficios. Probablemente estás cansado de sentirte invisible, ignorado y aislado de ti mismo y de los demás. Quizá estás harto de estar siempre a merced de los estados de ánimo, exigencias y deseos de los demás.

Estás listo para tomar las riendas de tu vida. Estás listo para convertirte en el protagonista de tu historia. Quieres sentirte fuerte, libre y respetuoso contigo mismo. Quieres adueñarte de tu poder.

Comprender los orígenes de nuestra complacencia es un primer paso fundamental para romper el patrón, pero para cambiar realmente necesitamos acompañar nuestro conocimiento con la acción y la práctica dedicada. Es por eso que este libro ofrece un enfoque *basado en la acción*, fundamentado en investigación y psicología, que te brinda las herramientas prácticas para que, desde donde te encuentras ahora, llegues hasta donde te gustaría estar.

Tu razón más profunda

Romper el patrón de complacer a la gente es un esfuerzo desafiante pero profundamente gratificante. Al principio, te ayuda determinar tu razón más profunda, la más importante y conmovedora por la que te embarcas en este viaje. Si a lo largo del camino debes lidiar con el miedo, la incertidumbre o la duda, tu razón más profunda será la estrella polar que te guiará.

Para descubrir tu razón más profunda podrías considerar las siguientes preguntas: ¿Cuál es el motivo más importante por el que quiero romper este patrón? ¿En qué versión de mí mismo me gustaría convertirme? ¿De quién quiero ser modelo a seguir?

He planteado estos cuestionamientos a miles de personas en mis talleres y siempre me sorprende la belleza de sus respuestas:

- «Quiero ser un modelo a seguir para mis hijos. Quiero que tengan una madre a la que respeten. Mi sueño es que sepan defenderse por sí mismos, tener relaciones sanas y establecer límites saludables».
- «Estoy cansado de sentirme como una sombra. Nunca he sentido que nada en mi vida fuera realmente mío, ¿sabes? Estoy listo para cambiar eso. Quiero sentir que estoy viviendo una vida que yo elegí, no una vida que otros eligieron por mí».
- «Quiero desarrollar la asertividad y la fuerza que necesito para seguir mis sueños. Tengo una visión increíble para un negocio que quiero construir, pero ahora mismo no tengo la confianza para hacerlo realidad. Quiero construir este negocio y sentirme orgulloso de lo que he logrado. Quiero hacer todo lo que esté en mis manos para darle vida».
- «Vengo de una larga estirpe de mujeres que se sacrificaron. Algunas estaban en relaciones abusivas, otras simplemente nunca se atrevieron a perseguir sus sueños. Me mata pensar en todas las mujeres de mi familia cuyas voces no fueron escuchadas. Quiero romper el patrón intergeneracional de mi familia

de mujeres que guardan silencio. Quiero crear una nueva forma de vida».

¿Cuál es tu razón más profunda? Escríbela y guárdala cerca mientras te embarcas en este proceso transformador de autodescubrimiento. En los momentos difíciles que puedan surgir, tendrás este claro recordatorio de por qué romper el patrón de complacencia transformará radicalmente tu vida y la de tus seres queridos.

2
ENCONTRAR NUESTROS SENTIMIENTOS

Como personas complacientes, nos hemos desconectado de nosotros mismos después de años de priorizar las necesidades, los sentimientos y los deseos de otros a expensas de los nuestros. Por esta razón, el primer paso para romper el patrón no es establecer límites o hablar, sino reconectar con nosotros mismos para que podamos defender a esa persona en nuestras relaciones con otras. Después de todo, ¿cómo podemos hacer valer nuestras necesidades si no sabemos cuáles son? ¿Cómo podemos decir nuestra verdad si no sabemos lo que sentimos? ¿Cómo podemos establecer límites para protegernos si nos sentimos ajenos a nosotros mismos, precisamente a quienes deberíamos proteger?

Por eso, la primera parte de este capítulo ofrece una hoja de ruta para conectar con nuestros cinco pilares: sentimientos, necesidades, deseos, valores e historias personales. Tras años de descuido personal, dar prioridad a estos cinco pilares no solo es profundamente curativo, sino un requisito previo para aportar más de nosotros mismos a nuestras relaciones con los demás.

Los sentimientos son nuestro primer fundamento porque ocurren dentro de nuestros cuerpos, incluso cuando hemos desarrollado el hábito de ignorarlos. Su naturaleza visceral e inmediata los convierte en un punto de partida conveniente a medida que aprendemos a sintonizarnos con ellos. Nuestros sentimientos son como brújulas que nos señalan la dirección de nuestras necesidades, deseos y valores; son la base sobre la que construiremos los cuatro pilares restantes.

En este capítulo exploraremos cómo nos defendemos habitualmente de nuestros sentimientos; discutiremos la forma en que podemos utilizar nuestro cuerpo como herramienta para identificarlos; examinaremos cómo aumentar nuestra tolerancia a las emociones difíciles; y crearemos una práctica diaria de apoyo para reconectar con ellos, incluso cuando hacerlo nos resulte extraño o desconocido.

LA HISTORIA DE KAYLEIGH

Kayleigh, de 48 años, comienza nuestra sesión dándome una lista detallada de las dificultades que están sufriendo todas las personas de su vida. Su esposo, Dave, está estresado en el trabajo porque se acerca una fecha límite importante; su hija, Casey, está teniendo problemas para adaptarse a su primer año en la universidad; su madre, Ruth, ha sido despedida recientemente de su puesto como maestra de primaria; y su padre, Paul, está perdiendo poco a poco la audición.

—Todos están pasando por muchas cosas —dice Kayleigh—. Se supone que estos son los años dorados de mis padres, pero en cambio los están despidiendo del trabajo y están luchando con su salud. Y Casey *realmente* está teniendo dificultades en la universidad. Estaba muy emocionada por irse de casa, pero ahora lo único que quiere es volver.

Asiento, escuchando la empatía en la voz de Kayleigh.

—Son muchas dificultades a las que enfrentarse de golpe —afirmo—. ¿Cómo estás lidiando con todos estos problemas?

—Oh, estoy bien —responde Kayleigh automáticamente, evitando mi pregunta como un mosquito molesto—. En realidad, son ellos los que me preocupan —enfatiza, desviando hábilmente nuestra conversación del incómodo territorio de sus emociones.

Para Kayleigh, «estoy bien» es una vieja muletilla. Como muchas personas complacientes, ella es «la fuerte», quien, sin importar las circunstancias, puede «manejarlo todo». Para clientes como Kayleigh, conectar con *su* sufrimiento la hace vulnerable y egoísta, sobre todo cuando sus seres queridos están angustiados.

—Sé cuánto te importa tu familia —afirmo, queriendo que Kayleigh sepa que la entiendo—. Pero este tiempo es para que nos centremos en *ti*.

Kayleigh pone los ojos en blanco. Ya me ha oído dar este discurso antes.

—Lo sé, lo sé —resopla—. Es solo que mis sentimientos parecen tan pequeños en comparación con lo que todos los demás están pasando.

—¿Qué tal esto? —digo, después de asentir—. Cuando termine nuestra sesión, puedes volver a concentrarte en los sentimientos de los demás. Pero durante los próximos treinta minutos, ¿qué tal si te das permiso para mirar dentro de ti y preguntarte: «¿Cómo me siento al ser la que siempre apoya a los demás cuando están pasando por dificultades?».

Kayleigh respira hondo. Se queda en silencio unos momentos mientras vuelve al terreno desconocido de sus emociones.

—Umm... Mira, no lo sé. No estoy muy segura —dice.

Siento que Kayleigh se está frustrando (para los que quieren complacer a los demás, tratar de acceder a sus emociones puede parecer como mirar dentro de una bola de cristal turbia) y quiero que sepa que esto es completamente normal.

—Puede ser difícil sintonizar al principio. No hay prisa —la animo—. Tomémonos un momento y sentémonos a analizar lo que notamos.

Kayleigh vuelve a guardar silencio. Pasan diez segundos. De repente, estalla:

—¡Estoy triste!, ¡y cansada! —Sus palabras resuenan, parece aturdida por su confesión—. Quiero a mi familia, es obvio que adoro a mi esposo, a mi hija y a mis padres, pero a veces se vuelve difícil porque yo también estoy sufriendo.

Continúa, ganando velocidad:

—Me asusta que mis padres estén envejeciendo. Me entristece que ahora Dave y yo vivamos el nido vacío y, para ser sincera, me siento... sola. No en lo físico, Dave está en casa conmigo, pero sí emocionalmente sola. Quiero sentir que alguien está de verdad conmigo en esto. Odio tener que soportarlo por mi cuenta.

Exhala. Una lágrima le recorre la mejilla.

Al permitirse sintonizar con su interior, Kayleigh pasó de «no conocer» sus emociones a conocer y nombrar bastantes: dolor, miedo, tristeza y soledad. Se permitió, aunque solo fuera temporalmente, dejar de ser la que lo tiene todo bajo control para todos los demás.

Aunque a Kayleigh le resulta doloroso reconocer estas emociones difíciles, ahora podemos dedicar el resto de nuestra sesión a identificar las necesidades que subyacen: apoyo emocional para calmar el miedo y compañía para calmar la soledad. Cuando termina la sesión, Kayleigh ha asumido dos compromisos: uno, compartir su tristeza y su miedo con Dave para no tener que soportarlos sola, y otro, enviar un mensaje de texto a sus dos amigos más cercanos para decirles que le vendría bien un poco de compañía durante las próximas semanas.

Si Kayleigh no se hubiera dado permiso para conectar con sus sentimientos, no habría sido capaz de identificar sus necesidades y no habría podido manifestarlas en sus relaciones con sus seres queridos.

CÓMO OCULTAMOS NUESTROS SENTIMIENTOS

Las personas complacientes tienen una inteligencia emocional alta y son profundamente sensibles y muy empáticas con los demás, pero cuando se trata de sus emociones puede resultarles difícil nombrarlas y, aún más, experimentarlas. Después de años de priorizar sentimientos ajenos, necesitan mucha práctica para volver a ellos mismos.

Acceder a nuestras emociones puede ser especialmente difícil cuando alguien cercano a nosotros está sufriendo, luchando o decepcionado porque, como en el caso de Kayleigh, se activa nuestro impulso de cuidador. Muchos de nosotros aprendimos a priorizar los sentimientos de otros en momentos similares de la infancia, cuando nuestra seguridad dependía del estado de ánimo de quienes nos rodeaban. El psicólogo Tian Dayton, autor del libro *Emotional Sobriety*, explica:

> Los niños que se preocupan por sus padres pueden convertirse en pequeños guardianes ansiosos, que escudriñan constantemente

los rostros y estados de ánimo de sus padres en busca de lo que necesitan o quieren. Estos niños pueden desarrollar el mismo hábito con otras personas para establecer su equilibrio y balance. Esto interfiere en el desarrollo del sentido de sí mismo porque, con el tiempo, este se entrelaza con el de otra persona.

De adultos, muchos terminamos atrapados en este lugar confuso, cuidando los sentimientos de los demás a expensas de los propios. A veces, enfocarse demasiado en las emociones de los demás también puede ser una barrera para no experimentar las nuestras en toda su potencia. Además de cuidar de los demás de forma crónica, otras formas de evasión pueden manifestarse bebiendo, fumando, consumiendo drogas o participando en otros comportamientos adictivos, como perseguir compulsivamente la productividad, el éxito y los logros; acudir a la televisión, los pódcast y las redes sociales; o pasar todo nuestro tiempo libre con otras personas para evitar estar solos.

Estos hábitos funcionan como obstáculos, nos impiden notar, nombrar y experimentar nuestros sentimientos en su totalidad. Desplegamos estas defensas por una buena razón: muchos de nosotros nunca aprendimos a convivir con nuestras emociones difíciles, y a veces tememos que nos abrumen. La psicóloga Hillary McBride, en su libro *The Wisdom of Your Body,* explica:

> [Las defensas] nos protegen de experimentar emociones con las que nos sentimos incapaces de tolerar solos o de pasar por situaciones que nos da miedo afrontar; también nos protegen de emociones que nos han avergonzado o castigado por sentir en el pasado, ya sea por parte de personas cercanas o por guiones culturales.

El primer paso para liberarnos de nuestras defensas es simplemente reconocer que estamos evitando nuestros sentimientos. Cuando nos damos cuenta de que estamos adoptando los hábitos mencionados anteriormente, la simple pregunta «¿Qué tengo miedo de sentir ahora mismo?» puede ofrecer una visión poderosa de las emociones que se encuentran bajo la superficie.

EMPEZAR POR EL CUERPO

Si nos cuesta identificar nuestras emociones, podemos conectar con ellas a través del portal del cuerpo. Después de todo, nuestra experiencia emocional no solo ocurre en nuestra mente, sino también en nuestro pecho, estómago, hombros y piernas.

Por desgracia, muchas sociedades occidentales no tienen en cuenta la sabiduría de las emociones encarnadas. En el siglo XVII, el filósofo René Descartes popularizó la teoría del dualismo: la idea de que la mente y el cuerpo son dos entidades separadas. Creía que el cuerpo era imperfecto, contrario a la mente, por lo que la idea de que necesitábamos controlar nuestro cuerpo primario y «no evolucionado» con nuestra mente pura y «elevada» se convirtió en un elemento básico del pensamiento occidental.

Vemos esta actitud hoy en día en una de las defensas más populares contra nuestras emociones: la intelectualización. Cuando intelectualizamos, traducimos nuestros sentimientos en pensamientos usando la razón, la lógica o la investigación para así evitar la *experiencia* de la emoción dentro de nuestros cuerpos.

Cuando pasé por una dolorosa ruptura a principios de mis veintes, intelectualicé mi dolor porque no quería sentirlo. Hice listas con los motivos por los que estar soltera era mejor; escuché pódcast sobre la ciencia de sanar el desamor; leí un sinfín de artículos para entender la psicología de mi expareja. Llené cada momento libre de razón y pensamiento porque estar en mi cuerpo y *sentir* realmente mi tristeza me resultaba demasiado amenazante.

Por aquel entonces, empecé a practicar la meditación en grupo con la esperanza de encontrar momentos de alivio para mi angustia. La primera sesión se celebró en una antigua e impresionante iglesia de Cambridge, Massachusetts. Momentos después de acomodarme en mi cojín, el líder de la meditación nos invitó a realizar un escaneo corporal: prestamos atención lenta y deliberadamente a cada parte de nuestro cuerpo, una por una. Noté que tenía el estómago apretado, el pecho tenso y la garganta cerrada como un puño.

—Ahora —invitó el guía de la meditación—, si tu cuerpo pudiera decirte algo, ¿qué sería?

Mi respuesta fue inmediata y visceral: *duele*. Rompí en llanto en silencio cuando el dolor que había estado intelectualizando me inundó. Por primera vez en días me permití experimentar mis sentimientos en lugar de intentar ignorarlos.

Fue doloroso. Me abracé mientras lloraba en silencio. Cuando la intensa ola de emoción pasó, unos cinco minutos después, me sorprendió descubrir que me sentía más calmada y tranquila de lo que me había sentido en días.

Si bien intelectualizar nuestras emociones es popular en el mundo occidental, no ocurre lo mismo en otros lugares. El antropólogo Roy Grinker explica en su libro *Nobody's Normal* que la mayoría de las personas fuera de las sociedades industriales occidentales experimenta, en primera instancia, su sufrimiento emocional a través del cuerpo: «Sienten la ansiedad como un dolor de estómago, la tristeza y la desesperanza como una sensación de ardor u hormigueo en las extremidades». A pesar de siglos de mensajes que restan importancia a la sabiduría corporal, los que vivimos en sociedades occidentales no la hemos perdido, solo tenemos que aprender a escucharla. En 2018, un equipo de neurocientíficos finlandeses se propuso comprender dónde exactamente residen las emociones en nuestro cuerpo y si esas señales emocionales eran universales para todos. Reclutaron a más de mil participantes de diversas culturas y realizaron experimentos para recopilar información sobre sus experiencias con cien sentimientos distintos.

En uno de los experimentos, los participantes se concentraron en un sentimiento a la vez y, dotados con una silueta en blanco de un cuerpo humano en una hoja de papel, se les pidió que colorearan las áreas donde sentían más lo que experimentaban. Después de recopilar los datos, el equipo de investigación concluyó definitivamente que casi todos los sentimientos estaban asociados con una sensación corporal única. Descubrieron que la ira se siente con mayor intensidad en el pecho y la parte superior del cuerpo. El amor y la felicidad es como una fuerte inundación en todo el cuerpo, mientras que la depresión se asocia con una disminución de la sensación en general.

Curiosamente, estas señales emocionales que mostraba el estudio se reproducían entre los participantes de diversas culturas, lo que demuestra que, independientemente de dónde procedamos, experimentamos emociones de manera similar y todos podemos utilizar las señales de nuestro cuerpo para reconocerlas.

Cómo sintonizar

Podemos empezar a sintonizar con nuestras emociones corporales en cualquier momento, hacer una pausa, dejar los teléfonos a un lado y cerrar los ojos, centrando nuestra atención en el interior de nuestros cuerpos. Luego, como hice durante la meditación en grupo, podemos preguntarnos: «¿Qué sentimientos me están comunicando estas sensaciones?».

Podríamos tardar solo 30 segundos en observar: ¿sentimos como si nos apretaran el pecho?, ¿una presión en la sien?, ¿una sensación de expansión en el corazón?

La felicidad y el amor a menudo se experimentan como ligereza en el corazón, amplitud en el pecho o una oleada de energía a través del cuerpo. En muchas ocasiones, la ansiedad se experimenta como un pecho apretado, un corazón acelerado o un estómago revuelto. La ira suele coincidir con tensión en el pecho, constricción en el cuello y los hombros, y también como ráfagas de energía a través de los brazos y las piernas. El miedo y la agitación tienden a ir acompañados de un corazón acelerado y una hiperconciencia de la vista, el sonido y el olor.

También podemos trabajar en sentido inverso: reconocer que estamos experimentando una emoción determinada —por ejemplo, felicidad tras asistir a una fiesta de cumpleaños— y luego conectarla con las sensaciones de nuestro cuerpo. Cuando notamos una emoción, Hillary McBride nos anima a preguntarnos: «¿Qué te avisa que te sientes así?». Ella sugiere prestar atención a «cualquier cosa que destaque, como la temperatura, la rigidez, la apertura o el movimiento de la energía (remolino, subida, presión, peso, ondulación o hundimiento)».

Con el tiempo, empezamos a notar patrones comunes en las respuestas de nuestro cuerpo. Podemos sentirnos vastos después de pasar tiempo con amigos queridos o una opresión en el pecho antes de tener una presentación en el trabajo. Podemos notar que las interacciones con ciertas personas nos dejan una sensación de calidez y apertura; otras, una sensación de tensión y cansancio. Cuanto más prestamos atención a nuestra experiencia corporal, más nos damos cuenta de que nuestros cuerpos nos envían información emocional todo el tiempo, solo tenemos que hacer una pausa y escuchar.

AUMENTAR NUESTRA TOLERANCIA FRENTE A LOS SENTIMIENTOS DIFÍCILES

Si hemos pasado toda la vida desconectados de nuestras emociones, sentarnos con nuestra ira, dolor, tristeza, resentimiento o ansiedad puede resultar aterrador y abrumador. Podemos aumentar nuestra tolerancia a estos estados difíciles estableciendo límites de tiempo, ofreciendo recordatorios amorosos, calmando nuestros síntomas físicos y compartiendo lo que sentimos con alguien.

Para ilustrar estas herramientas utilizaremos la historia de Rava, de 36 años, quien cuelga el teléfono después de una larga y agotadora conversación con su dominante madre. Normalmente, después de estas llamadas, Rava hace todo lo posible para distraerse: responder algunos correos electrónicos, limpiar la casa o beber una copa de vino. El resto del día tiende a pasar desapercibido, con Rava pasando de una tarea a otra lo más rápido que puede para dejar atrás sus sentimientos. Ahora, Rava practica aumentar su tolerancia a las emociones difíciles.

Establece un límite de tiempo

Al principio, sentarse con una emoción difícil durante un periodo prolongado puede resultarte incómodo. En su lugar, intenta poner un temporizador de dos o tres minutos. Siéntate de manera que estés cómodo, respira profundamente y nota la emoción dentro de tu cuerpo. Nombrar las sensaciones en voz alta a medida que surgen puede ayudar: «Opresión en el pecho», «Pálpitos en el corazón», «Presión en la sien».

Recuerda que, durante estos momentos, el objetivo no es cambiar la emoción difícil, sino que practiques el permanecer con tu experiencia en lugar de distraerte, adormecerte o dejarla atrás.

En lugar de servirse una copa de vino, Rava respira hondo y pone un temporizador de cinco minutos en su teléfono. Se sienta en una silla de la mesa de la cocina y cierra los ojos, prestando atención a su cuerpo. Nota cómo la ira estalla en su pecho al recordar la conversación con su madre. Esta arde intensamente durante uno o dos minutos y, luego, abre paso a una sensación más fría y suave de fatiga y tristeza. Se da cuenta de su tentación de huir del ejercicio, pero se anima a sí misma a seguir hasta que suene el temporizador.

Ofrece un recordatorio cariñoso

Cuando nuestras emociones difíciles son fuertes, puede ser útil ponerlas en contexto con un recordatorio amable. Ofrecernos una frase tranquilizadora puede calmarnos en medio de la ira, el miedo o la ansiedad: «Estoy aquí contigo», «No te abandonaré», «Esto es difícil, pero soy resistente» o «Este sentimiento no durará para siempre».

Cuando Rava termina de observar las sensaciones en su cuerpo, se da cuenta de que nunca se ha detenido a apreciar cuánto la afectan estas llamadas con su madre. Siente una oleada de autocomprensión al reconocer que ella, y su cuerpo, están sufriendo a todas luces. Se ofrece un recordatorio amoroso: «Esta emoción es dolorosa, pero te tengo a ti. No me voy a ninguna parte».

Dales calma a tus síntomas físicos

Gestos sencillos como colocar una mano sobre nuestro corazón acelerado, pasarnos las manos suavemente por los brazos o respirar profundamente desde el estómago pueden remediar la intensidad física de nuestras emociones. Después de estar sentado con una sensación intensa, puede ser útil descargar cualquier energía residual a través del movimiento: estirarse, salir a correr, dar un paseo, bailar con música alta o incluso golpear una almohada como un saco de boxeo.

Después de asimilar sus emociones, Rava siente que necesita descargar parte de la energía que fluye por su cuerpo. Se cambia de ropa y sale a correr un rato.

Exprésalo

Como veremos en los próximos capítulos, expresar una emoción difícil nos ofrece una válvula de escape y disminuye la intensidad de la experiencia como si se le quitara el aire a un globo. Podemos sacar nuestros sentimientos difíciles escribiéndolos en un diario, hablándolos con un amigo o compartiéndolos con nuestro terapeuta. Podemos convertirlos en arte con una canción, un baile o una pintura. El simple hecho de nombrar una emoción en voz alta para nosotros mismos («¡Estoy tan *enojado* ahora mismo que apenas puedo soportarlo!») puede ayudarnos a regularnos, haciendo que lo que sentimos sea menos abrumador.

Después de correr, Rava decide llamar a su hermana, Rachel, para desahogarse sobre la llamada que tuvo con su madre. Rava y Rachel son muy unidas, ella sabe que su hermana entenderá sus frustraciones mejor que nadie. Platican brevemente, Rachel ofrece unas palabras de apoyo y algo de humor fraternal y, cuando Rava cuelga, se siente menos sola en su enojo.

Después de seguir estos pasos, Rava contrasta cómo solía responder a sus emociones —enterrándolas bajo correos electrónicos y vino— con la forma en la que ha respondido hoy. Normalmente, después de una llamada con su madre, se sentía distraída e hiperactiva, con una ira latente y periférica que persistía durante horas. Hoy, sin embargo, se da cuenta de que su ira estalló, pero también se calmó, y nota que se hizo amiga de sus emociones en lugar de intentar superarlas a través de una ráfaga de actividades.

En este proceso, Rava está aprendiendo por sí misma que puede soportar sus emociones difíciles y sentirse resiliente ante ellas. En los próximos capítulos, exploraremos cómo toma esta nueva comprensión de su ira y la usa para dar forma a las necesidades, peticiones y límites que después, en futuras llamadas telefónicas, le comunica a su madre.

Un apunte importante sobre el trauma

Sentarte con recuerdos traumáticos potentes sin el apoyo de un terapeuta puede abrumar tu sistema nervioso. Las prácticas que sugiero aquí son para emociones difíciles que rodean experiencias menos intensas. Un terapeuta especializado en trauma puede guiarte a través de emociones difíciles a un ritmo lento y sostenible para ayudarte a desarrollar tolerancia a la angustia relacionada con el trauma.

EJERCICIOS PARA ENCONTRAR NUESTROS SENTIMIENTOS

Aprender a sintonizar con nuestros sentimientos es una práctica a largo plazo, no un objetivo puntual. Mejoramos con el tiempo, la intención y la repetición. Aquí tienes algunos ejercicios sencillos que puedes incluir en tu rutina diaria para fortalecer tu conexión con tus sentimientos.

Pon una alarma

Pon una alarma que suene tres veces a lo largo del día. Cada vez que suene, pregúntate: «¿Qué estoy sintiendo en este preciso momento?». Documenta tus respuestas. Si por alguna razón no te es posible poner una alarma, puedes adquirir el hábito de hacerte esta pregunta cada vez que revises tu teléfono, abras el refrigerador o salgas de tu casa.

Esta es una temporada muy ajetreada para Audrey. El trabajo está aumentando, sus tres adolescentes están involucrados en múltiples actividades extracurriculares y su hermana necesita apoyo mientras se recupera de una operación. En el pasado, Audrey se desconectaba por completo de sí misma durante épocas de mucho trabajo como esta, y prestaba atención únicamente a las emociones y necesidades de los demás. Pero esta vez, mientras trabaja para romper el patrón de la complacencia, se compromete a estar presente con sus emociones. Pone la alarma para que suene a las diez de la mañana, a las dos y a las seis de la tarde, todos los días.

Las primeras veces que suena, se sorprende. Normalmente está en medio de alguna tarea y la notificación de la alarma —«¿Qué estoy sintiendo en este preciso momento?»— la toma desprevenida. Su mente está tan preocupada por los problemas de los demás que, al principio, tarda un rato en encontrar sus emociones: «Estresada. Abrumada. Resentida». Al reconocerlas, siente curiosidad por las necesidades que podrían estar advirtiendo y así puede dar los primeros pasos para descubrirlas.

Cuanto más suena la alarma de Audrey, más rápidamente encuentra palabras para sus sentimientos. Al cuarto día, se anticipa a la alarma incluso antes de que suene, preguntándose a intervalos: «¿Qué estoy sintiendo en este preciso momento?». A través de esta práctica, se vuelve más hábil para reconocer su realidad emocional, una hazaña desafiante para una persona complaciente en recuperación y que tiene una agenda ocupada.

Usa la expresión «¿Cómo estás?»

Cuando un amigo o conocido te pregunte «¿Cómo estás?», haz una pausa y pregúntate a ti mismo cómo estás realmente en el ámbito emocional. Tú decides si quieres compartir esta respuesta auténtica con ellos, lo que importa es que te lo digas a ti mismo.

Tómate un momento a solas

A veces, las situaciones sociales, como pasar tiempo con un amigo, ir a una fiesta o visitar a familiares, pueden activar nuestras tendencias complacientes. Estamos rodeados de las emociones, los problemas y las energías de los demás, y es fácil desconectarnos de nosotros mismos. La próxima vez que estés en una situación así, aléjate un momento —tal vez puedas salir a caminar o simplemente ir al baño— y toma algunos minutos para sintonizar con tus emociones. Ahora que estás solo, observa si tienes alguna que hayas estado reprimiendo o ignorando cuando estás con otros. Recuerda que también puedes usar tu cuerpo para recopilar información sobre lo que estás sintiendo.

Lars se divorció recientemente y, por primera vez desde que se casó, decide visitar a sus padres durante las vacaciones. En Nochebuena, ellos celebran su fiesta familiar anual y la casa se llena de tías, tíos, primos y amigos. Lars adora a su familia extendida, pero como es introvertido, estas grandes reuniones le resultan abrumadoras. Mientras sus padres sacan el postre, se las arregla para escabullirse a su habitación de la infancia y cierra suavemente la puerta tras de sí.

Después de horas de socializar, sonreír y tratar de no pensar en el divorcio, Lars por fin puede relajar su fachada y tan solo ser. Respira hondo y escucha a su cuerpo, y nota que tiene los hombros tensos y la mandíbula apretada. Se masajea con suavidad, relajando los músculos, y deja escapar un gran suspiro, permitiéndose reconocer que sí, está triste por su divorcio y sí, extraña a su exesposa.

Aunque estas emociones son dolorosas, también se siente aliviado al dejar caer la máscara de complacer a la gente y simplemente estar triste. Tomarse un espacio físico para permitir que sus emociones salgan a la superficie es un poderoso acto de cuidado personal. Ahora que está en contacto con sus sentimientos, puede escuchar cualquier mensaje que puedan darle sobre lo que necesita en este momento.

3

DESCUBRIR NUESTRAS NECESIDADES

Nuestras emociones son señales que dirigen nuestra atención a las necesidades que subyacen. La felicidad, la paz y el placer pueden indicar que nuestras necesidades están siendo satisfechas. Los sentimientos difíciles como el resentimiento, la frustración y el agobio pueden indicar que, en este momento, no estamos obteniendo lo que necesitamos.

Romper el patrón de complacer a los demás requiere que nos sintamos cómodos identificando y atendiendo nuestras necesidades. Después de todo, si no nos hemos tomado el tiempo de priorizarlas, será inconmensurablemente más difícil defenderlas ante los demás. Sin embargo, muchas personas complacientes tienden a considerar la necesidad como algo negativo: un signo de debilidad o dependencia. Si nuestros cuidadores no apreciaron nuestras necesidades en la infancia, es posible que hayamos aprendido a avergonzarnos de ellas, ocultándonos tras un velo de independencia y autosuficiencia. Muchos de nosotros nos enorgullecemos ahora de «lo poco que necesitamos», prefiriendo prestar atención a las dificultades de los demás. Podemos sentir que tener necesidades nos hace ser exigentes, pesados o egoístas.

Aunque creamos que nuestras necesidades no son importantes, con el tiempo, descuidarlas tiene efectos devastadores en nuestra salud física y mental. Cuando no se satisfacen nuestras necesidades de descanso, sustento y conexión genuina, nos volvemos infelices, nos agotamos y estamos crónicamente exhaustos, un estado con el que muchas personas complacientes están dolorosamente familiarizadas. En el extremo, el descuido de nosotros mismos puede resultar en mala higiene, enfermedad física o mental e, incluso, empobrecimiento. Las consecuencias pueden ser graves, por lo que las necesidades son quizá el más importante de nuestros cinco pilares.

Para quienes complacen a los demás, la idea de que priorizar sus necesidades es egoísta puede ser difícil de eliminar. Si aún necesitas convencerte, recuerda esto: irónicamente, priorizarnos a nosotros mismos nos permite convertirnos en mejores amigos, parejas y miembros de la familia. Las investigaciones muestran que aquellos que practican un egoísmo saludable, es decir, quienes respetan sus propias necesidades, su salud y su felicidad, reportan relaciones más positivas y actitudes más amorosas hacia los demás. Cuando estamos consumidos, nos distraemos, nos frustramos y nos fatigamos; es difícil ser un compañero cariñoso y atento cuando estamos crónicamente al borde del colapso. Pero cuando nuestras necesidades están cubiertas, podemos ocuparnos bien de nosotros mismos *y* de los demás. Aprender a priorizar nuestras necesidades es, de hecho, una situación en la que todos ganan.

En este capítulo hablaremos de lo que las constituye; exploraremos cómo nuestros sentimientos son mensajeros que señalan nuestras necesidades; desentrañaremos cinco formas comunes en las que las ignoramos; descubriremos cómo relacionarnos con ellas de nuevas maneras; y sentaremos las bases para una práctica diaria de sintonización con lo que necesitamos.

LAS NECESIDADES TIENEN QUE VER CON EL BIENESTAR, NO SOLO CON LA SUPERVIVENCIA

Muchos de nosotros creemos que algo solo cuenta como necesidad si contribuye a nuestra supervivencia física inmediata. Sin embargo, la realidad es que nuestras necesidades son más amplias que esto. El diccionario Merriam-Webster define la palabra como un requisito fisiológico o psicológico para el bienestar de un organismo. Las necesidades no tienen que ver solo con la subsistencia, también responden a la conservación de una sensación de bienestar físico y emocional.

Las personas complacientes tienden a ignorar o descartar las que no son graves o que no ponen en peligro la vida. Incluso cuando tenemos los recursos económicos necesarios para cuidarnos, podemos pensar: «Últimamente me duele mucho la espalda, pero no *es necesario que* me vea un médico» o «Mi depresión está empeorando mucho, pero no *requiere* terapia, puedo aguantar» o «Me encantaría que mi esposo mostrara algo de aprecio por todas las tareas domésticas que hago, pero no *lo necesito*. Dice que me quiere y que eso debería ser suficiente».

Prescindir de nuestras necesidades tiene un impacto negativo tangible en nuestro bienestar. La comodidad física, la seguridad financiera, la salud mental y la reciprocidad en nuestras relaciones son absolutamente necesarias para sentirnos bien, fuertes y completos. No son meros caprichos, son necesidades. A medida que rompemos el patrón de complacer a la gente, empezamos a creer que somos dignos no solo de sobrevivir, sino también de vivir bien.

Lista de necesidades básicas

Algunas necesidades básicas comunes a todas las personas son las siguientes:

Necesidades físicas

- Refugio
- Alimentación
- Agua limpia
- Aire limpio
- Sueño
- Relajación
- Contacto y expresión sexual
- Atención médica

- Atención de salud mental
- Conexión con la tierra

Necesidades interpersonales

- Comunidad
- Aceptación
- Pertenencia
- Apoyo
- Amor
- Comunicación
- Respeto
- Empatía
- Compasión
- Amabilidad
- Reciprocidad
- Honestidad
- Reconocimiento

(Exploraremos una lista de necesidades interpersonales más específicas en el capítulo 7).

Necesidades de independencia

- Autonomía
- Autoestima
- Sentido de importancia
- Libertad para tomar decisiones propias
- Sensación de control sobre la propia vida

Necesidades significativas

- Propósito
- Paz
- Equilibrio
- Creatividad
- Juego
- Tiempo para llorar y celebrar

Te recomiendo que guardes la «Lista de necesidades básicas», ya que la consultaremos en los próximos capítulos.

SEGUIR LAS SEÑALES DE NUESTRAS NECESIDADES

Puede que hayamos pasado tantos años ignorando nuestras necesidades que ahora nos cueste identificarlas. A medida que dejamos de complacer a los demás, nuestro trabajo consiste en desenterrarlas hasta las últimas capas de la complacencia. Esta práctica se vuelve habitual con el tiempo y algunas estrategias pueden ayudarnos en el proceso.

Empieza por el cuerpo

Empezar con las necesidades físicas es la forma más sencilla de reconectar. A diferencia de las necesidades interpersonales, que dependen de la participación de otros, las corporales son las que, por lo general, podemos satisfacer nosotros mismos, lo que hace que sea menos desalentador empezar por ellas.

Todos los días podríamos preguntarnos: «¿Tengo frío o calor? ¿Necesito un suéter o una manta? ¿Tengo hambre? ¿Hay comida en mi refrigerador? ¿Necesito ir de compras? ¿Tengo sed? ¿Estoy cansado? ¿Necesito descansar? ¿Duermo lo suficiente? ¿Mi cuerpo está inquieto? ¿Necesito moverme o salir a caminar? ¿Tengo los hombros tensos? ¿Necesito hacer estiramientos o yoga?».

Amit lleva seis meses cuidando a su madre, enferma de párkinson en fase avanzada. Atender lo que ella requiere le exige física y emocionalmente, pero está feliz de hacerlo: para él es importante que su madre pase sus últimos meses cómoda en casa, en lugar de en un centro de atención para personas mayores.

Un día, el hermano menor de Amit, Rohan, viene a la ciudad para relevarlo.

—Necesitas un descanso —dice Rohan—. Ve a cuidarte unos días. Yo me encargo de todo aquí.

Amit está de acuerdo, hace la maleta y regresa a su departamento por primera vez en meses. Pero, a los pocos minutos de entrar por la puerta, se siente inquieto: ya no tiene que cuidar a su madre, pero tampoco sabe lo que él necesita.

Se sienta en su sillón y decide prestar atención a su cuerpo. Su mente tarda unos minutos en calmarse lo suficiente como para concentrarse, pero cuando lo hace, reconoce algunas sensaciones intensas. En primer lugar, tiene frío: se olvidó de subir el termostato cuando llegó. En segundo, tiene hambre: no recuerda la última vez que se sentó a comer. En tercero, por debajo de todo, reconoce un cansancio que le destroza los huesos: de repente, se da cuenta de que no ha dormido más de cuatro horas seguidas en días.

Después de meses de enfocarse por completo en su madre, Amit siente una refrescante sensación de conexión consigo mismo al reconocer de esta manera lo que le hace falta. Se levanta de la silla, sube el termostato y pide comida a domicilio en el restaurante chino de la cuadra. Se asegura a sí mismo de que esta noche su único trabajo es comer una comida completa y dormir lo más profundamente posible. Ahora que siente la intensidad de su hambre y agotamiento, se da cuenta de lo importante que será para él hacer tiempo, incluso cuando esté con su madre, para atender sus necesidades tanto como pueda.

Satisfacer nuestras necesidades físicas básicas puede parecer algo insignificante, pero al hacerlo una y otra vez, aumentamos lentamente la confianza en nosotros mismos: aprendemos que podemos confiar en nosotros para cuidarnos de forma esencial. A partir de aquí, acceder a necesidades más profundas, como las de conexión y significado, parece más factible.

Lo que sentimos son señales de lo que necesitamos

A pesar de ser desagradables, los sentimientos incómodos son señales que nos dirigen hacia necesidades insatisfechas. Por eso es tan importante aprender a aceptarlos: solo así podremos escuchar los mensajes que transmiten.

Si nos sentamos con nuestras emociones incómodas, podemos darnos cuenta de que nos sentimos ansiosos cuando necesitamos más seguridad o de que nos deprimimos cuando anhelamos compañía. Podemos notar resentimiento cuando no percibimos reciprocidad en nuestras relaciones o cansancio cuando pasamos tiempo con alguien que nos agota. Hacernos la simple pregunta «¿Qué necesito ahora mismo?» cuando se presenta una emoción difícil es una práctica poderosa para sintonizar con nuestras necesidades.

CÓMO DESCARTAMOS NUESTRAS NECESIDADES

Una vez que empezamos a reconocer nuestras necesidades, también comenzamos a identificar las formas en que las descartamos. Después de años conformándonos con lo mínimo, tiene sentido que sacar a la luz lo que requerimos pueda provocar al inicio cierta resistencia. Las formas más comunes en que descartamos nuestras necesidades incluyen lo siguiente.

Juzgar nuestra necesidad

Kelly y Amma son amigas desde la primaria. Kelly suele buscarla con regularidad para coordinar planes y, aunque Amma siempre está dispuesta, nunca toma la iniciativa. Kelly se siente insegura, necesita que Amma se esfuerce por la relación, pero también se juzga a sí misma por sentir eso. «Amma siempre está feliz de pasar tiempo juntas, ¿no?», piensa Kelly. «Quizá estoy siendo demasiado sensible y no debería».

Creer que somos «demasiado fuertes»

Desde que se graduó de la universidad hace seis meses, la salud mental de Marco ha estado comprometida. Su trabajo es exigente, se siente desconectado de sus amigos de la universidad y ha estado peleando mucho con su pareja, Cedric. Marco quiere hablar con un terapeuta, pero cuando se le ocurre la idea, se juzga a sí mismo por su debilidad. «Tus padres eran inmigrantes que nunca se quejaban», se dice a sí mismo. «Eres lo suficientemente fuerte como para hacer esto por tu cuenta».

Usar los problemas de los demás para restar importancia a los nuestros

Mel y su esposo John llevan cinco años casados. En general, tienen un matrimonio feliz, pero hay algo que Mel no soporta: la forma en la que, de vez en cuando, John hace bromas sobre su peso. Mel se ríe, pero la verdad es que sus comentarios le resultan terriblemente molestos. Cuando se plantea hablarlo con él, piensa en sus amigas —una está en una relación de maltrato físico y la otra tiene problemas para tener citas—. «Al menos yo no tengo que pasar por todo eso», se repite Mel. «Debería sentirme afortunada de tener a John».

Anticipar que no podremos satisfacer nuestra necesidad

Rory trabaja en una prestigiosa empresa de *marketing*. Su jefe, Kenny, le asignó recientemente algunos clientes de alto perfil, muy bien pagados. Aunque Rory está entusiasmada con la oportunidad, sus nuevas tareas la dejan con dudas a diario. Le vendría bien una reunión semanal con Kenny para abordar sus inquietudes, pero sabe que la agenda de su jefe está muy ocupada. A Rory le preocupa que, si se lo pidiera, Kenny no tendría tiempo, así que sigue lidiando en silencio con su carga de clientes.

Rechazar la necesidad porque «cuesta demasiado trabajo»

Leena lleva diez años durmiendo en el mismo colchón. Al principio era cómodo, pero con el tiempo ha perdido firmeza: se despierta con dolor de espalda y se pasa la mañana haciendo estiramientos para aliviar el dolor. Un colchón nuevo está dentro de su presupuesto, pero cuando piensa lo que implica investigar, ir a la tienda, elegir una opción y que se lo entreguen, hace un gesto con la mano. «Es demasiado trabajo. Puedo arreglármelas como estoy», piensa.

TIENES PERMISO PARA NECESITAR

Observa las formas en que subestimas tus propias necesidades. ¿Qué historias te repites sobre lo que mereces y lo que debes tolerar? ¿Te suenan las historias anteriores? ¿Quizá son como las que escuchabas de tus cuidadores en la infancia? ¿O son como las historias que escuchaste de parejas o amigos del pasado?

A menudo, sin darnos cuenta, repetimos mensajes viejos y negativos sobre nuestras necesidades. Si de niños nos decían que «simplemente deberíamos aceptarlo» o que éramos «demasiado sensibles», esos mensajes pueden convertirse en el *soundtrack* de los juicios hacia nosotros mismos. Del mismo modo, si alguna expareja nos decía que estábamos «reaccionando de forma exagerada» o «exigiendo demasiado» cada vez que expresábamos una simple necesidad, sus palabras pueden resonar mucho después de su partida.

Romper con el patrón de la complacencia nos obliga a reescribir estas narrativas. Nuestras historias pasadas nos juzgaban, avergonzaban y menospreciaban por tener necesidades. Nuestras nuevas historias las normalizarán y nos celebrarán por hacer el duro, pero necesario, trabajo de priorizarlas.

Nuestras nuevas historias podrían incluir:

- Después de muchos años de descuido personal, dar prioridad a mis necesidades físicas y emocionales es la forma en que me demuestro cuidado, amor y respeto.

- Me permito necesitar algo más que lo mínimo necesario para sobrevivir. Estoy autorizada para necesitar cosas que contribuyan a mi sensación de bienestar general.
- Los problemas de otras personas no descartan que yo también tengo necesidades. Atenderlas no significa que esté desestimando las dificultades de los demás.
- Cuidarme a mí mismo me da la energía y la fuerza que necesito para ser un buen amigo, una buena pareja y un buen miembro de la familia.

Al principio, estas nuevas historias pueden resultar incómodas o incluso falsas, pero no tenemos por qué creerlas para actuar en consecuencia. Podemos preguntarnos: «Si creyera esta nueva historia de forma total y absoluta, ¿cómo actuaría?». Nuestra respuesta nos ofrece una guía sobre cómo seguir adelante.

Como veremos en el capítulo 5, a veces es necesario actuar para encontrar una nueva forma de sentir, en lugar de esperar para encontrar una nueva forma de actuar. Poco a poco, los vestigios de la autocrítica se reemplazan por la satisfacción y el respeto hacia nosotros mismos, que surgen cuando confiamos en nuestras necesidades y les damos prioridad.

EJERCICIOS PARA ATENDER NUESTRAS NECESIDADES

A medida que practiques, considera incorporar algunos de estos sencillos ejercicios en tu rutina diaria.

Escucha tus emociones difíciles

Haz una lista de las emociones difíciles que hayas sentido en la última semana: ira, tristeza, frustración, resentimiento, etc. En cada ocasión, intenta identificar una necesidad insatisfecha subyacente. Puedes consultar la «Lista de necesidades básicas» al principio del capítulo (ver página 58) para ayudarte.

Combate la procrastinación

Si tienes la costumbre de posponer la satisfacción de tus necesidades, plantéate lo siguiente: «En concreto, ¿qué necesidades físicas, emocionales o interpersonales pospongo habitualmente?». Anota las que identifiques.

Tu lista puede incluir cosas como programar citas médicas, comprar artículos para el hogar, comprar alimentos frescos, subir la calefacción cuando hace frío o comprar ropa adecuada para la temporada. De tu lista, elige solo una que postergues regularmente y comprométete a priorizarla esta semana.

Lorraine es enfermera en un hospital muy concurrido. Cuando termina su turno de 12 horas, está agotada. Toma unas barritas de cereal de la sala de descanso para cenar, se para a comprar una botella de vino de camino a casa y se queda dormida delante de la televisión, todavía con su uniforme. En sus días libres, suele ayudar a su hermana gemela a cuidar a sus dos hijos pequeños. Lorraine ama de verdad a otras personas y es excepcionalmente buena cuidando de ellas, pero le cuesta invertir la misma energía en su cuidado.

En los últimos meses, Lorraine se ha sentido cada vez más lenta y agotada, y siente que está al borde del colapso. En su próximo día libre, piensa en las necesidades que habitualmente pospone o retrasa. Rara vez va a comprar comestibles, su refrigerador siempre está vacío. Tiene un dolor de espalda que ha empeorado en los últimos meses, necesita ver a su médico. Tampoco recuerda la última vez que se tomó un día para recuperarse de la semana ajetreada.

Justo después de hacer su lista, Lorraine aprovecha el impulso y llama a su doctor. Una vez que programa la cita, siente un dejo de orgullo desconocido por haber cumplido una tarea que había pospuesto. Este sentimiento es tan satisfactorio que la motiva a caminar hasta la tienda de comestibles cercana para llenar también su refrigerador.

Al igual que Lorraine, atender necesidades que dejamos para después durante mucho tiempo, nos beneficia. Cuando las postergamos, la decepción se apodera de nosotros: hay algo que necesitábamos hacer y que no hemos hecho, lo que puede llevar a juzgarnos e, irónicamente, sentirnos más abrumados de lo que nos sentiríamos si simplemente hubiéramos completado la tarea. Al tomarnos el tiempo para satisfacer una sola necesidad, nos enseñamos que podemos cuidarnos, lo que nos inspira a hacerlo aún más.

Reconoce las viejas historias

Observa si hay alguna necesidad que te resulte incómodo admitir. Quizá necesites más afecto en tu relación sentimental, más descansos en tu apretada agenda o más tiempo lejos de tus amigos y familiares. Para cada una de ellas, pregúntate: «¿Por qué creo que no tengo derecho a esta necesidad?». Observa si tus respuestas hacen eco de los mensajes que recibiste en los primeros años de tu vida. A continuación, practica sustituir esta vieja historia por una de las nuevas historias que ideaste anteriormente en el capítulo.

Desde que era niña, Maia ha sido sensible a los ruidos fuertes y a los ambientes bulliciosos: la hacen sentir abrumada. Ahora, como joven adulta, descubre que muchos de sus amigos disfrutan yendo a clubes y a conciertos en vivo, dos cosas que a ella le cuesta disfrutar.

Cuando su amiga Tessa le sugiere ir de fiesta el viernes por la noche, Maia se siente insegura a la hora de decirle que prefiere ambientes más tranquilos. Se pregunta: «¿Por qué creo que no tengo derecho a esto?».

Para Maia, la respuesta es obvia. Cuando era pequeña, solía llorar cuando sus padres la llevaban a lugares ruidosos como el centro comercial, un restaurante concurrido o una fiesta. En lugar de calmarla, los padres de Maia se burlaban de ella, diciéndole que era «demasiado sensible» y que «solo necesitaba relajarse». Ha interiorizado la idea de que sus necesidades sensoriales no son realmente *necesidades,* sino aspectos indeseables de sí misma que necesita arreglar.

Ahora, sin embargo, está tratando de hacerlo distinto. Reemplaza esta vieja historia, «Soy un problema porque soy sensible», por una nueva: «Me permito necesitar más que lo mínimo necesario para sobrevivir. Me permito necesitar cosas que contribuyan a mi sensación de bienestar general».

Maia respira hondo, reconoce el nerviosismo que siente y le envía un mensaje de texto a Tessa: «De hecho, el club me parece abrumador, ¡es demasiado ruidoso! ¿Podemos ir a otro lugar a tomar algo? Me encantaría poder hablar y ponernos al día». Se sorprende gratamente cuando Tessa responde: «¡Oh, no te preocupes! Sí, claro. Vayamos a ese lugar que está a la vuelta».

Haz un seguimiento de tu progreso

En tu diario o teléfono, documenta las veces que satisfaces necesidades especialmente difíciles. Algunos ejemplos podrían ser dar prioridad a una cita médica o dental que habías descuidado, comprar un artículo para el hogar que te hacía falta o sacar tiempo para descansar en medio de una agenda ocupada. Asegúrate de revisar tu lista cuando necesites un recordatorio de tu propio progreso.

4
DESCUBRIR NUESTROS VALORES

Una vez que establecemos una base de autocuidado al honrar nuestros sentimientos y necesidades, podemos profundizar nuestra conexión con nosotros mismos al descubrir nuestros valores. Al igual que los sentimientos y las necesidades, nuestros valores están vivos dentro de nosotros, incluso si nunca les hemos prestado mucha atención antes. Son los principios fundamentales que guían nuestras acciones: pueden incluir cosas como la lealtad, la autenticidad, la fuerza, la libertad y la amabilidad.

Complacer a los demás nos impide encarnar nuestros valores porque constantemente nos encontramos adaptando nuestro comportamiento para agradarles a otras personas. Podemos afirmar que valoramos la honestidad, la asertividad y el respeto por uno mismo, pero cuando llega el momento de la verdad, no tenemos convicción; ganar la aprobación de los demás nos parece más importante que actuar con integridad.

Para la persona complaciente en recuperación, reconectar con sus valores es importante por tres razones clave. En primer lugar, las investigaciones demuestran que actuar de acuerdo con ellos nos ofrece una mayor sensación de conexión con nosotros mismos. En segundo, mientras que nuestros sentimientos cambian en función del día, nuestro estado de ánimo y nuestras circunstancias, nuestros valores son consistentes *a lo largo del tiempo,* lo que los convierte en herramientas más fiables para guiar nuestra toma de decisiones. En tercero, se ha demostrado que alinear nuestras acciones con nuestros valores hace que las situaciones estresantes sean más manejables; nuestros valores nos ayudan a superar los baches del camino y a mantener la motivación para romper el patrón de complacencia.

En última instancia, nuestros valores son como anclas que nos mantienen sólidamente firmes en nosotros mismos, incluso cuando nuestros sentimientos, circunstancias y relaciones cambian. En este capítulo exploraremos por qué los valores son importantes; distinguiremos los grupales de los personales; exploraremos cómo desenterrar los que *ya* practicamos y los que *deseamos* practicar en el futuro; e investigaremos cómo los valores nos ayudan a construir visiones para el futuro, tomar decisiones difíciles y mantenernos anclados en nosotros mismos.

PONER NUESTROS VALORES EN PALABRAS

Todos tenemos valores, pero muchos pasamos por la vida sin identificarlos explícitamente. Una persona que trabaja como orientador escolar y hace voluntariado con personas mayores los fines de semana probablemente valore el servicio y la compasión; una persona que trabaja por cuenta propia y vive sola podría valorar la independencia, la autonomía y la individualidad. Nuestros valores son como puntos en nuestra brújula personal que ilustran lo que en realidad nos importa. La lista de valores comunes que aparece a continuación será un punto de referencia a lo largo de este capítulo; toma nota de aquellos que resuenen con fuerza contigo.

VALORES COMUNES		
Aceptación	Amor	Balance
Adaptabilidad	Aprendizaje	Bondad
Administración	Armonía	Caridad
Alegría	Audacia	Compasión

Comprensión	Esperanza	Lógica
Compromiso	Espíritu	Logro
Comunicación	Espiritualidad	Moderación
Comunidad	Estabilidad	Motivación
Conciencia	Estatus	Orden
Conexión	Éxito	Paciencia
Confianza	Felicidad	Pasión
Conocimiento	Fiabilidad	Paz
Constancia	Fortaleza	Persistencia
Convicción	Franqueza	Poder
Cooperación	Generosidad	Presencia
Coraje	Genialidad	Resistencia
Creación	Gracia	Respeto
Creatividad	Grandeza	Responsabilidad
Crecimiento	Gratitud	Salud
Cumplimiento	Habilidad	Satisfacción
Curiosidad	Honestidad	Serenidad
Decisión	Honor	Servicio
Dedicación	Humildad	Simplicidad
Desafío	Igualdad	Sinceridad
Determinación	Impulso	Singularidad
Devoción	Independencia	Soledad
Dignidad	Individualidad	Tolerancia
Disciplina	Innovación	Tranquilidad
Diversión	Inspiración	Unidad
Dureza	Integridad	Valentía
Eficiencia	Inteligencia	Vigor
Empatía	Jovialidad	Visión
Energía	Justicia	Vitalidad
Entusiasmo	Libertad	
Equilibrio	Liderazgo	

VALORES DE GRUPO

Podemos mantener valores tanto a nivel grupal como personal. A medida que rompemos el patrón de complacencia, podemos experimentar cierta disonancia entre los valores de grupo con los que fuimos criados y los valores personales que estamos descubriendo actualmente.

Las naciones, culturas, religiones, organizaciones, comunidades e incluso las empresas tienen valores que determinan sus prioridades. Estados Unidos, por ejemplo, valora la independencia, la libertad y la autonomía; los cuáqueros, la sencillez, la paz y la comunidad; Alcohólicos Anónimos, la recuperación, la unidad y el servicio.

Las familias también tienen sus valores. Algunas valoran el humor; otras, la fe o el trabajo duro; otras, la estética o la perfección. Desde el momento en que nacemos en una familia o cultura, adoptamos sus valores como parte de nuestra socialización en ese grupo. Una vez adoptados, nuestros valores se mantienen relativamente fijos a lo largo del tiempo. Sin embargo, pueden cambiar y cambian a lo largo de nuestra vida, especialmente cuando experimentamos acontecimientos importantes, dejamos viejas comunidades y ponemos fin a viejos ciclos de comportamiento poco saludable.

Descubrir nuestros valores familiares

Muchos de nosotros pasamos años encarnando los valores de nuestra familia; eran motivaciones ocultas que impulsaban nuestras acciones, decisiones y creencias, a menudo sin que nos diéramos cuenta. Ahora, a medida que forjamos un sentido independiente de nosotros mismos, empezamos a notar que nuestros valores personales pueden ser, de hecho, bastante diferentes.

En algunas familias, los valores se hacen explícitos con afirmaciones como: «En esta casa nos enorgullecemos de nuestro trabajo duro» o «Es egoísta anteponer tu propio bienestar al de los demás». Sin embargo, la mayoría de las veces, los valores familiares están implícitos en las reglas que rigen a la familia; en cómo los miembros pasan su tiempo; en qué acciones merecen elogios y cuáles, castigo; en qué rasgos se celebran y cuáles se rechazan; y en qué historias se cuentan y se vuelven a contar para crear una mitología familiar.

Para ayudarte a descubrir los valores de tu familia, reflexiona sobre tus primeros años y considera: ¿Cuáles eran las reglas más importantes? ¿Qué logros recibieron la mayor atención y elogios? ¿Quiénes eran los «héroes» y las «ovejas negras»? ¿Qué recuerdos o historias repetía con regularidad tu familia? Para cada respuesta, intenta descubrir los valores implícitos.

La historia de Corbin

Corbin, de 30 años, me contactó poco después de dejar la iglesia mormona. Había sido un mormón devoto toda su vida, pero había empezado a cuestionarse los aspectos más estrictos de la fe, concretamente el hincapié en la castidad, la sobriedad y los roles de género tradicionales.

A medida que Corbin fue creciendo y comenzó a interactuar con personas ajenas a la iglesia, empezó a descubrir su naturaleza de espíritu libre. Cuanto más entraba en contacto con sus valores de individualidad, mentalidad abierta y exploración, más se sentía en desacuerdo con los valores mormones de tradición, obediencia y castidad. Al final, la tensión se volvió insoportable y se desafilió por completo del mormonismo.

Este proceso fue doloroso para Corbin. La desafiliación acabó con algunas de sus amistades y ya no fue bienvenido en la comunidad que había sido su hogar durante toda su vida. Durante unos meses, flotó en el desorientador espacio liminal entre el final de las viejas conexiones y el comienzo de las nuevas (hablaremos más sobre este espacio en el capítulo 16).

Sin embargo, Corbin tomó medidas para aprovechar el tiempo. Cuando sus colegas lo invitaron a una hora feliz después del trabajo, aceptó. Con un espíritu de apertura, asistió a reuniones sobre espiritualidad alternativa: círculos de meditación, baños de sonido y una ceremonia de medicina vegetal. Incluso tuvo citas con mujeres que no eran mormonas. Poco a poco, comenzó a sentir una conexión consigo mismo al encarnar sus valores personales. Lo mejor de todo es que ya no sentía la falta de autenticidad que lo había atormentado cuando fingía entusiasmo por el mormonismo.

Incluso si nunca hemos dejado una fe, muchos de nosotros podemos identificarnos con la historia de Corbin. Podemos experimentar una sensación de disonancia entre nuestros valores grupales y personales cuando dejamos una comunidad, un barrio o un lugar de trabajo; nos mudamos de nuestra ciudad natal a una nueva y desconocida; o comenzamos la vida adulta fuera de nuestra familia nuclear y somos testigos de nuevas formas de vivir y pensar sobre el mundo.

VALORES PERSONALES

Nuestros valores personales pueden dividirse en dos categorías: los encarnados y los aspiracionales. Los primeros son aquellos que ya llevamos a cabo de forma habitual. Los segundos son aquellos que esperamos practicar en el futuro.

Descubrir nuestros valores encarnados

Al hacer balance de nuestro propio estilo de vida, hábitos y relaciones, podemos identificar nuestros valores encarnados.

Repasa la lista «Valores comunes» al principio del capítulo y piensa en los seis u ocho que más practicas. Para ayudarte en este ejercicio, puedes considerar las siguientes preguntas:

- ¿Cuál es la línea de tu trabajo o profesión? ¿Qué valores implica? Un profesor podría valorar el servicio, la comunidad o la compasión; un músico, la creatividad, la autenticidad o la autoexpresión; un abogado, la justicia, el prestigio o el poder.
- ¿Cómo pasas tu tiempo libre? ¿Qué valores implican esas actividades? Alguien que practica deportes recreativos puede valorar el juego, la determinación o la diversión; alguien que cultiva

un huerto puede encontrar valioso el equilibrio, la quietud o la conexión con la tierra; alguien que lee puede inclinarse por el aprendizaje, la curiosidad o la soledad.

- ¿Qué cualidades encarnas en tus relaciones? ¿Qué valores implican? Alguien que es cariñoso y atento podría valorar la compasión, la empatía o el amor; alguien que es el alma de la fiesta podría considerar la conexión, el humor o la adaptabilidad; alguien que es tranquilo y reflexivo podría encontrar valor en la introspección, la comprensión o la presencia.
- Después de cubrir tus gastos básicos, ¿en qué se te va el dinero? ¿Qué valores implica esto? Alguien que gasta dinero en viajes podría valorar la novedad, la aventura o la exploración; alguien que da prioridad a la decoración para el hogar podría encarnar la belleza o el lujo; alguien que compra tecnología podría valorar la innovación, el crecimiento o la productividad.
- ¿Qué temas despiertan más tu curiosidad? ¿Qué valores conllevan? Alguien interesado en la religión podría valorar la devoción, la espiritualidad o la fe; alguien interesado en el espacio exterior podría encontrar valioso el descubrimiento, el aprendizaje o la aventura; mientras que alguien interesado en el crecimiento personal podría inclinarse por la autoconciencia, la integridad o el equilibrio.

Identificar nuestros valores aspiracionales

Los valores aspiracionales son aquellos que queremos encarnar, pero que aún no hemos alcanzado. A medida que rompemos el patrón de complacencia, muchos de nosotros estamos ansiosos por empezar a practicar valores como la autenticidad, el respeto por uno mismo, la asertividad, la honestidad y la integridad.

Revisa la lista «Valores comunes» y considera los seis u ocho valores que más deseas encarnar en el futuro. Para ayudarte, considera lo siguiente:

- Imagina que estamos en un futuro lejano y que estás en tu lecho de muerte, evaluando tu vida. Cuando miras hacia atrás, ¿cómo te *gustaría* haber vivido y qué valores implica esto?
- Piensa en dos personas a las que admires profundamente. ¿Qué es lo que más admiras de ellas? ¿Qué valores demuestran estas cualidades?
- Piensa en una ocasión en la que estuviste dispuesto a meterte en problemas o a que te rechazaran por algo importante para ti. ¿Qué era aquello tan significativo? ¿Qué valor o valores estaban en juego?

LOS VALORES NOS AYUDAN A CREAR VISIONES, TOMAR DECISIONES Y MANTENER LOS PIES EN LA TIERRA

Una vez que hemos identificado nuestros valores, podemos utilizarlos como herramientas para guiar nuestra visión, tomar decisiones difíciles y mantener los pies en la tierra en nuestro compromiso de sanar.

Usar los valores para guiar nuestra visión

A medida que dejamos de complacer a la gente, liberamos viejos patrones para nuevas y desconocidas formas de ser. A veces, se siente como entrar en territorio desconocido. Construir una visión clara de lo que pretendemos y de en quién nos gustaría convertirnos nos ayuda a encontrar inspiración en el proceso.

Los valores ofrecen una base sólida para una visión de nuestro futuro. Selecciona un elemento de tu lista de valores aspiracionales e imagina una versión de ti mismo dentro de cinco años que lo encarne plenamente. Piensa: «¿Cómo es tu vida? ¿Cómo pasas tu tiempo libre? ¿Cómo ha cambiado tu relación contigo mismo? ¿Cómo son tus relaciones y cómo te sientes en ellas? ¿Cómo manejas los conflictos?».

Lola, masajista y madre de dos hijos, aspira a *respetarse a sí misma,* así que se imagina una versión de sí misma dentro de cinco años que se respeta plenamente en todos los ámbitos de su vida. La vida de la futura Lola es libre y expansiva. Establece límites claros en torno a sus horas de trabajo y aumenta su tarifa para que coincida con el valor que ofrece. Cuando su esposo hace un comentario que le molesta, ella habla. En lugar de pasar todo su tiempo libre navegando por las redes sociales, la futura Lola disfruta de sus pasiones ocultas durante mucho tiempo: pintar con acuarelas y tocar el piano.

A medida que realices este ejercicio, fíjate en lo que te emociona de tus respuestas. ¿Qué es lo que te gusta de esta versión futura de ti? ¿Qué aspectos de su vida te parecen más inspiradores?

Usar valores para tomar decisiones difíciles

Los valores no solo nos ayudan a imaginar el futuro, también sirven para navegar el presente. Los aspiracionales ofrecen una hoja de ruta para la vida, que nos señala la dirección correcta cuando nos enfrentamos a decisiones difíciles o situaciones desconocidas.

CONSULTA UN VALOR ASPIRACIONAL

Al decidir cómo manejar una situación o interacción difícil, selecciona uno de tus valores aspiracionales y pregúntate: «Si tuviera que encarnar plenamente este valor, ¿cómo procedería?». Tu respuesta puede iluminar un camino a seguir que de otro modo no habrías considerado.

Cuando rompí por primera vez con el patrón de complacer a la gente, mi amiga Lori organizó una cena para que sus amigos pudieran conocer a Jerome, con quien había estado saliendo casualmente durante seis semanas. Lori es mi amiga de años, por lo que yo estaba emocionada por conocer a su nuevo novio. Fue una gran comida, todos cocinaron para impresionar, pero noté que, durante la cena, Jerome hizo algunos chistes ambiguos sobre la apariencia de Lori e, incluso, criticó el (delicioso) platillo que había preparado.

No dije nada esa noche, pero a la mañana siguiente recibí un mensaje de texto de Lori. Decía: «¿Qué te pareció Jerome? Sé sincera».

Después de la cena, tenía grandes reservas, pero no estaba segura de si debía ser sincera y arriesgarme a molestar a Lori o simplemente fingir aprobación. Consideré la integridad, el valor aspiracional que tanto me había esforzado por encarnar, y me pregunté: «¿Cómo procedería si lo tuviera encarnado?».

Para mí, la integridad significaba ser honesta, coherente y actuar de la misma manera en el exterior que como me sentía en el interior. A través de esta lente, se hizo de inmediato obvio que el camino de mayor integridad era ofrecer a Lori una retroalimentación honesta de forma amorosa. Respondí diciendo: «Para ser por completo honesta, no me gustó la forma en que Jerome te criticó anoche. Me hizo sentir escéptica sobre si él puede darte el respeto que mereces».

Lori recibió mi comentario con agradecimiento. De hecho, reveló que había sentido lo mismo, pero se había preguntado si no estaría siendo demasiado sensible. Si hubiera sido deshonesta y hubiera dicho: «¡Me encantó!», ella podría haber reconsiderado su intuición.

CONTRASTA DOS RUEDAS DE VALORES

De manera alternada, podemos considerar cómo una línea de acción se empareja con múltiples valores. Esto puede ser más difícil, porque diferentes valores pueden apuntar en diferentes direcciones. Podemos encontrarnos divididos entre la generosidad y el equilibrio, la asertividad y la armonía, o la convicción y la apertura de mente. Cuando nos enfrentamos a situaciones como esta, podemos comparar dos ruedas de valores para discernir qué camino se alinea mejor con la mayoría de nuestros valores.

Para ilustrar este ejercicio utilizaremos el caso de Denae, una mujer de 30 años que recientemente tuvo una gran discusión con su hermana mayor, Michelle. Desde que Denae era adolescente, Michelle ha hecho comentarios críticos sobre su estilo de vida y sus relaciones. Después de años de aguantar los comentarios sarcásticos de Michelle, Denae finalmente le dijo la verdad sobre cómo la hacían sentir y se produjo una pelea. Las hermanas no se han hablado en tres meses y su reunión familiar anual está a la vuelta de la esquina.

Denae no quiere soportar la incomodidad de estar en presencia de Michelle, pero le preocupa decepcionar a su familia si no va a la reunión. Decide comparar dos ruedas de valores para ver qué opción se ajusta más a su integridad.

Para comparar dos ruedas de valores, sigue estos pasos:

1. Dibuja un círculo y divídelo en ocho porciones, como una pizza. Escribe tus valores alrededor de los bordes de cada porción. Esto representa la decisión A.
2. Crea un círculo idéntico al lado y escribe tus valores alrededor de los bordes. Esto representa la decisión B.
3. Empieza con la decisión A. Para cada valor alrededor de la rueda, pregúntate: «En una escala del 1 al 10, siendo 10 el máximo y 1 el mínimo, ¿en qué medida la decisión A encarna este valor?» (si tu valor fuera la amabilidad, por ejemplo, te preguntarías: «En una escala del 1 al 10, ¿en qué medida la decisión A encarna la amabilidad?»).

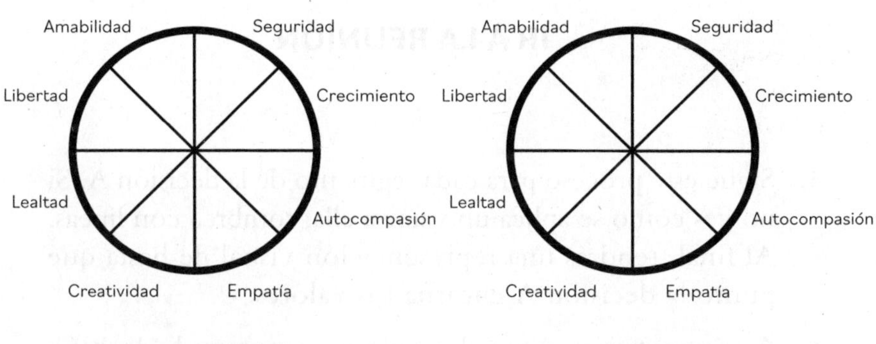

4. Según tu respuesta, sombrea el segmento de dentro hacia fuera. Una puntuación de 10 significa que el segmento estará completamente relleno; una puntuación

de 5 significa que el segmento estará relleno hasta la mitad. En el ejemplo que se muestra aquí, la amabilidad puede haber recibido un 9 sobre 10, pero la seguridad recibió un 2 sobre 10.

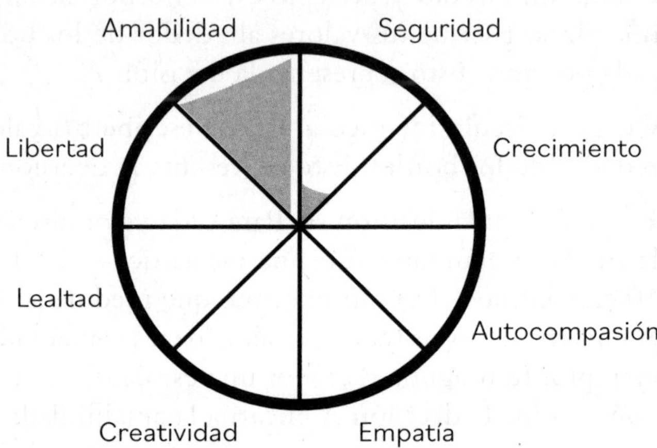

IR A LA REUNIÓN

5. Sigue este proceso para cada segmento de la decisión A. Si no ves cómo se aplica un valor a ella, sombrea con líneas. Al final, tendrás una representación visual de hasta qué punto la decisión A encarna tus valores.
6. A continuación, sigue el mismo proceso para la decisión B. Cuando hayas terminado, puedes comparar las dos ruedas para ver qué decisión encarna tus valores de manera más completa.

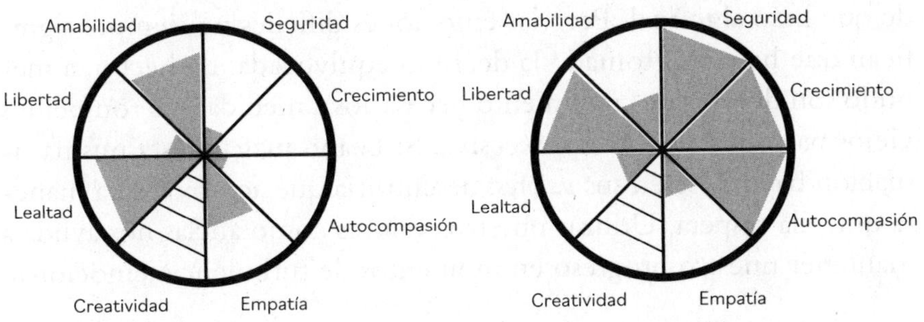

Mientras Denae revisa sus dos ruedas, se da cuenta de que saltarse la reunión se ajusta mejor a la mayoría de sus valores, así que envía un mensaje de texto a sus padres para decirles que no la esperen en el evento de este año.

Usar los valores como anclas

Cuando dejamos de dar demasiado y empezamos a priorizarnos a nosotros mismos, podemos enfrentarnos al miedo, la ira, la incertidumbre y la ansiedad. En medio de estas emociones tumultuosas, podemos sentir la tentación de retractarnos de nuestros límites, dar más de lo que nos resulta cómodo o hacer lo que sea necesario para recuperar la aprobación de los demás. En estos momentos, nuestros valores son nuestros anclajes: nos atan a nuestro compromiso de sanar.

Leann consiguió un nuevo trabajo recientemente. Establece un límite con su amiga Gina, diciéndole que no pueden verse tan a menudo como solían hacerlo porque su nuevo puesto es estresante y necesita tiempo para descansar. Al establecer este límite, Leann encarna sus valores de honestidad, equilibrio e integridad. Por desgracia, Gina responde mal y Leann abandona la conversación sintiéndose culpable.

Si Leann juzgara esta situación basándose únicamente en sus sentimientos (la tristeza de Gina o su culpa), podría llegar a la conclusión de que hizo algo mal. Pero las emociones difíciles no siempre significan que hayamos tomado la decisión equivocada; de hecho, a menudo son dolores de crecimiento necesarios a medida que rompemos viejos patrones de entrega excesiva. Si Leann juzgara esta misma situación basándose en sus *valores*, descubriría que actuó de una manera que ella respeta. Utilizar nuestros valores como anclas nos ayuda a mantener nuestro progreso en momentos de turbulencia emocional.

EJERCICIOS PARA DESCUBRIR NUESTROS VALORES

A medida que empieces a descubrir valores en tu vida diaria, considera algunas de estas prácticas.

Revisa tus valores aspiracionales a diario

Practica hacer referencia a tus valores para ayudarte a celebrar tu progreso. Al final de cada día, revisa tu lista de valores aspiracionales y pregúntate: «¿De qué manera he sido honesto hoy? ¿He sido valiente?». ¡Cada acción, por pequeña que sea, merece ser reconocida!

Reescribe un recuerdo

Piensa en una situación reciente en la que no encarnaste tus valores aspiracionales. Pregúntate: «Si pudiera reescribir esta experiencia habiendo encarnado plenamente (un valor específico), ¿qué habría hecho en su lugar?». Escribe tu respuesta, ahondando en cómo habrías actuado o qué habrías dicho. Siéntete libre de escribir más de un escenario si hay varias formas en las que podrías haber manejado la situación.

Jessie está almorzando en la sala de descanso de la empresa con sus colegas Mark y Rudy. Mark empieza a chismear sobre la secretaria de la oficina, Veronika, haciendo chistes groseros sobre su vida personal y criticando su vestimenta. De manera incómoda, Jessie se ríe con él; encuentra desagradables los comentarios de Mark, pero no sabe qué decir.

Más tarde esa noche, Jessie se siente frustrada consigo misma; ha estado tratando de practicar la integridad y desearía haberlo hecho mejor durante el almuerzo. En su diario, se toma un momento para reescribir la experiencia:

> **Situación 1:** Estoy almorzando con Mark y Rudy. Mark empieza a hacer comentarios groseros sobre Veronika. Me siento un poco incómoda, pero digo: «Vamos, Mark. Veronika puede vestirse como quiera y vivir como quiera. Hablando de otra cosa, ¿alguno de ustedes ha escuchado algo sobre el nuevo gerente?».
>
> **Situación 2:** Estoy almorzando con Mark y Rudy. Mark empieza a hacer comentarios groseros sobre Veronika. Yo digo: «No me gusta nada chismear así, me hace sentir mal. Hablemos de otra cosa».
>
> **Situación 3:** Estoy almorzando con Mark y Rudy. Mark empieza a hacer comentarios groseros sobre Veronika. En lugar de participar en la conversación, me levanto y digo: «Creo que me voy a terminar esto en mi escritorio. Nos vemos luego».

Cuando termina de escribir, Jessie revisa sus tres escenarios. Es útil ver sus opciones expuestas ante ella; verlas escritas hace que se sientan menos imposibles de implementar. Jessie sabe que no puede reescribir el pasado, pero si surge una situación similar en el futuro, se siente más cómoda habiendo pensado en cómo podría responder.

Imagina una interacción futura

Piensa en una interacción futura que te ponga nervioso. Puede ser una conversación con tu jefe o con un familiar difícil, o una situación social estresante. Elige un valor aspiracional que te gustaría encarnar en esta situación. Luego, dedica un tiempo a escribir un diario: «Si tuviera que encarnar plenamente este valor durante esta situación, ¿cómo actuaría y qué diría?». Sé lo más específico posible en tu respuesta.

Aplica tu valor en tu interior

Tómate un tiempo para explorar cómo puedes encarnar con más plenitud un valor en tus interacciones contigo mismo. Para aquellos de nosotros que estamos rompiendo el patrón de complacer a la gente, esto puede ser muy útil cuando nuestros valores incluyen la generosidad, la empatía, la compasión, la amabilidad, la aceptación o el respeto. Podrías preguntarte: «¿De qué manera concreta puedo aportar más de este valor en mis interacciones conmigo hoy?».

Cuando estaba atrapada en el patrón de complacencia, me decía que valoraba la compasión, pero en realidad solo la encarnaba en mis interacciones con los demás. Conmigo misma era crítica e impaciente. Me criticaba a mí misma después de cometer errores, me esforzaba por trabajar más cuando ya estaba agotada y me reprendía por no estar más tranquila, más feliz o más presente.

Cuando me pregunté cómo podía mostrarme más compasión, decidí que cuando cometiera un error, intentaría hablarme a mí misma con la misma gracia y amabilidad que le ofrecería a un ser querido. Poco después, me invitaron a participar en el pódcast de un amigo. El día que lo grabamos, no había dormido bien y tenía la mente confusa. Me costó encontrar las palabras y chapuceé la explicación de algunas ideas importantes. En general, fue una actuación mediocre. Cuando cerré la computadora, el habitual juicio propio se puso en marcha: «¡Estuviste aletargada en ese pódcast! Deberías haberlo hecho mejor. ¡Nadie querrá trabajar contigo después de escuchar eso!».

Durante esa *misma* grabación, mi amigo y yo habíamos hablado de la importancia de encarnar nuestros valores. Recordé mi intención de mostrarme compasión y, en lugar de castigarme, me hablé como le hablaría a un amigo. Dije en voz alta: «Normalmente eres perspicaz y animada cuando te invitan a los pódcast. Esta fue una excepción; no dormiste bien y estabas cansada. No pasa nada. Nadie es perfecto todo el tiempo».

Esto fue una desviación tan grande de la forma en que solía hablarme a mí misma, que me tomó por sorpresa. No eliminó por completo mi autocrítica, pero bajó significativamente el volumen de mi monólogo interior crítico. Cuanto más practicaba hablarme amablemente después de cometer errores, más habitual se volvía, y más empezaba a creer que merecía mi autocompasión.

5

ACTUALIZAR EL CONCEPTO DE NOSOTROS MISMOS

Aunque nuestros valores son los principios que guían nuestras acciones, el autoconcepto constituye nuestro sentido de identidad: cómo nos sentimos con respecto a lo que somos, para qué creemos que somos capaces y qué sentimos que merecemos. A veces, nuestro autoconcepto es consciente; otras, permanece oculto bajo la superficie. Podemos creer que somos demasiado o insuficientes; que somos personas de alto rendimiento o perezosas; flojos o apasionados; buenos o malos. Es importante destacar que la forma en que nos vemos a nosotros mismos no es necesariamente objetiva, sino la recopilación de mensajes que recibimos de nuestros cuidadores y otras relaciones cercanas en la infancia. Cuando somos niños, aún no tenemos la capacidad de evaluar o cuestionar estos mensajes, por lo que los interiorizamos como verdad.

Incluso cuando no somos conscientes de ello, nuestro autoconcepto es poderoso porque influye en nuestras decisiones y restringe nuestra percepción de lo que es posible. Evitamos tomar medidas que no se ajustan a la imagen que tenemos de nosotros: alguien que cree que es un perezoso evitará estudiar para un examen, y alguien que cree que es un complaciente evitará establecer límites o hablar. Por esta razón, romper el patrón requiere que actualicemos nuestro concepto de nosotros mismos a medida que liberamos viejas identidades como «demasiado complaciente», «cuidador crónico» y «pacificador», y adoptamos nuevas identidades como «auténtico», «que se respeta a sí mismo» y «digno de amor». A medida que empezamos a defendernos a nosotros mismos, no solo estamos aprendiendo nuevos hábitos, sino nuevas identidades y, de manera cíclica, estas hacen que nuestros nuevos hábitos sean aún más fáciles.

En este capítulo hablaremos de por qué es importante el concepto que tenemos de nosotros mismos; exploraremos cómo descubrirlo; y emprenderemos un plan paso a paso para expandirlo, a medida que rompamos el patrón de complacer a la gente.

POR QUÉ NUESTRO AUTOCONCEPTO ES IMPORTANTE

Según los psicólogos Raymond Bergner y James Holmes, nos afecta de tres formas principales:

1. **Limita nuestro comportamiento.** Por ejemplo: si creemos que no somos dignos de amor, actuaremos de manera que refleje esa percepción.
2. **Hace que ciertas acciones se vean como cosas que nunca haríamos o que nunca podríamos hacer.** Por ejemplo: «Nunca podría dejar esta relación» o «Nunca tendré la fuerza para defenderme».
3. **Es la lente a través de la cual vemos el mundo.** Por ejemplo: si creemos que no somos dignos de ser amados, interpretaremos las rupturas como una prueba de ello o rechazaremos los avances amorosos por considerarlos «demasiado buenos para ser verdad».

Un autoconcepto estable, es decir, una idea estable y coherente de quiénes somos, es fundamental para nuestro funcionamiento en el mundo. De hecho, inconscientemente nos resistimos a los cambios relacionados con él debido a nuestra necesidad psicológica de coherencia. Debido a esta necesidad, tendemos a preferir que los demás nos vean como nos vemos a nosotros mismos, *incluso en áreas negativas*. Para ilustrarlo: si crees que no eres digno de ser amado, puedes —consciente o inconscientemente— buscar una pareja que sienta lo mismo hacia ti y refuerce tu autoconcepto. Este fenómeno se denomina *teoría de la autoverificación*: estructuramos nuestra realidad para que se ajuste a nuestras creencias sobre quiénes somos y cómo funciona el mundo.

Desarrollar un concepto más positivo de uno mismo trae consigo numerosos beneficios. Mejora nuestra relación con nosotros mismos, amplía nuestras posibilidades de acción y nos ofrece una mirada más amorosa hacia nuestro interior, desde la cual podemos ver el mundo. Cuando nos sentimos más positivos hacia nosotros mismos, también somos capaces de recibir el cuidado, el amor y el respeto de los *demás*.

CINCO PASOS PARA ACTUALIZAR LA CONCEPCIÓN DE NOSOTROS MISMOS

A medida que rompemos el patrón de complacencia, actualizamos la idea de quienes somos. Dejamos de ser «los que dan demasiado» y «los que se dejan hacer». Somos personas que marcamos límites. Nos respetamos a nosotros mismos. Somos asertivos, seguros y fuertes.

Por suerte, las formas en las que nos concebimos son maleables; podemos actualizarlas con el tiempo, con intención y cambios graduales en nuestro comportamiento. Actualizamos nuestro concepto de nosotros mismos al:

1. Recopilar pruebas del cambio.
2. Identificar las historias negativas que nos marcaron.
3. Iluminar historias alternativas.
4. Encontrar datos que respalden esas historias alternativas.
5. Tomar medidas para *vivir* de acuerdo con nuestro nuevo autoconcepto.

Para ilustrar estos pasos utilizaremos el caso de Chelsea, de 45 años, que ha sido una persona complaciente desde que tiene memoria. Al crecer en un hogar inestable con un padre iracundo, aprendió que guardar silencio y ser pasiva era la clave para mantenerse a salvo. Pasó la mayor parte de su edad adulta casada con un hombre manipulador llamado Brian, de quien se separó hace seis meses. Chelsea se siente avergonzada de haber permanecido en su matrimonio tanto tiempo. Quiere desesperadamente convertirse en su mejor defensora, pero le preocupa estar destinada a ser una persona complaciente para siempre.

PASO 1: RECOPILAR PRUEBAS DEL CAMBIO

Las investigaciones demuestran que el requisito previo más importante para cambiar nuestro autoconcepto es estar dispuestos a creer que podemos hacerlo. Si hemos desempeñado el papel de cuidador o de persona dócil durante décadas, puede ser difícil creer que somos capaces de actuar de nuevas maneras; volvernos más asertivos puede sentirse a años luz de donde estamos ahora. La buena noticia es que, cuando nos cuesta creer que podemos cambiar, no necesitamos manifestar mágicamente esa creencia en el ser: podemos confiar en la evidencia de nuestra experiencia.

Si estás leyendo este libro, no hay duda de que has experimentado cambios importantes en tu vida. Has superado dificultades, has tomado decisiones difíciles pero importantes, has tenido pérdidas desafiantes, has cambiado tu estilo de vida o has roto viejos hábitos; y a pesar de esos desafíos, todavía estás aquí, leyendo estas palabras, avanzando.

¿En resumen? Ya tienes pruebas de que eres capaz de hacer cambios importantes.

Haz un repaso de tu pasado y anota las formas en que has cambiado positivamente con el tiempo. Estos cambios no tienen por qué estar relacionados en específico con complacer a la gente. Podrías anotar si has superado un viejo hábito, dejado atrás una adicción o compulsión, salido de una relación tóxica, cambiado tu estilo de vida (por ejemplo, cómo comes o cómo gastas el dinero), superado una transición como mudarte a una nueva ciudad, integrarte en una nueva comunidad o empezar en un nuevo trabajo; quizá has asumido un nuevo papel en una familia o en un trabajo, o ajustado la forma en que te presentas al mundo (por ejemplo, te has vuelto más generoso, asertivo, seguro o auténtico).

Chelsea piensa en los cambios que ha experimentado a lo largo de su vida. El más evidente es que dejó a su esposo hace seis meses, algo que años atrás estaba convencida de que nunca tendría la fuerza para hacer. También ha experimentado cambios profesionales: en su empresa, fue ascendiendo de asistente a directora de proyectos y, después, a subdirectora. Cuanto más reflexiona, más cambios le vienen a la mente: dejó de morderse las uñas cuando tenía 21 años, un hábito que había tenido desde la infancia, y también se mudó a una nueva ciudad después de graduarse en la universidad.

Chelsea no suele pensar en su vida desde esta perspectiva general, pero, al repasar los cambios que anotó, experimenta una sensación de orgullo desconocida. En realidad, ha pasado por muchas cosas; ya ha superado cambios difíciles antes.

Al igual que Chelsea, puedes hacer referencia a estos recuerdos cuando te sientas pesimista sobre tu potencial de cambio. Recuerda cómo era tu vida antes y después de hacerlos. Recuerda los falsos comienzos y pausas, recuerda que llevó tiempo y que, al final, lo conseguiste. Cuando la voz crítica diga: «¡Nunca podrías cambiar!», refútala con confianza con esa evidencia.

PASO 2: IDENTIFICAR LAS HISTORIAS NEGATIVAS

No podemos actualizar nuestro concepto de nosotros mismos sin ser conscientes primero de nuestras historias negativas. Cuando piensas en romper el patrón de complacer a la gente, ¿qué actitudes cínicas hacia ti mismo podrían interponerse? Estas podrían incluir juicios sobre tu carácter, dudas sobre tu capacidad de cambio o preocupaciones sobre tu ética de trabajo.

Anota cualquier duda o creencia crítica que descubras. Estas indicaciones pueden ayudarte a completar los espacios en blanco: «Soy demasiado ______________ para romper el patrón de complacer a la gente», «No soy lo suficientemente ______________ para romper el patrón de complacer a la gente», «Nunca podría ______________» o «Soy demasiado ______________ para cambiar».

Una vez que hayamos identificado estas actitudes, podemos empezar a reescribirlas a nuestro favor.

Chelsea considera los juicios que tiene hacia sí misma y escribe: «Soy una persona fácil de convencer. Nunca he podido defenderme. Me preocupo demasiado por las opiniones de los demás como para ponerme en primer lugar».

PASOS 3 Y 4: ILUMINAR ALTERNATIVAS POSITIVAS Y ENCONTRAR DATOS PARA APOYARLAS

Para cada historia negativa que enumeraste en la sección anterior, identifica la alternativa positiva. Por ejemplo, «Soy poco interesante» se convierte en «Soy interesante». No es necesario que creas en estas alternativas positivas de inmediato; simplemente escríbelas para poder verlas con claridad.

Por ejemplo:

HISTORIA NEGATIVA	HISTORIA POSITIVA
Soy un mal amigo.	Soy un buen amigo.
En el fondo, soy una mala persona.	En el fondo, soy una buena persona.
Me dejo llevar por mi trauma.	Soy capaz de calmarme y ayudarme a sentirme seguro.
No soy lo suficientemente fuerte para cambiar.	Soy lo suficientemente fuerte para cambiar.
No tengo la suficiente confianza para defenderme.	Tengo la suficiente confianza para defenderme.

Chelsea considera sus historias y propone estas alternativas positivas:

HISTORIA NEGATIVA	HISTORIA POSITIVA
Soy fácil de convencer.	Soy asertiva.
Nunca podría hablar por mí misma.	Puedo hablar por mí misma y lo hago.
Me importan demasiado las opiniones de los demás como para ponerme a mí primero.	Las opiniones de los demás no rigen mi vida ni mis decisiones.

Para Chelsea, resulta difícil nombrar estas historias positivas. Le parecen tan lejanas, tan *falsas,* que se resiste a escribirlas en su diario.

Aunque esta resistencia es común para muchos de nosotros, es probable que haya habido muchos momentos en los que hemos encarnado estas historias positivas; simplemente no los recordamos. Esto se debe a que nuestra mente utiliza tres métodos (atención selectiva, memoria selectiva e interpretación selectiva) para ignorar las pruebas que desafiarían nuestros conceptos de nosotros mismos. Por ejemplo: si creo que soy un mal estudiante, prestaré atención cuando mi profesor me regañe por hablar en clase, pero ignoraré sus elogios por responder correctamente a una pregunta (atención selectiva). Recordaré las dos veces que reprobé los trabajos en lugar de que obtuve un 10 en el curso en general (memoria selectiva). También podría suponer que mi profesora «solo está siendo amable» cuando elogia mi rendimiento en clase (interpretación selectiva).

Para contrarrestar nuestro hábito de recordar solo una parte de la historia, las psicólogas sociales Hazel Markus y Elissa Wurf recomiendan recopilar pruebas empíricas: recuerdos específicos de momentos en los que hemos encarnado nuestras historias positivas en el pasado.

Recopilar tus pruebas

Mientras Chelsea trabaja para creer en la nueva historia de que «puede hablar por sí misma y lo hace», intenta recordar las veces que ha hablado en diferentes contextos: en el trabajo, con amigos, con la familia, en el metro, con el mensajero. Ningún recuerdo es demasiado pequeño.

Las pruebas de Chelsea podrían incluir la vez que le dijo al mesero que su pedido era incorrecto, o la vez que corrigió a alguien que pronunció mal su nombre. Quizá tenga un recuerdo lejano de defenderse en el patio de recreo cuando tenía 5 años. No importa si es un recuerdo antiguo; también va a la pila de pruebas.

En esta etapa, algunos de nosotros podemos sentir que *no* tenemos recuerdos de encarnar nuestras alternativas positivas. A menudo, esto se debe a la defensa selectiva de la memoria descrita anteriormente: tendemos a no recordar los momentos que no se alinean con nuestro antiguo concepto de nosotros mismos. Por esta razón, puede ser útil obtener comentarios de seres queridos de confianza que tengan una visión más objetiva. Podemos enviar un mensaje de texto a nuestros mejores amigos o familiares y preguntar: «Oye, ¿recuerdas algún momento, por pequeño que sea, en el que actué con confianza o me defendí de alguna manera?».

También podríamos identificar algunos recuerdos positivos, pero sentirnos tentados a descartarlos como «casualidades», «accidentes» o consecuencias de circunstancias fuera de nuestro control. Pero no importa si fue una casualidad; no importa si solo sucedió una vez; no importa si lo hicimos entonces, pero nos cuesta creer que podríamos hacerlo ahora. Esta evidencia demuestra que estas nuevas formas de ser no son «algo que nunca podríamos hacer», sino algo que *ya hemos hecho*.

Chelsea se sienta con su diario mientras su mente divaga por su pasado, buscando cualquier recuerdo de autoafirmación que pueda encontrar. Tarda un poco, pero al final, se le ocurre la siguiente lista: «Me costó un poco, pero al final dejé a Brian. En tercer grado, le dije a la *bully* de la clase que estaba siendo mala con mi mejor amiga. El año pasado, pedí un reembolso cuando las joyas que había pedido se rompieron una semana después. A principios de este año, dije que sí cuando mi jefe me preguntó si mi carga de trabajo era demasiado pesada».

Chelsea revisa su lista. Está satisfecha, pero le gustaría que fuera más larga, así que le envía un mensaje de texto a su hermana, Annalise, y le pregunta si tiene algún recuerdo que añadir. Annalise responde: «Sí, tengo algunos. ¿Qué tal aquella vez cuando estábamos en la preparatoria y me defendiste de papá porque llegué a casa después del toque de queda? Realmente me dio miedo esa noche, pero tú me protegiste. También le has dicho que no a la gente que te ha pedido salir desde que tú y Brian se separaron. Pensaré en más».

Chelsea había olvidado por completo la noche a la que Annalise se refiere; la añade a su lista. Decir que no a las citas no le había pasado por la cabeza como una forma de defenderse, pero se da cuenta de que Annalise tiene razón; podría haber dicho que sí para complacer a los hombres que se lo pedían. También añade eso a su lista.

Al igual que Chelsea, debemos tomar nota de todos los recuerdos que podamos. Al hacer referencia a estos puntos, *por pocos que sean,* nos damos la evidencia que necesitamos para creer que somos capaces de estos comportamientos positivos. Podemos volver a hacerlos porque los hemos hecho antes.

PASO 5: TOMA UNA ACCIÓN CONTRARIA

Ahora que hemos identificado nuestras historias positivas y afirmado que son posibles, es hora de vivir esta nueva forma de ser. En la terapia dialéctico conductual (TDC), una habilidad clave para sobrellevar la situación es tomar una *acción contraria:* elegir hacer lo contrario de lo que nos dicen nuestras emociones difíciles. Cuando sentimos vergüenza, por ejemplo, normalmente podríamos aislarnos o tratarnos con crueldad, por lo que la acción opuesta podría ser conectar con amigos, tomar un baño de burbujas o cocinarnos una buena comida. La acción opuesta es una herramienta que podemos utilizar para adentrarnos en nuestras nuevas historias positivas.

Primero, identifica la acción negativa

Primero, podemos reflexionar sobre cómo actuamos cuando creemos que nuestras historias negativas son ciertas. Por ejemplo: «Cuando creo que no soy interesante, no hablo en reuniones o fiestas. Cuando creo que soy un mal amigo, no respondo los mensajes de texto ni las llamadas de mis amigos. Cuando creo que, en el fondo, soy malo, me esfuerzo constantemente por demostrar que soy lo suficientemente bueno». Es fácil ver cómo nuestras acciones negativas refuerzan nuestras creencias negativas existentes.

Chelsea evalúa sus historias negativas y las acciones correspondientes. Escribe: «Cuando creo que soy una persona fácil de convencer, no me molesto en hacer sugerencias o hablar cuando estoy con otras personas; dejo que ellas tomen la iniciativa. Cuando creo que nunca podría hablar por mí misma, no expreso mis opiniones ni siquiera sobre las cosas más simples, como si me gusta cierta música, decoración o comida. Cuando creo que me preocupo demasiado por las opiniones de los demás como para ponerme en primer lugar, ni siquiera me tomo el tiempo para imaginar lo que haría, diría o perseguiría si me pusiera en primer lugar».

Ahora, identifica la acción opuesta

A continuación, podemos considerar cómo sería tomar una acción contraria de lo que nuestras creencias y emociones negativas nos dicen que hagamos. Por ejemplo: «Cuando creo que no soy interesante, no hablo en reuniones o fiestas. La acción opuesta sería compartir una anécdota en una cena». Tomar regularmente la acción opuesta nos ayuda a vivir nuestro nuevo y positivo autoconcepto.

Chelsea determina cómo sería la acción opuesta para cada una de sus historias negativas:

HISTORIA NEGATIVA	ACCIÓN CORRESPONDIENTE	ACCIÓN OPUESTA	HISTORIA POSITIVA
Soy fácil de convencer.	No me molesto en hacer sugerencias cuando paso tiempo con otras personas; dejo que ellas tomen la iniciativa.	Cuando planeo pasar tiempo con otras personas, sugiero qué podríamos hacer o adónde podríamos ir juntos.	Soy asertiva.
Nunca puedo hablar por mí misma.	No expreso mis opiniones ni siquiera sobre las cosas más simples, como si me gusta cierta música, decoración o comida.	Cuando surge una conversación sobre música, decoración o comida, expreso mi opinión sincera.	Puedo hablar por mí misma y lo hago.
Me preocupo demasiado por las opiniones de los demás como para ponerme en primer lugar.	Ni siquiera me tomo el tiempo para imaginar lo que haría, diría o perseguiría si me pusiera a mí misma en primer lugar.	Me tomo tiempo para escribir un diario sobre mis propios deseos y sueños.	Las opiniones de los demás no rigen mi vida ni mis decisiones.

Como exploramos en el capítulo 2, muchos de nosotros cometemos el error de esperar a sentir que podemos actuar distinto en lugar de actuar sentirnos distintos. El psicólogo y filósofo William James escribió que «la acción parece seguir al sentimiento, pero en realidad la acción y el sentimiento van juntos; y al regular la acción, que está bajo el control más directo de la voluntad, podemos regular indirectamente el sentimiento, que no lo está».

No necesitamos esperar a sentirnos completamente seguros de nuestras historias positivas antes de tomar medidas para apoyarlas. Los elementos de nuestra lista de acciones opuestas son pasos sencillos y claros que podemos dar independientemente de cómo nos sintamos en ese momento. Con el tiempo, construir un repertorio de pequeñas acciones de amor propio hará que sea más fácil identificarnos con nuestras historias positivas.

Date cuenta de cuándo actúas de acuerdo con tus historias positivas. Toma nota en algún lugar accesible, como en tu diario o en tu teléfono. Cuando te sientas desanimado, revisa esta lista de acciones para encontrar pruebas de que el cambio es, de hecho, posible.

EJERCICIOS PARA VIVIR DE ACUERDO CON UNA NUEVA PERCEPCIÓN DE NOSOTROS MISMOS

A medida que empieces a cambiar lentamente el concepto de ti mismo, estas prácticas pueden ayudarte a mantenerte centrado y motivado.

Cambia la forma en que te describes

Presta atención a cómo hablas de ti mismo con los demás. Fíjate en los comentarios autocríticos como «Bueno, ya sabes lo fácil que soy de convencer» o «¡Dios, yo nunca podría hablar así!» y considera la posibilidad de cambiar tu descripción típica por tu nueva historia positiva. Podría ser tan simple como reemplazar «¡Ya sabes lo malo que soy para defenderme!» por «Realmente estoy trabajando para hablar por mí mismo estos días».

Busca la opinión de amigos de confianza

A veces, las personas más cercanas a nosotros nos ven con más claridad de lo que nos vemos a nosotros mismos. Esto incluye ver nuestras cualidades más hermosas cuando nosotros no podemos. Invita a un pequeño grupo de amigos de confianza a que te envíen una lista de cinco adjetivos que te describan. Toma nota de qué descriptores reflejan tus historias positivas —y cuáles te sorprenden o deleitan— y pregúntales cuáles de tus acciones los llevan a verte de esa manera.

Celebra tus esfuerzos

Antes de acostarte, haz una lista de las formas en que plasmaste tus historias positivas ese día. Recuerda: ninguna acción es demasiado pequeña. Continúa con esta práctica durante un mes, guardando todas tus listas en el mismo cuaderno o documento. Luego, programa un tiempo para leerlas. Anota todas las pruebas de que poco a poco estás viviendo de acuerdo con tu nuevo concepto de ti mismo.

Chelsea crea una nota en su teléfono donde anota todos los momentos en los que encarna sus historias positivas. Al principio, se siente tonta documentando cosas como: «Le sugerí a Annalise que probáramos un nuevo restaurante» y «Negocié un precio más bajo para los jitomates en el mercado de agricultores». Pero a medida que pasan los días, la lista se hace más larga. Algunos días, no se le ocurre nada que añadir; otros, añade cosas importantes como: «Le dije al abogado de Brian que no me conformaría con una pensión alimenticia tan baja».

A final de mes, Chelsea se reserva una mañana de domingo para revisar su lista mientras toma un café. Siente una punzada de orgullo al ver lo larga que se ha vuelto. Su historia positiva de que es alguien que habla por sí misma ya no parece una posibilidad lejana. Ahora se siente más cerca de la verdad.

Canaliza un modelo a seguir

Identifica un modelo a seguir que encarne plenamente una de tus historias positivas. Quizá estés tratando de encarnar más paz, así que consideras a Gandhi; puede que trates de canalizar la valentía, así que eliges a Beyoncé o Malala. A lo largo del día, canaliza tu modelo a seguir en tus acciones. Podrías preguntarte: «¿Cómo actuarían en esta situación? ¿Cómo pasarían su tiempo? ¿Cómo manejarían este conflicto?». Deja que tus respuestas te muestren caminos inesperados hacia adelante.

6

PERMITIR NUESTROS DESEOS

A medida que reconocemos nuestros sentimientos, atendemos nuestras necesidades, desenterramos nuestros valores y actualizamos la percepción de nosotros mismos, también la autoestima aumenta gradualmente. Estamos aprendiendo a valorarnos como seres completos, lo que incluye permitirnos no solo necesitar, sino también *querer:* permitirnos creer que somos dignos de mucho más que lo mínimo que la vida ofrece.

Muchos de nosotros no tomamos en serio nuestros deseos porque no son tan urgentes como nuestras necesidades. Pero para el complaciente en recuperación, los deseos son increíblemente importantes porque representan una manifestación de nuestras identidades únicas. Son otra forma de reconectar con nosotros después de años de identificarnos en exceso con otras personas. Aunque todos compartimos las mismas necesidades básicas, nuestros deseos están teñidos por pasiones, gustos, aficiones y placeres propios. Para la persona que está en proceso de recuperación de complacer a los demás, los deseos no son caprichos superfluos, son peldaños hacia un sentido de identidad independiente.

Cuando identificamos y perseguimos nuestros deseos, nuestra vida se vuelve más rica, amplia y placentera. En este capítulo, exploraremos cómo descubrirlos después de años de priorizar los de los demás; cómo cambiar nuestra relación con la idea misma de «querer»; y cómo comenzar a incorporar nuestros deseos en la vida diaria.

EXPLORA LA SUPERFICIE DE LOS DESEOS

Existen tantos tipos de deseos como granos de arena; sería imposible nombrarlos todos. Podemos desear bienes materiales (objetos o posesiones), aspectos interpersonales (lo que queremos en nuestras relaciones), temporales (cómo deseamos pasar nuestro tiempo), sensaciones físicas (lo que queremos para nuestro cuerpo: comida, bebida, tacto, masaje, sexo), emocionales (cómo anhelamos sentirnos), aspectos estéticos (cómo queremos que se vean las cosas), espirituales (conexión con una fe, el universo o una deidad) o relacionados con un propósito (cómo aspiramos a contribuir al mundo o encontrar significado), por mencionar algunos.

Es normal tener diferentes relaciones con diferentes tipos de deseos. Algunos de nosotros nos sentimos cómodos nombrando nuestros deseos físicos, pero nos cuesta identificar nuestros deseos emocionales. Otros podemos nombrar todos nuestros deseos con bastante facilidad, pero nos da vergüenza admitirlos ante los demás.

En la infancia, muchos expresamos nuestros deseos a los cuidadores que nos tocaron, pero fuimos ignorados, juzgados o avergonzados. Como resultado, muchos aprendimos que los deseos nos hacían egoístas o poco queribles, y aprendimos a rechazarlos como medio para mantenernos a salvo. Ahora, como adultos, algunos los conocemos, pero tenemos miedo de admitirlos; y otros no sabemos en absoluto lo que queremos. En lugar de perseguir nuestros propios deseos, a menudo perseguimos los de los demás porque sabemos de antemano que los aprobarán.

Quizá a nuestros colegas les gusta salir a comer comida tailandesa, así que salimos a comer comida tailandesa. Quizá a nuestros amantes les gusta el deporte, así que nos aprendemos los nombres de todos los equipos. Adoptar los deseos de los otros no es necesariamente algo malo (las relaciones sanas implican expresar interés en las pasiones de los demás), pero a veces perdemos de vista lo que nosotros queremos en el proceso. Cuando nuestra vida se construye enteramente en torno a los pasatiempos e intereses ajenos, comenzamos a sentirnos desconectados de nuestros deseos y, posteriormente, de nosotros mismos.

Quizá te guste la comida tailandesa, pero lo que *realmente* quieres es comida mexicana. Quizá te gusten los deportes, pero lo que *más* te gusta es pasar tiempo en el jardín. A medida que rompemos el patrón de complacencia, empezamos a entender que tener deseos diferentes a los de las personas que nos rodean no es malo; de hecho, añade diversidad y color a nuestras interacciones con amigos y seres queridos. Nombrar y permitir estos pequeños deseos es una forma de honrarnos y enseñarnos lo importantes que somos.

TRES PRÁCTICAS PARA DESENTERRAR NUESTROS DESEOS

Al principio, tratar de identificar los deseos puede parecer como mirar en el vacío: no tenemos ni idea de por dónde empezar. Los siguientes ejercicios están diseñados para ayudarnos a sortear el miedo, mirar hacia nuestro interior y desenterrar los deseos que nos esperan allí. En la siguiente sección exploraremos cómo tomar lo que descubrimos y aplicarlo en nuestra vida diaria.

Para ilustrar estas prácticas, utilizaremos el caso de Sarah, quien tiene 39 años, es ama de casa, madre de tres hijos y miembro activo de su iglesia. Ella y su esposo Gregory eran amigos de la infancia, crecieron en la misma ciudad y decidieron formar su familia allí. Por mucho que Sarah disfrute estar profundamente arraigada a su comunidad, se siente agobiada por la forma en la que sus días se sienten predeterminados como madre, feligresa y miembro de su comunidad. Pasa tanto tiempo cuidando de los demás que, en realidad, no sabe lo que quiere ella misma.

Imagina un mundo de aceptación total

Muchos de nosotros aprendimos a asimilar los intereses de los demás como propios para encontrar aceptación y pertenencia. Podemos temer que admitir nuestros deseos suponga ser juzgados o condenados al ostracismo. Este miedo puede ocultarlos y dificultar su identificación. Podemos superar nuestro miedo con un ejercicio de visión diseñado para desactivar temporalmente el patrón de complacer a la gente.

Imagina que mañana despiertas y el mundo sigue siendo exactamente igual, salvo por una diferencia clave: todas las personas de tu vida reciben con total y sincero entusiasmo *todo* lo que dices, haces, decides y sugieres. El Estado de derecho sigue vigente y no se permiten actividades ilegales o violentas, pero por lo demás, el mundo está a tus pies. En este mundo, podrías sugerirle a tu pareja, que odia los mariscos, salir a comer *fish and chips,* y su respuesta sería un entusiasta «¡Suena superbién!». En este mundo, podrías invitar a diez amigos a una noche de cine en la que cada uno trae algo para compartir, y los diez estarían encantados con cualquier plato que cocinaras y cualquier película que eligieras.

Este es un mundo en el que tus deseos pueden vagar libremente sin las cadenas de complacer a la gente porque aquí está garantizado que todos estarán encantados con tus elecciones.

Si te despertaras mañana en este mundo, ¿qué deseos perseguirías?, ¿cómo pasarías tu tiempo libre?, ¿qué actividades sugerirías a los demás? Observa cómo ciertos deseos emergen tímidamente cuando se sienten a salvo, libres de la amenaza del juicio ajeno.

Sarah se sienta con su diario. Al principio, se queda en blanco, pero se anima a sentarse con el ejercicio y ver qué surge. Al final, escribe: «Ir de excursión». A su esposo no le gustan las actividades al aire libre y sería difícil convencer a los tres niños para hacer una excursión el sábado. Sin embargo, Sarah extraña la naturaleza; pasó mucho tiempo haciendo excursiones cuando era adolescente y anhela esa conexión con la tierra.

Rápidamente empiezan a surgir otras necesidades. Sarah escribe, avergonzada: «Dejar el coro de la iglesia». Su padre es el director del coro y se sentiría terriblemente culpable por dejarlo, pero en este sueño de aprobación total puede admitir que ya no encuentra agradable este compromiso.

Por último, escribe: «Viajar a Italia». Desde que era una niña, soñaba despierta con los canales de Venecia y los platos rebosantes de pasta siciliana.

Al igual que Sarah, toma nota de lo que quieras descubrir aquí, ya sea grande o pequeño.

Usa la envidia como guía

Experimentamos envidia cuando queremos lo que tiene otra persona, ya sean sus cualidades, logros, posesiones o estilo de vida. La envidia puede ofrecernos un atisbo de nuestros deseos no reconocidos; puede que ni siquiera seamos conscientes de que queremos algo hasta que la envidia asoma la cabeza. Así, esta puede ser una maestra esclarecedora que nos ayude a expresar deseos que nunca nombramos (las investigaciones demuestran que la envidia también puede ser un poderoso propulsor del cambio, pues nos motiva a mejorar nuestras circunstancias y alcanzar nuestros deseos más profundos).

Tómate un momento para evaluar tu vida. ¿Hay alguna persona a la que envidies? ¿Qué es lo que tiene que tú quieres? ¿Quieres sus rasgos de personalidad? ¿Sus posesiones? ¿Sus relaciones íntimas? ¿Su carrera? ¿Sus aficiones? ¿Su círculo social? ¿Su estilo de vida?

Escribe lo que envidias siendo lo más específico posible. Tus respuestas son flechas que apuntan hacia tus propios deseos.

Continuando con su diario, la primera persona que a Sarah le viene a la mente es una mujer de la iglesia, Maggie. Esta persona lleva una vida fascinante: no está casada, no tiene hijos y suele faltar a la iglesia porque viaja por trabajo. Cuando está en la ciudad, va a obras de teatro y conciertos, e incluso baila en el centro comunitario. Maggie habla con una confianza que Sarah solo puede imaginar y, a veces, se encuentra deseando poder ser más como ella.

Sarah no cambiaría a su esposo y a sus hijos por nada —los quiere muchísimo—, pero este ejercicio le ayuda a darse cuenta de que anhela más libertad, aventura y novedad en su vida diaria.

Déjate llevar por la ensoñación

Darnos permiso para soñar despiertos es una forma sencilla de familiarizarnos con el deseo, incluso si al final no perseguimos aquello que soñamos. Cuando soñamos despiertos, las restricciones de la vida normal no aplican y esto nos ofrece un terreno fértil para la exploración interior. Utiliza las siguientes indicaciones como leña para encender un sueño y escribe los deseos que desentierres:

- Imagina que te despiertas mañana y te encuentras en un mundo completamente nuevo. En este mundo, tus deseos florecen; tu día entero está organizado no por tu trabajo y obligaciones, sino por tus deseos y alegrías. ¿Cómo sería este mundo? ¿Cómo pasarías tu tiempo? Sé específico.
- Imagina que te levantas mañana y descubres que te ganaste la lotería. Tienes 10 millones de dólares para gastar como quieras, con una simple salvedad: no puedes gastar el dinero en nadie más. ¿Cómo gastarías tus ganancias?
- Imagina que te despiertas mañana y te encuentras en el cuerpo de una persona a la que siempre has envidiado. Durante un día, puedes vivir su vida como si fueras ella. ¿Qué partes del día te resultan más agradables? ¿Qué partes del día te gustaría poder revivir una y otra vez?

Sarah completa su diario imaginando que se ganó la lotería. Ella y su esposo están en una buena situación económica (el trabajo de Gregory les permite llevar un estilo de vida cómodo), pero tener 10 millones de dólares en el banco abriría muchas posibilidades. De inmediato, Sarah escribe: «Viajar. Contratar una niñera más seguido para que Gregory y yo podamos salir y divertirnos sin los niños. Salir a cenar a restaurantes nuevos».

Mientras Sarah reflexiona sobre sus respuestas a las tres prácticas, identifica algunos hilos comunes. En verdad anhela la aventura y la novedad; quiere liberarse en ocasiones de los confines de su vida diaria e ir de excursión, probar nuevos restaurantes y tener citas nocturnas con Gregory. Por mucho que ame a su comunidad eclesiástica, también quiere disminuir su participación en ella para tener más tiempo para asistir a eventos artísticos y culturales locales.

Antes, Sarah ni siquiera se había admitido estos deseos a sí misma. Era mucho más fácil involucrarse en los deseos de la iglesia, de Gregory y de sus hijos, pero ahora se da cuenta de que un mundo propio está exigiendo su atención.

DAR VIDA A NUESTROS DESEOS

Una vez que los hemos reconocido, estamos a mitad de camino. Ahora es el momento de perseguirlos. Podemos satisfacer algunos deseos por nuestra cuenta, basta con darnos permiso para hacerlo. Algunos son de naturaleza interpersonal y requieren la participación de otros, solo tenemos que pedirlos. Por ahora, nos centraremos en los deseos que podemos satisfacer por cuenta propia. En el capítulo 8 exploraremos cómo formular peticiones relacionadas con los deseos interpersonales.

Reúne todos los deseos, grandes y pequeños, trascendentales y alegres, que anotaste a lo largo de este capítulo. A partir de aquí, nuestro trabajo consiste en empezar a darles vida.

Escalar la pendiente de deseos

Podemos prepararnos para perseguir lo que queremos creando una escalera de deseos. Es decir, una herramienta que organiza nuestros deseos, de los más fáciles a los más difíciles de alcanzar. La parte inferior de la escalera contiene los deseos más cercanos, los que podemos satisfacer simplemente con un poco de intención. La parte superior de la escalera está reservada para los deseos que son logística, o emocionalmente, difíciles de alcanzar. Por ejemplo:

ESCALERA DE DESEOS						
Quiero darme un baño caliente.	Quiero comprar un libro nuevo.	Quiero sentirme más conectado con mi espiritualidad todos los días.	Quiero darme un masaje.	Quiero más conexión social en mi vida.	Quiero viajar a Europa durante unas semanas.	Quiero dejar mi trabajo y conseguir uno nuevo.

Desglosa cada elemento de tu lista en los pasos específicos necesarios para llevarlo a cabo. Para recibir un masaje, por ejemplo, es posible que tengas que buscar masajistas locales en internet, seleccionar el que te guste, consultar tu calendario, llamar para concertar una cita, organizar el cuidado de los niños y ver cómo vas a llegar allí.

Las investigaciones demuestran que dividir nuestros objetivos más grandes en subobjetivos nos da la sensación de que son alcanzables y aumenta nuestra motivación. Tener una hoja de ruta paso a paso transforma esas ideas vagas y confusas en planes claros y concretos.

Para hacernos responsables de ellos, a partir de aquí podemos establecer una intención basada en nuestra escala de deseos. Podríamos preguntarnos: «¿Hoy puedo comprometerme a subir el peldaño más bajo de mi escalera? Si no es hoy, ¿puedo hacerlo esta semana? ¿Cuántos deseos de mi escalera puedo comprometerme a alcanzar antes de fin de año? ¿Puedo dedicar 15 minutos cada día a priorizar el siguiente peldaño de mi escalera?».

Los mejores objetivos nos llevan al límite de nuestra zona de confort, al tiempo que nos recuerdan que es imposible reescribir nuestra relación con el deseo tan pronto. Al principio, puede parecer una tontería aplicar disciplina y organización a deseos como comprar un libro nuevo o tomar un baño caliente, pero al invertir este esfuerzo, nos demostramos que estos —y, por extensión, que nosotros— importan.

La escalera de deseos de Sarah tiene este aspecto:

ESCALERA DE DESEOS						
Quiero ir de excursión.	Quiero ir a un concierto en la ciudad.	Quiero contratar a una niñera y planear una cita nocturna con Gregory.	Quiero irme de viaje un fin de semana con mis amigas, sin niños.	Quiero contratar a un *coach* de vida que me ayude a aumentar la confianza en mí misma.	Quiero dejar el coro de la iglesia.	Quiero viajar a Italia.

Para responsabilizarse, Sarah se fija el objetivo de hacer una excursión antes de fin de mes y de alcanzar los primeros cuatro deseos de su escalera antes de fin de año.

DESTAPANDO CREENCIAS OCULTAS SOBRE DESEAR

Algunos de nosotros simplemente no podemos deshacernos de la sensación de que desear es vergonzoso, egoísta o superfluo. Comprender lo que nos enseñaron sobre esto cuando éramos niños puede ayudarnos a entender y a sentir compasión por la dificultad que tenemos hoy para honrar nuestros deseos.

Para descubrir tus creencias ocultas, podrías explorar lo siguiente en tu diario:

- ¿Cómo se relacionaban tus cuidadores con el deseo? ¿Expresaban sus deseos? Si es así, ¿cómo los expresaban?

- ¿Tus cuidadores consideraron válidas sus necesidades o las descartaron por considerarlas «innecesarias», «tontas» o, de algún modo, «irracionales»?
- ¿Cómo respondieron tus cuidadores a las necesidades de los demás? ¿Recibieron apoyo y ánimo? ¿O fueron ignorados?
- ¿Los recursos financieros o materiales limitados impidieron que los miembros de tu hogar reconocieran o satisficieran sus deseos?
- Cuando expresabas un deseo cuando eras niño, ¿cómo respondían tus cuidadores?

Tus respuestas a estas preguntas arrojan luz sobre los orígenes de tu propia relación con el deseo. Podemos mirar atrás y darnos cuenta de que internalizamos creencias como: «Lo que quiero no importa tanto como lo que quieren los demás. Cuando los deseos de dos personas entran en conflicto, es mi responsabilidad dejar de lado mis propios deseos y anteponer los de los otros. Si expreso un deseo, será ridiculizado, así que es más seguro no tener ninguno. Si externo un deseo, significa que no estoy agradecido por lo que ya tengo. Mis necesidades básicas importan, pero mis deseos no». Y así sucesivamente.

Sarah recuerda que cuando era niña su madre no tenía ningún interés o afición fuera de casa; hizo de sus hijos y de la iglesia su mundo entero. Ahora, parte de Sarah cree que es egoísta, como madre y esposa, querer cosas que no tienen nada que ver con sus hijos o su cónyuge. Los mensajes que ha escuchado en la iglesia han reforzado la idea de que debería sentirse satisfecha con tener hijos felices y un esposo feliz, y que cualquier otro deseo es un lujo innecesario. Sarah puede ver cómo ha seguido los pasos de su madre y, aunque en general está contenta con su vida, está empezando a reconocer que no está completamente satisfecha.

Escribir una nueva historia de deseos

Al romper el patrón de complacer a los demás, podemos escribir una nueva historia que normalice nuestros deseos y nos celebre por el arduo trabajo de priorizarlos. Estas nuevas historias podrían incluir afirmaciones como: «Me permito desear más que lo mínimo de la vida. Mis deseos son una manifestación de mi identidad única y, al dedicarles tiempo, me conecto más conmigo mismo. Tengo derecho a tener deseos diferentes a los de los demás».

Sarah reflexiona sobre su nueva historia y escribe lo siguiente: «Las madres y las esposas también pueden querer cosas. De hecho, permitirme perseguir mis deseos podría hacerme una mejor modelo a seguir para mis hijos y una mejor esposa para Gregory. Al dedicar más tiempo a satisfacer mis deseos, me conectaré más con mi propio sentido de identidad y mi sentido de la aventura».

Piensa en la nueva historia que más te resuene. Cuanto más tiempo dediques a tus deseos, más genuina y motivadora te parecerá tu historia.

EL MIEDO A DESEAR

Algunos de nosotros aprendimos a no desear porque, de alguna manera, lo que queríamos siempre se nos escapaba. Para protegernos del dolor de la decepción, muchos nos desconectamos por completo de lo que queríamos, creyendo que era más seguro no desear nada.

A medida que accedemos a esa parte de nosotros utilizando las prácticas de este capítulo, podemos notar que empezamos a sentir tristeza por los muchos años que pasamos desconectados de la fuerza vital de nuestros propios deseos; por nuestro yo más joven que aprendió que no era seguro anhelar; y por los años que pasamos creyendo que no éramos dignos de querer nada en absoluto. Esta tristeza, aunque dolorosa, es una señal de recuperación. Es una señal de que estamos empezando a vernos como dignos de algo más que lo mínimo.

También podemos notar miedo, porque cuando por fin nos damos permiso para querer, nos volvemos vulnerables a la posibilidad de no conseguirlo. Por esta razón, reconocer nuestros deseos es un acto profundamente valiente. A medida que rompemos el patrón de complacer a la gente, estamos más dispuestos a arriesgarnos a esa decepción porque anhelamos la alegría de una vida encarnada, hambrienta y deseosa.

EJERCICIOS PARA PERMITIR NUESTROS DESEOS

Para descubrir y permitir tus deseos, considera explorar estos ejercicios.

Ponte a prueba para desear algo desconocido

Anteriormente en este capítulo observamos varias categorías de deseos: materiales, interpersonales, temporales, físicos, emocionales, estéticos, espirituales y de propósito. Puede que te resulte más fácil reconocer ciertas categorías que otras. Identifica a cuál te resulta más difícil acceder e intenta discernir tres pequeños deseos que tengas dentro de esa categoría. Si puedes, comprométete a alcanzar, al menos, uno de esos deseos al final de la semana.

Para mí, los bienes materiales siempre habían sido lo más difíciles de conseguir. Cuando tenía un presupuesto muy ajustado en la universidad, no desear nada no representaba un problema, ¡era una ventaja! Pero cuando conseguí un trabajo con ingresos estables, tuve recursos de sobra. El problema era que no tenía ni idea de qué objetos o experiencias materiales quería.

Cuando mis amigos venían a cenar, les pedía que trajeran sus propios cubiertos porque solo tenía dos tenedores («¡Vivo sola! ¡Solo necesito uno!»). Llevaba años vistiendo la misma ropa de segunda mano. Lavaba y reutilizaba la misma toalla de baño en lugar de comprar más. Podía permitirme cosas nuevas, simplemente me costaba creer que me las merecía.

Cuando me di cuenta de esta tendencia, me propuse identificar tres pequeños deseos materiales en mi diario. Recordando mis cenas con amigos, añadí un juego completo de cubiertos a mi lista. La verdad era que estaba bien no tener que pedirles a mis invitados que trajeran los suyos.

Me senté un momento con la mirada en la página en blanco. Busqué inspiración en mi departamento y vi mi Kindle sobre la barra. Acababa de leer un libro electrónico increíble y me había gustado tanto que quería una copia en papel. Por lo general, me costaba justificar el gasto (¡los libros electrónicos son mucho más baratos!), pero me encantaba el peso de un libro de verdad en mis manos, así que añadí el de tapa dura a mi lista.

Para mi último artículo añadí unos nuevos audífonos. Los míos habían estado dando problemas últimamente; el volumen aumentaba y disminuía a intervalos aleatorios. Había estado aguantando a pesar del problema, pero disfrutaba escuchando pódcast en mis carreras diarias y sabía que unos nuevos harían que el ejercicio fuera más agradable.

Mientras evaluaba mi lista (juego completo de cubiertos, libro de tapa dura, audífonos nuevos), decidí que una vajilla también era factible y práctica. Inmediatamente me conecté a internet y pedí un juego completo de 24 piezas para que me lo entregaran al día siguiente. Cuando llegó, desempaqué cada pieza y las coloqué con orgullo en mi cajón. Experimenté una desconocida sensación de abundancia. Inspirada, me comprometí a priorizar al menos un deseo material cada semana, por pequeño que fuera, para disfrutar de los placeres de desear.

Sintoniza con tus propios deseos en un grupo

Presta atención la próxima vez que estés con un grupo de personas y trates de decidir cómo pasar el tiempo. Tal vez se esté decidiendo dónde comer, qué hacer esa tarde o qué leer a continuación en tu club de lectura. Cuando alguien exprese una preferencia, tómate un momento para hacer una pausa y preguntarte: «¿Qué es lo que quiero?». Aunque no expreses ese deseo, el simple hecho de preguntártelo fortalecerá tu capacidad de escucha interior.

Vera lleva dos años saliendo con su pareja, Amber. Vera empieza a sentir que se está perdiendo a sí misma en su relación, así que decide prestar más atención a sus deseos cuando están juntas. Cuando Amber viene a pasar la noche, las dos navegan por Netflix. Amber sugiere una película de terror y Vera hace una pausa. Normalmente estaría de acuerdo, feliz de dejarse llevar, pero ahora se pregunta: «¿Qué quiero ver yo?».

Vera se da cuenta de que, aunque no le importaría poner una película de terror, preferiría ver una comedia. Le da miedo sugerírselo a Amber, tiene tan poca experiencia expresando sus preferencias en la relación que no está segura de cómo responderá. Se motiva a sí misma: «Vera, dile que prefieres una comedia, lo peor que podría pasar es que diga que no. Llevan juntas dos años, mereces tener voz en el asunto».

Cuando Vera le revela nerviosamente a Amber que preferiría ver una comedia, Amber parece sorprendida (no está acostumbrada a que Vera haga sugerencias), pero está feliz de complacerla. Una hora después, las dos no paran de reír, inmersas en la película, y Vera se da cuenta de lo bien que se siente al haber influido en el rumbo de la velada.

Celebra tus deseos alcanzados

Después de poner toda tu energía para alcanzar uno de tus deseos, no pases de inmediato a lo siguiente. ¡Celébralo! Para quien ha pasado décadas reprimiendo sus deseos, atreverse a perseguirlos es una verdadera hazaña. Considera compartir con un amigo cómo se siente en tu corazón, cuerpo y mente haber logrado este deseo de manera consciente.

VIVIR DESDE NUESTRAS BASE

Cuando priorizamos regularmente nuestros sentimientos, necesidades, valores y deseos, dejamos de vivir en un estado de disociación crónica, separados de nosotros mismos durante horas, días o años. Por fin, empezamos a vivir en nuestro interior.

Sintonizar con uno mismo es una práctica, no un destino. Habrá días en los que nos sintamos profundamente conscientes de nosotros y vivamos plenamente sin transgredir nuestras necesidades y deseos.

Otros días, quizá más difíciles, es posible que nos veamos alejados de nosotros por nuestros viejos patrones o por los juicios de los demás. Esto también forma parte del proceso. Estamos rompiendo un patrón de complacencia hacia los demás que ha persistido durante años, incluso generaciones. Cada vez que redirigimos conscientemente nuestra atención hacia cómo nos sentimos o qué queremos, socavamos el ciclo de abandono y sentamos las bases necesarias para dejar la complacencia.

Solo desde este lugar, desde este sentido de uno mismo, podemos comenzar el trabajo de auténtica autodefensa. No podemos protegernos si no sabemos qué estamos protegiendo. Con nuestros cinco pilares firmemente establecidos, ahora estamos listos para hacer peticiones claras, establecer límites firmes y hacer el importante trabajo que exploraremos juntos en los próximos capítulos.

II

DEFIENDE TUS DERECHOS

7

NECESITAR MÁS DE LO MÍNIMO INDISPENSABLE

Ahora que hemos desarrollado una relación más fuerte con nosotros mismos, podemos empezar a afirmarnos y protegernos en nuestras relaciones con los demás.

El primer paso en este proceso es determinar nuestras necesidades interpersonales: qué necesitamos específicamente de nuestros vínculos con la familia, los amigos, la pareja y los colegas. Como exploramos en el capítulo 1, muchas personas complacientes tienen un historial de abandono o abuso; algunas simplemente tuvieron cuidadores que no satisfacían sus necesidades emocionales. A través de estas experiencias formativas, aprendimos que no exigir nada de los demás, mientras se es lo más complaciente y agradable posible, era la forma de garantizar nuestra seguridad. En muchas relaciones, aprendimos a vivir con lo mínimo.

Pero ahora que estamos prestando atención y respetando nuestros propios sentimientos, necesidades, deseos y valores, empezamos a desear lo mismo de nuestras relaciones. Empezamos a notar una insatisfacción latente en las relaciones en las que todo es dar y no recibir, que están desequilibradas y que llenan las copas de los demás mientras nos dejan vacíos. Esta insatisfacción es una señal de que estamos empezando a creer que merecemos más. Poco a poco, reconocemos que sí, en *realidad* necesitamos afecto, respeto y amabilidad. Sí, *en realidad* necesitamos justicia, apoyo y reciprocidad. Afirmar estas necesidades para nosotros mismos es el primer paso para poder expresarlas a los demás.

En este capítulo exploraremos cómo identificar nuestras necesidades interpersonales y acallar las viejas voces que insisten en que son «irrazonables» o «demasiado». En los próximos capítulos, exploraremos cómo expresar y defenderlas en nuestras relaciones.

LO QUE SEÑALAN LAS NECESIDADES EN NUESTRAS RELACIONES

Identificar qué necesitamos de nuestras relaciones después de años conformándonos con lo mínimo puede ser un reto. Como vimos en el capítulo 3, comprender qué nos indican estas señales —es decir, los sentimientos y comportamientos específicos que hablan de una necesidad insatisfecha— nos beneficia. Estas señales son como luces rojas intermitentes que nos invitan a considerar: «¿Qué hay que cambiar aquí?».

El resentimiento, el dolor, la ira, el agobio y la sensación de que se aprovechan de nosotros en nuestras relaciones pueden ser señales de necesidades insatisfechas. El resentimiento surge cuando pensamos que nos han herido, explotado o tratado injustamente de alguna manera. A veces nos resentimos porque hemos dado más de lo que nos resulta cómodo; otras veces, porque alguien incumple un acuerdo o hace promesas falsas. El resentimiento tiende a indicar necesidades insatisfechas de respeto, reciprocidad, justicia, amabilidad o igualdad.

El dolor es una reacción común ante el maltrato, el descuido o el rechazo. A menudo indica necesidades insatisfechas de *atención, reconocimiento, amabilidad, consideración* o *apoyo*. Mientras tanto, la ira surge cuando experimentamos la injusticia de haber sido maltratados. Es un sentimiento feroz de autoprotección: un grito claro de nuestro yo más íntimo de que lo ocurrido ofendió nuestro sentido interno del bien y del mal. La ira puede indicar necesidades insatisfechas de respeto, contribución, independencia, justicia o consideración.

El agobio y el agotamiento surgen cuando tenemos demasiadas obligaciones y no descansamos lo suficiente. También podemos sentirnos abrumados emocionalmente cuando hemos asumido una responsabilidad excesiva por los sentimientos de los demás. El agobio y el agotamiento tienden a indicar necesidades insatisfechas de descanso, relajación, equilibrio, justicia o apoyo. Cuando sentimos que otros se aprovechan de nuestra amabilidad o generosidad, es una clara señal de que hemos dado más de lo que nos sentimos cómodos dando. Sentir que se han aprovechado de ti sugiere necesidades insatisfechas de igualdad, justicia, reciprocidad, consideración o apoyo.

Ciertos comportamientos también pueden ser indicios. Desahogarse crónicamente sobre la misma situación, ensayar repetidamente lo que desearías haber dicho en el pasado, evitar a una persona o comunidad, o *ghostear* a alguien pueden indicar que esta relación, en su forma actual, no satisface tus necesidades.

Si nos desahogamos de forma crónica sobre la misma situación, es evidente que nos causa angustia continua. Una o más de nuestras necesidades no están siendo satisfechas y algo tiene que cambiar. Cuando repetimos una y otra vez lo que nos gustaría haber dicho en el pasado, es un indicador de que no expresamos un sentimiento o una necesidad crucial en el momento adecuado. Es probable que esta siga viva en nuestro interior y sea necesario abordarla.

Evitar a una persona o a una comunidad puede ser una señal de que nos sentimos incómodos expresando nuestros sentimientos y necesidades directamente con ellos. Aunque elegir desvincularse de una relación *puede* ser un límite valioso (hablaremos más de esto en el capítulo 11), la evasión crónica que nos deja inestables es una señal de que una necesidad insatisfecha requiere nuestra atención. En el extremo, podemos desaparecer por completo de una relación, es decir, desaparecer sin previo aviso ni explicación, cuando sentimos que no tenemos los recursos emocionales para involucrarnos honestamente. Cuando nos damos cuenta de que estamos en camino a hacer *ghosting*, puede ser una invitación a considerar qué necesidades insatisfechas estaban presentes.

LA HISTORIA DE BETHANY

Bethany, de 29 años, se siente frustrada con su novio, Rob. Viven en departamentos separados, pero en los últimos seis meses Rob ha pasado casi todas las noches en casa de Bethany. Se baña allí, toma café allí y come la mayoría de sus comidas allí, pero no se ha ofrecido a contribuir con los pagos de la despensa o la renta.

Bethany lleva semanas desahogándose con sus amigos sobre Rob. Un día, vuelve a casa del supermercado después de pagar otra cuenta cara. Se siente resentida y aprovechada, y llama a su amigo Vince.

—Acabo de gastar más de 150 dólares en el supermercado otra vez —se queja—. ¡No puedo creer que Rob no se haya ofrecido a contribuir con los gastos! Está en mi casa todo el tiempo. Si yo pasara tanto tiempo en su departamento, me habría ofrecido a contribuir hace meses.

Vince sabe escuchar, pero ya ha oído esta queja innumerables veces. Le ofrece unos cuantos «ajás» compasivos y, cuando cuelgan, ella se siente avergonzada por someter a sus amigos a las mismas quejas una y otra vez. Recuerda que desahogarse crónicamente sobre la misma situación significa una necesidad insatisfecha. Está claro que algo tiene que cambiar con Rob.

DETERMINAR NUESTRAS NECESIDADES INSATISFECHAS

Una vez que reconocemos una señal, es hora de hacer una pausa, mirar hacia adentro y preguntarnos: «¿Cuál es mi necesidad insatisfecha en esta situación?».

Si nos cuesta encontrar una respuesta, quizá reformular la pregunta nos aclare el panorama: «¿Qué tendría que cambiar para resolver esta emoción o comportamiento? ¿Qué tendría que detenerse para que me sintiera bien? ¿Qué necesitaría más para sentirme seguro?

Como comentamos en el capítulo 2, nuestra necesidad insatisfecha puede ser personal e incluir cosas como descansar, tiempo a solas, seguridad financiera o jugar. Estas necesidades tienden a descuidarse, sobre todo cuando tenemos la costumbre de dar demasiado. Alternativamente, nuestra necesidad insatisfecha puede ser interpersonal: una necesidad que solo puede satisfacerse en conexión con otra persona. Estas pueden incluir cosas como respeto, amor, tranquilidad, justicia, comprensión y empatía.

Encontrar las necesidades debajo de nuestros miedos

Puede que nos cueste nombrar nuestras necesidades por miedo a que sean irrazonables, a que otros se burlen de nosotros o nos rechacen, o a que, aunque las identifiquemos, al final no se satisfagan. A veces, estas preocupaciones pueden estar tan arraigadas que ni siquiera nos damos cuenta de ellas, simplemente nos sentimos incapaces de nombrar lo que necesitamos.

Pronto exploraremos cómo afrontar estos miedos. Por ahora, mientras practicamos solo cómo descubrir nuestras necesidades, es importante que la preocupación por los posibles resultados no nos impida ser honestos con nosotros mismos. Para profundizar en nuestros miedos, podemos utilizar el ejercicio del capítulo 6, «Imagina un mundo de aceptación total»:

> Imagina que mañana te despiertas y el mundo sigue siendo exactamente igual, salvo por una diferencia clave: todas las personas de tu vida reciben con total y sincero entusiasmo todo lo que haces, decides y sugieres. El Estado de derecho sigue vigente y no se permiten actividades ilegales o violentas, pero por lo demás, el mundo está a tus pies.

En este mundo, puedes expresar tus necesidades de cuidado, afecto, equilibrio, reciprocidad, comprensión, amabilidad, respeto y más, y serán satisfechas *inmediatamente* con entusiasmo. En este mundo, ¿qué identificarías como la necesidad insatisfecha?

Para determinar su necesidad insatisfecha, Bethany se pregunta: «¿Qué tendría que cambiar para resolver mi resentimiento?». Su respuesta es inmediata: «Necesito que Rob contribuya económicamente si va a pasar tanto tiempo en mi departamento». Pero incluso cuando se lo admite a sí misma, nota miedo y dudas. Su mente da vueltas: «Quiero a Rob y me alegro de que pase tiempo en mi casa. Necesitar dinero de él me hace sentir como una quejosa. Además, hablar de dinero es muy difícil, ¿y si se lo pido y me dice que no?, ¿estoy siendo demasiado exigente?».

«PERO ¿SON RAZONABLES MIS NECESIDADES?»

Para muchos complacientes en recuperación, como Bethany, el mayor obstáculo para identificar nuestras necesidades es el miedo a que sean irrazonables o excesivas. Como comentamos en el capítulo 3, la forma en que se recibieron nuestras necesidades en la infancia y en relaciones adultas anteriores afecta a nuestra disposición a nombrarlas y priorizarlas ahora. Si nuestras necesidades se han visto históricamente satisfechas con críticas, desdén o desinterés, podemos evitar nombrarlas del todo en previsión del juicio de los demás.

Como veremos en los siguientes capítulos, es muy difícil hacer peticiones y establecer límites en torno a nuestras necesidades si no confiamos en que son válidas. Para aumentar esa confianza, podemos tener en cuenta lo siguiente:

La gran lista de necesidades razonables

Cuando hemos pasado toda la vida poniendo a los demás primero, tener cualquier necesidad, por básica que sea, tiende a parecer demasiado. Es importante que quien se está recuperando del patrón de complacer recuerde que su barómetro de «demasiado» está alterado; en comparación con lo mínimo, cualquier cosa adicional puede percibirse como un lujo. «La lista de necesidades razonables» que aparece a continuación ofrece ejemplos en las relaciones interpersonales que las personas complacientes suelen considerar excesivas y que, de hecho, son totalmente razonables (ten en cuenta que esta lista no es exhaustiva).

- Necesito sentirme seguro.
- Necesito estar libre de daño físico y violencia.
- Necesito ser tratado con respeto, lo que incluye no ser humillado o degradado.
- Necesito estar libre de comentarios críticos sobre mi cuerpo y apariencia física.
- Necesito que sean amables conmigo.
- Necesito que se me muestre afecto y aprecio.
- Necesito que los demás me demuestren su cariño con palabras como «me preocupo por ti», «te quiero» o «eres importante para mí».
- Necesito que los demás tomen iniciativas y sean propositivos en cuanto a nuestra comunicación y el tiempo que pasamos juntos, no solo que esperen a que yo lo haga.
- Necesito que los demás muestren interés por mí y por mi vida.
- Necesito coherencia, y si alguien cercano a mí no puede comunicarse o pasar tiempo conmigo de manera constante, necesito que pueda explicar por qué.
- Necesito que los demás me escuchen cuando hablo, lo que incluye no interrumpirme constantemente ni hablar por encima de mí.
- Necesito que los demás respeten mis preocupaciones y pasiones.
- Necesito que los demás respeten mis creencias, incluso si no están de acuerdo.
- Necesito que los demás cumplan su palabra.
- Necesito tiempo a solas.
- Necesito que los demás respeten mi autonomía, lo que incluye no intentar cambiarme ni controlar mis acciones.

- Necesito confiar en que los demás digan que no cuando no quieren hacer algo conmigo.
- Necesito que los demás comuniquen sus necesidades con claridad, no a través de la agresión pasiva o el sarcasmo.
- Necesito que los demás respeten mis límites, lo que incluye no hacer un berrinche o hacerme quedar como el malo cada vez que establezco uno.
- Necesito que los demás se disculpen y admitan sus errores.
- Necesito que los demás estén dispuestos a reparar la relación después de un desacuerdo, no a castigarme con la ley del hielo, a evitarme o a fingir que nada sucedió.
- Necesito una división justa y equitativa de la responsabilidad financiera, el trabajo doméstico y el cuidado de los niños en nuestra relación.
- Necesito que los demás respeten mis límites sexuales, lo que incluye no coaccionarme, presionarme o hacerme sentir culpable de ninguna manera.
- Necesito que los demás se atengan a los límites de nuestro acuerdo relacional (por ejemplo, si acordamos ser monógamos, no acostarse con otras personas).

Al revisar esta lista, podemos estar de acuerdo intelectualmente con que se trata de necesidades razonables, pero notar una resistencia interna a ellas. Podemos pensar que este trato es razonable para los demás, pero no para nosotros. Podemos cuestionarnos si en realidad lo merecemos, sobre todo si casi nunca lo hemos vivido.

Creer que merecemos más no ocurre de la noche a la mañana, es un proceso gradual, y cuanto más prioricemos nuestras necesidades y sentimientos de forma independiente, más creeremos que merecemos priorizarlos en nuestras relaciones. En última instancia, no hay ningún héroe o autoridad que venga a hacernos creer que merecemos más. A veces, la única forma es dar un salto de fe: ser nuestro propio héroe y enseñarnos a nosotros mismos, *a través de nuestras acciones,* que merecemos más al no conformarnos con lo mínimo.

Las limitaciones de los demás no hacen que tus necesidades sean irrazonables

Si hemos pasado la vida rodeados de personas negligentes, distantes, evasivas o emocionalmente inaccesibles, podemos llegar a creer que nuestras necesidades básicas de justicia, afecto, intimidad y apoyo son exageradas solo porque quienes nos rodeaban fueron incapaces de satisfacerlas.

Después de salir con una serie de parejas emocionalmente inaccesibles, empecé a creer que las palabras de afirmación como «te quiero», «me preocupo por ti» o «eres importante para mí» eran algo irracional. En una relación, tuve que rogarle a mi pareja que me mostrara afecto verbalmente. A menudo decía cosas amables sobre sus amigos, pero parecía incapaz de hacer lo mismo por mí. Le pregunté con vulnerabilidad si podía, de vez en cuando, hacerme un cumplido sobre mi personalidad, mi ropa, mi sonrisa, cualquier cosa. No lo hizo. Unos meses después de confesar que me amaba, dejó de decirlo por completo. Cuando le expliqué lo importante que era para mí que nos dijéramos «te quiero», estuvo de acuerdo, pero nunca más lo pronunció.

Durante un tiempo, me pregunté si había algo mal conmigo por necesitar estas garantías para sentirme amada y segura. Me cuestioné si necesitar amabilidad verbal de una pareja era esperar demasiado.

Pero la incapacidad o falta de voluntad de los demás para satisfacer nuestras necesidades no significa que nuestras necesidades sean excesivas. Es importante que no internalicemos las limitaciones de los demás como verdades objetivas sobre *quiénes* somos y *qué* necesitamos. Hay algunas personas que, por la razón que sea, no satisfarán nuestras necesidades. Hay otras que satisfarán nuestras necesidades con gusto, entusiasmo y sin dudarlo. Lo que para alguien es demasiado, para otros es lo justo.

Nuestras necesidades no serán iguales a las de los demás, y eso no las hace incorrectas

Todos tenemos diferentes familias de origen, historias traumáticas, sensibilidades, personalidades, deseos, estilos de comunicación y más. Cada uno de estos factores contribuye a nuestras necesidades relacionales únicas.

Alguien introvertido puede necesitar más tiempo a solas que alguien extrovertido. Alguien que tuvo cuidadores emocionalmente inaccesibles puede necesitar más tranquilidad de su pareja que alguien que tuvo cuidadores atentos. Alguien que es muy verbal puede necesitar más comunicación que alguien que no lo es. Tenemos necesidades que otros no tienen; otros tienen necesidades que *nosotros* no tenemos. Eso no nos hace «incorrectos», solo nos hace diferentes.

NECESIDADES VS. ESTRATEGIAS

Una vez que hayamos identificado nuestra necesidad, podemos considerar estrategias para satisfacerlas. Las necesidades son generalmente amplias e intangibles (por ejemplo, amor o respeto), mientras que las estrategias son acciones y comportamientos específicos (por ejemplo, ofrecer un cumplido a alguien o decirle a alguien que lo aprecias). A veces, múltiples estrategias podrían satisfacer una necesidad subyacente; en ocasiones, solo una funcionará.

En algunos casos, podemos satisfacerlas a través de nuestras acciones. Si necesito *descansar* después de una semana ajetreada, mis estrategias pueden incluir acostarme temprano, cancelar mis planes nocturnos o tomarme un día libre. Si he estado preocupado por el trabajo y necesito más *equilibrio,* las estrategias podrían incluir pasar más tiempo con amigos, dedicar tiempo al arte y la creatividad o tomar unas breves vacaciones.

Por otro lado, nuestras necesidades interpersonales, como el amor, la compasión, el apoyo o el respeto, requieren la participación de los demás. Si estoy pasando por un momento difícil y necesito el *apoyo* de mi pareja, algunas estrategias que podría utilizar son llamarme para ver cómo estoy, prepararme una comida casera o abrazarme en el sillón. Si un miembro de la familia me ha estado insultando y necesito *respeto,* la única estrategia que satisfará eficazmente mi necesidad es que deje de comportarse de forma hiriente.

A veces, es difícil saber si una estrategia específica satisfará con éxito nuestras necesidades. En estos casos, puedes imaginar la estrategia como una película mental de principio a fin. Cuando la película termina, ¿cómo te sientes?, ¿funcionó la estrategia?, ¿notaste una disminución en la sensación original de resentimiento, agobio, etc.? Aunque este ejercicio puede ayudarnos a anticipar la eficacia de una estrategia, a veces no podemos estar totalmente seguros de que funciona hasta que la probamos.

A veces, la mejor estrategia es cambiar nuestro propio comportamiento

Cuando estamos abrumados, agotados o resentidos por un patrón de entrega excesiva (comprometernos cuando no tenemos tiempo, dar cuando no tenemos recursos y apoyar cuando no tenemos espacio), es nuestro comportamiento el que debe cambiar para satisfacer nuestras necesidades.

Hace tres meses, la hermana de Jenna, Lillia, pasó por un doloroso divorcio. Desde entonces, Jenna llama a Lillia todos los días para saber cómo está, y Lillia habla durante horas cada vez. Al principio, Jenna tenía la capacidad emocional para mantener conversaciones de horas todos los días, pero ahora se da cuenta de que empieza a sentirse abrumada, necesita algo de espacio. En este caso, el propio comportamiento de Jenna (llamar a Lillia a diario y estar disponible para horas de conversación) está violando su necesidad de espacio. Dos estrategias que podrían satisfacer la necesidad de Jenna son hacer estas llamadas con menos frecuencia o limitar el tiempo que dedica a cada llamada.

Cuando el problema es que nos excedemos, necesitamos un límite interno: una promesa que nos hacemos a nosotros mismos sobre nuestros propios comportamientos y compromisos. Hablaremos de este tipo de límites en el próximo capítulo.

DE VUELTA A BETHANY

Mientras Bethany reflexiona sobre su situación con Rob, considera qué estrategias podrían satisfacer sus necesidades de equidad y contribución financiera. Al final, llega a la conclusión de que necesita que Rob contribuya con la mitad de la cuenta del súper y una pequeña parte de la renta.

Las voces internas que dudan de sí mismas siguen ahí: «¿Estoy siendo una quejosa? ¿Es esto exagerado?». Pero Bethany se recuerda a sí misma que Rob vive en su departamento a tiempo completo; es un arreglo justo. No se siente cómoda en una relación en la que mantiene económicamente a su pareja, y no quiere que su conexión con Rob se vea empañada por esta frustración tácita. Después de tantos meses de resentimiento latente, Bethany tiene claro que expresar esta necesidad es el único camino a seguir.

Ahora que hemos explorado cómo identificar nuestras necesidades insatisfechas, dedicaremos los próximos tres capítulos a explorar cómo podemos utilizar los límites internos, las peticiones y los límites con los demás para defenderlas.

TRES PASOS PARA DESCUBRIR NUESTRAS NECESIDADES INTERPERSONALES

Para crear el hábito de descubrir tus necesidades interpersonales, utiliza este proceso de tres pasos.

1. IDENTIFICA LA SEÑAL

Identifica una situación específica en la que actualmente sientes resentimiento, dolor, ira, agobio, agotamiento o que se están aprovechando de ti, o de la que te desahogas repetidamente sobre el mismo problema, ensayas una y otra vez lo que te gustaría haber dicho en el pasado, evitas a una persona o comunidad o te desvinculas por completo de una relación.

2. DETERMINA TU NECESIDAD INSATISFECHA

Teniendo en cuenta esta situación específica, pregúntate: ¿Cuál es mi necesidad insatisfecha? Consulta la «Lista de necesidades razonables» para obtener ayuda. Si te resulta difícil nombrar tu necesidad, utiliza la pregunta mágica: «Si tuviera la garantía de que lo que necesito se satisficiera, ¿cuál sería?».

3. DETERMINA ESTRATEGIAS ESPECÍFICAS PARA SATISFACER TU NECESIDAD

Una vez que descubras tu necesidad insatisfecha, considera llenarla. Responde a la pregunta: «¿Qué acciones específicas podrían satisfacer mi necesidad de ____________________________?».

Si te cuesta determinar si una estrategia específica funcionará, imagínala como una película, de principio a fin. Toma nota de todas las estrategias que surjan. Recuerda que, si solo una estrategia es suficiente, no pasa nada.

8

ESTABLECER LÍMITES CON NOSOTROS MISMOS

A veces, el comportamiento de los demás debe cambiar para satisfacer nuestras necesidades. Sin embargo, en ocasiones, como en el caso de Jenna, nuestra generosidad excesiva es la fuente de nuestro resentimiento, agotamiento, cansancio y agobio. En estos casos, podemos satisfacer nuestras necesidades con *límites internos* más firmes. Es decir, con promesas que nos hacemos a nosotros mismos sobre comportamientos y compromisos propios.

Descuidamos necesidades de descanso, relajación, equilibrio y bienestar emocional cuando aceptamos nuevos compromisos sin importar que ya estemos agotados; pasamos más tiempo del que queremos con otros; damos más espacio del que nos resulta cómodo a las emociones de los demás; sostenemos conversaciones sobre temas que nos incomodan; o aceptamos cosas que en realidad no queremos, como segundas citas, planes con amigos o intimidad física. Cuando cruzamos nuestros límites de esta manera, no es que las otras personas nos maltraten, somos *nosotros* los que nos estamos haciendo daño. La llamada proviene desde el interior de la casa.

En situaciones como esta, satisfacer nuestras necesidades es un trabajo interno. En este capítulo, exploraremos cómo podemos respetar nuestros límites con barreras internas; resolver resentimientos rompiendo nuestros propios patrones de sobrecarga; y usar nuestras barreras internas para establecer barreras con los demás.

NECESIDADES DESATENDIDAS Y PROMESAS ROTAS

Si ignoramos nuestras necesidades de forma crónica, o nos involucramos repetidamente en interacciones que no las satisfacen, es una señal de que necesitamos límites internos más firmes.

Carla

Carla, una *influencer*, se gana la vida publicando videos en Instagram y TikTok. Mucho después de publicar sus videos diarios, se pasa horas desplazándose por las aplicaciones, absorbiendo, sin pensar, cientos de videos que, al cabo de unos segundos, ya no recuerda. El tiempo que pasa delante de la pantalla está afectando su salud mental y necesita pasar más tiempo alejada de las redes sociales. Su límite interno podría ser: «Solo pasaré dos horas al día en las redes sociales».

Luis

Luis lleva meses usando aplicaciones de citas con la esperanza de encontrar a su pareja ideal. Quiere una relación seria, pero también se siente solo, así que desliza a la derecha a las mujeres que dicen que solo están interesadas en aventuras casuales. La historia siempre termina de la misma manera: después de una o dos citas, las mujeres desaparecen y él tiene que empezar de cero, más solo que antes. Para evitar estas decepciones y priorizar su deseo de tener una relación seria, el límite interno de Luis podría ser: «Solo saldré con personas que busquen lo mismo que yo».

Como demuestran estos ejemplos, establecer límites internos requiere que seamos conscientes de nuestras necesidades y actuemos de acuerdo con ellas. Sin límites internos, sentimos que estamos rompiendo constantemente las promesas que nos hacemos a nosotros mismos, lo que erosiona nuestra confianza en nosotros mismos con el tiempo. Honrar nuestros propios límites es nuestra responsabilidad;

depende de nosotros tomar decisiones saludables que prioricen nuestras necesidades, incluso si eso significa dejar de entregarnos en exceso de las maneras a las que estamos acostumbrados.

A VECES ES NUESTRA CULPA

Cuando sentimos que los demás se aprovechan de nuestro tiempo, amabilidad o generosidad, suele ser una señal de que hemos traspasado nuestros propios límites internos y superado nuestros límites. Sin embargo, en lugar de asumir la responsabilidad de haber complacido a la gente, podemos culpar a los demás de aprovecharse de nosotros y de no leer telepáticamente nuestras necesidades tácitas.

Jill

Jill, madre soltera, tiene gemelos que van en quinto año. Tiene una agenda muy apretada: dirige su negocio desde casa y lleva constantemente a sus hijos en coche a los entrenamientos de futbol y a las casas de sus amigos. Un día, Becca, la profesora de los gemelos, le pide a Jill que se una a la Asociación de Padres y Maestros (APM).

Jill ya tiene demasiadas cosas que hacer, pero dice que sí porque quiere que Becca apruebe su labor como madre y su implicación en la escuela. Más tarde ese mismo día, Jill se queja con una amiga de que Becca «se aprovechó de su amabilidad» al pedirle que se uniera a la APM cuando ya está tan ocupada. Pero, de hecho, Jill violó su necesidad de descanso al aceptar el nuevo compromiso cuando no tenía tiempo.

El límite interno de Jill podría ser: «No me comprometeré con nuevas obligaciones cuando ya estoy sobrecargada».

Foster y Emily

Foster y Emily tienen un hijo de 24 años, Jeremy. Hace tres años, Jeremy se graduó de la universidad y decidió dedicarse a la música como guitarrista. Consigue algunas oportunidades para actuar aquí y allá, pero no gana lo suficiente para pagar la renta.

Foster y Emily acordaron subvencionar los gastos de Jeremy mientras perseguía su sueño, pero ahora, tres años después, están empezando a sentir la presión en sus finanzas. Se sienten culpables por dejar de apoyar a Jeremy, así que no lo han hecho, pero durante las llamadas telefónicas con los miembros de la familia extendida, se quejan de que Jeremy se está aprovechando de su apoyo.

Al culpar a su hijo de su malestar, Foster y Emily no reconocen que están sobrepasando sus límites. Son ellos los que están violando sus necesidades. Su límite interno podría ser: «No mantendremos económicamente a Jeremy cuando no podamos permitírnoslo».

Como dejan claro los casos anteriores, una vez que hemos establecido un límite interno con nosotros mismos, a menudo necesitamos comunicar un límite a los demás. Puede que llegue el momento en que necesitemos decir que no, rechazar compromisos o decirles a nuestros seres queridos que ya no estamos disponibles como antes. En el capítulo 10 abordaremos cómo establecer estos límites con los demás.

A veces podemos pensar: «¡Se están aprovechando de mí! Saben que soy generoso y que me cuesta decir que no. Por eso me piden favores».

A quienes tendemos a complacer nos molesta que otros nos coloquen en la posición de tener que establecer límites. En estos casos, cobra sentido aquella vieja frase: los que dan tienen que poner límites porque los que reciben rara vez lo hacen. Incluso si otras personas nos piden favores porque saben que solemos dar demasiado, sigue siendo nuestra responsabilidad proteger nuestras necesidades y decir que no.

DESCUBRIR NUESTROS LÍMITES INTERNOS

Como vimos en el capítulo 7, señales como el resentimiento, el agobio y el agotamiento indican que estamos dando demasiado o que nos estamos comprometiendo en exceso en nuestras relaciones. Para descubrir tus límites internos, haz un balance de tu situación actual.

¿Hay alguna área de tu vida en la que actualmente estés…

- descuidando de forma consciente tus necesidades de tiempo, espacio o descanso?
- asumiendo más responsabilidades de las que puedes cumplir?
- diciendo que sí a algo cuando realmente quieres decir que no?
- apoyando a los demás hasta el punto de la fatiga, el agotamiento o el cansancio extremo?
- dando apoyo aunque no te sientas cómodo haciéndolo?
- haciendo cosas para caerle bien a alguien, pero resintiéndote con esa persona después?

Para cada situación que descubras, determina un límite interno (tómalo como una promesa que te haces a ti mismo sobre tu propio comportamiento) que respete tus necesidades.

Por ejemplo: «Me acostaré a las 10 de la noche. Diré que no a nuevos planes si no tengo tiempo. Avisaré a mis amigos cuando no tenga energía emocional para hablar por teléfono. Avisaré a mi jefe cuando me sienta abrumado en el trabajo. Seré honesto cuando no tenga espacio para ofrecer apoyo a otra persona».

Una vez que hayamos establecido nuestros límites internos, la tarea es ponerlos en práctica. A veces, esto simplemente significa atender las necesidades personales, como exploramos en el capítulo 3. También suele implicar poner en palabras nuestras necesidades, ya sea con peticiones o límites a los demás. Esto lo exploraremos en los próximos capítulos.

Nuestros límites internos solo son efectivos si los encarnamos con nuestras acciones. Esto requiere que le demos prioridad incluso cuando es difícil. Las siguientes estrategias pueden ayudarte a fortalecer tu compromiso.

Haz visible tu compromiso

Escribe tu límite interno y colócalo en algún lugar visible como recordatorio de tu compromiso. Puedes ponerlo en un papel en el refrigerador, en el espejo del baño o en el tablero del coche; intenta colocarlo como fondo de pantalla del teléfono o repetirlo como mantra cada mañana o cada noche.

Comparte tu compromiso

Las investigaciones sugieren que compartir tu objetivo con una persona cuya opinión valoras aumenta la probabilidad de que lo alcances. Para responsabilizarte de tu límite interno, compártelo con un amigo, un ser querido o un terapeuta. De vez en cuando, comparte con ellos cómo has mantenido tu límite para celebrar tu éxito.

Imagina los beneficios a largo plazo

En tu diario, imagina cómo sería tu vida dentro de un año si pasaras ese tiempo manteniendo tu límite interno. ¿Cómo mejorará tu salud física y mental? ¿Cómo disminuirá el resentimiento en tus relaciones? ¿Cómo cambiará tu relación contigo mismo? ¿Qué otros beneficios podrías experimentar?

TODOS LOS LÍMITES EMPIEZAN DENTRO

Entender nuestros límites internos es un requisito previo para comunicar nuestras necesidades y límites en nuestras relaciones. Después de todo: si no nos sentimos cómodos protegiendo nuestro tiempo cuando estamos solos, ¿cómo vamos a establecer límites en ese mismo ámbito con los demás? Si no hacemos del descanso una prioridad en nuestra vida, ¿cómo vamos a defender eficazmente el descanso en nuestras familias, amistades y lugares de trabajo? Ahora que hemos aclarado nuestras necesidades y límites, exploraremos cómo ponerlos en práctica con los demás.

9

HACER LA PREGUNTA

Una vez que identificamos nuestras necesidades interpersonales, podríamos concluir que satisfacerlas requeriría ciertos cambios de los demás. Es posible que necesitemos más comunicación, afecto o equilibrio; puede que busquemos más respeto, menos conductas pasivo-agresivas e incluso menos tiempo compartido.

Ahora es el momento de hacer peticiones: pedir a los demás que cambien su comportamiento para satisfacer nuestras necesidades. Estas pueden parecerse a las siguientes:

- «¿Podrías bajar la voz cuando me hables?».
- «¿Podrías tomar la iniciativa de los planes más a menudo?».
- «Me siento cansado, ¿puedo tener algo de tiempo a solas?».
- «¿Puedes compartir conmigo cómo te sientes?».
- «¿Podrías dejar de hacer bromas sobre eso?».

Dar voz a nuestras necesidades con peticiones es la forma en la que nos mostramos a nosotros mismos, y a los demás, que nuestras necesidades importan. En este capítulo, desmentiremos el mito de que otras personas «deberían saber lo que necesitamos» sin que se lo pidamos; exploraremos guiones para poner nuestras peticiones en palabras; discutiremos cinco resultados comunes de cómo estas peticiones resultan; y exploraremos qué hacer cuando alguien no puede satisfacerlas.

«NO TENDRÍA QUE PEDIRLO, DEBERÍAN SABERLO»

Uno de los mayores obstáculos para hacer peticiones es la idea de que los demás «deberían saber» lo que necesitamos, cómo cuidarnos y cómo querernos sin que se lo digamos. Nuestros cónyuges «deberían saber» que necesitamos más afecto; nuestros jefes «deberían saber» que estamos abrumados por las tareas; nuestros amigos «deberían saber» que no podemos acogerlos en nuestra casa durante semanas.

Pero no todas las personas expresan interés, cariño o amor de la misma manera, y no todas tienen las mismas necesidades de afecto, espacio o descanso. La forma en que fuimos criados, nuestra herencia cultural, nuestras distintas personalidades y nuestras sensibilidades únicas influyen en nuestra forma de interactuar con los demás. Esperar que las personas se relacionen con nosotros de la manera precisa que preferimos, sin que se les diga, no solo es poco realista, sino también una receta para el resentimiento. Solo cuando hayamos verbalizado nuestras necesidades podremos decir que los demás deberían saberlo sin más, porque ya se las dijimos.

Aunque hacer peticiones puede hacernos sentir vulnerables, esto proporciona a los demás la información necesaria para cuidarnos adecuadamente. No podemos garantizar que actúen con base en esa información de la manera que queremos, pero al hacer una petición, podemos estar seguros de que hicimos nuestra parte para dar a los demás la oportunidad de satisfacer nuestras necesidades.

LA HISTORIA DE DEVLIN

Devlin y su pareja, JD, acaban de mudarse juntos después de dos años de noviazgo. Devlin trabaja a tiempo completo como capataz de construcción, y JD es un escritor independiente que trabaja desde su oficina en casa. Cuando Devlin llega a casa al final de sus turnos de nueve horas, está agotado; preferiría bañarse y relajarse un poco antes de tener una larga conversación. Mientras tanto, JD ha estado trabajando solo todo el día, y el regreso de Devlin le da a alguien con quien hablar.

Cada día, cuando Devlin entra por la puerta, JD lo recibe con un montón de preguntas:

—¿Qué tal el día? ¿Cómo va el proyecto? ¿Cuándo crees que estará terminado?

Devlin intenta ser receptivo, pero nota que empieza a sentirse frustrado. «¿Por qué me atosiga JD con preguntas en cuanto entro por la puerta?», piensa. «Debería saber que estoy agotado después de un largo día».

Sin embargo, este entusiasmo hablador es la forma en que JD siempre ha saludado a Devlin; cuando estaban saliendo, se reunían para cenar o tomar algo, y Devlin siempre encontraba entrañable la vivacidad y la curiosidad de JD. Ahora sus circunstancias han cambiado: viven juntos, y los momentos tranquilos a solas para recargar las pilas se han convertido en momentos compartidos. Devlin reconoce que nunca antes habían estado en esta situación en particular, y la única forma en que puede estar seguro de que JD conoce su necesidad de tiempo a solas es contárselo.

CONSTRUIR PETICIONES

Las peticiones son relativamente sencillas. Por lo general, adoptan cinco formas: pedir a los demás que empiecen a hacer algo, que hagan más de algo, que dejen de hacer algo, que hagan menos de algo o que hagan algo de manera diferente.

Al principio, podemos sentir la tentación de ser prolijos en nuestras solicitudes, ofreciendo explicaciones largas o detalles irrelevantes. Esto a menudo se debe al nerviosismo y a nuestra creencia de que necesitamos «defender bien» nuestras necesidades. Pero, de hecho, las solicitudes más eficaces son claras, precisas y sencillas. Aquí tienes tres enfoques que puedes utilizar:

El enfoque corto y dulce

Si estás pidiendo más de algo, podrías decir:

- «¿Podrías, por favor, ________________?».
- «Necesito ________________. ¿Puedes ayudarme?».
- «¿Estarías abierto a ________________?».

Si estás pidiendo menos de algo, podrías decir:

- «¿Podrías dejar de hacer ________________?».
- «¿Te importaría no ________________?».
- «De cara al futuro, ¿podrías no ________________?».

Si quieres dar más contexto a tu petición, puedes acompañarla de tu necesidad principal. Podrías decir: «Quiero sentirme más *conectado*. ¿Te importaría usar menos el teléfono durante nuestro tiempo a solas?» o «Quiero ser *honesto* contigo: me siento abrumado por la frecuencia con la que me pides que cuide de los niños. ¿Podrías limitar tus peticiones a una vez al mes?».

El enfoque de la declaración en primera persona

Desarrollada por el psicólogo Thomas Gordon en 1970, la declaración en primera persona es una herramienta de comunicación de cuatro partes que nos ayuda a ser claros y directos sobre nuestros sentimientos y necesidades.

Una declaración en primera persona consta de cuatro partes: «Me siento ________________ cuando tú ________________ porque necesito ________________».

Recomiendo terminar tu declaración en primera persona con una petición clara y directa: «¿Puedes ________________?».

En la práctica, este enfoque se ve así: *«Me siento triste cuando estás* tan seguido con el teléfono *porque* nos impide estar presentes el uno con el otro. Necesito sentirme más conectado. *¿Te importaría* pasar menos tiempo con el teléfono cuando estamos juntos?» o *«Me siento* abrumado cuando me pides que sea niñera tan a menudo porque tengo una agenda muy ocupada. Necesito sentirme más considerado en nuestra conexión. *¿Podrías* pedirme que cuide de los niños no más de una vez a la semana?».

El enfoque de transparencia radical

A veces, nuestras peticiones generan cambios en las dinámicas de una relación. En ocasiones, lo que necesitamos ahora no es lo que necesitábamos antes. A veces, nuestras peticiones pueden ser difíciles de escuchar para los demás.

El enfoque de transparencia radical se basa en la creencia de que no necesitamos fingir ser fríos, estoicos o perfectamente seguros de nosotros mismos cuando nos defendemos. De hecho, al reconocer que esta petición es nueva, inesperada o incluso aterradora de hacer, o al reconocer que puede ser difícil de escuchar, podemos invitar al destinatario a una conversación vulnerable y compasiva.

Las peticiones radicalmente transparentes pueden sonar así:

- «Me cuesta decir esto, pero quiero ser sincero contigo: ____________________ ya no está funcionando para mí. ¿Podrías hacer ____________________ en su lugar?».
- «Sé que en el pasado necesité ____________________, pero me estoy dando cuenta de que mis necesidades han cambiado, y lo que necesito ahora es ____________________. ¿Puedes ayudarme?».
- «Sé que en el pasado no me importaba ____________________, pero ahora estoy intentando cuidarme mejor y me estoy dando cuenta de que ____________________ ya no me funciona. ¿Podrías dejar de ____________________?».

- «Me da miedo hacerte daño, pero para mí es importante que seamos sinceros el uno con el otro. Quiero que sepas que cuando tú ____________________, me siento ________________. En adelante, ¿podrías ___________________________________?».
- «Me pongo nervioso al decir esto, pero estoy intentando ser más honesto con las personas que quiero, así que tengo que contarte que ____».

El enfoque de transparencia radical funciona mejor con personas en las que confías: personas que se preocupan por tu bienestar y que probablemente no se aprovecharán de la vulnerabilidad de este enfoque en tu contra.

DE VUELTA A DEVLIN

A Devlin le preocupa hacer una petición porque no quiere herir los sentimientos de JD. Acaban de mudarse juntos y todo ha ido muy bien; no quiere arruinar la fiesta. Dada la delicadeza de su situación, Devlin decide utilizar el enfoque de transparencia radical. Una noche, durante la cena, Devlin le pregunta a JD si puede conversar sobre algo.

—Por supuesto —responde JD—, ¿qué pasa?

Devlin dice, titubeando al principio:

—Ok. Es... Me cuesta decir esto, pero quiero ser sincero. Um... Cuando llego a casa del trabajo, suelo estar muy cansado. Sé que has estado aquí solo todo el día y quieres platicar, pero necesito bañarme y relajarme un poco antes de estar listo para una larga conversación.

Con más confianza ahora, concluye:

—¿Te importaría guardar tus preguntas sobre mi día y mis proyectos hasta entonces? Tendré energía para hablar y entonces yo también podré preguntarte sobre tu día.

JD escucha, hurgando en su comida con el tenedor.

—Oh —responde—, me preguntaba por qué parecías distante conmigo después del trabajo.

Devlin asiente.

—Me cuesta estar presente antes de tener algo de tiempo para mí después de un turno largo.

JD frunce el ceño. Se queda callado unos momentos.

—Ok —dice al final—. Lo entiendo. Supongo que me siento inseguro, como… No sé. Como si vivir juntos fuera una carga para ti o algo así.

Devlin extiende la mano sobre la mesa para tomar la de JD.

—JD —le dice—, me *encanta* vivir contigo. Te lo juro. Mudarse juntos conlleva una curva de aprendizaje, ¿sabes? Nunca hemos hecho esto antes y ambos tenemos que aprender lo que el otro necesita.

Devlin aprieta la mano de JD.

—Espero que el hecho de que te diga lo que necesito te haga sentir más cómodo para decirme lo que tú también necesitas.

Finalmente, JD sonríe.

—Ok. Sí, me alegro de que me lo hayas dicho y sí, definitivamente puedo esperar un poco antes de hacerte preguntas sobre tu día.

CÓMO RESULTAN LAS PETICIONES

Hacer peticiones o solicitudes es, en esencia, un intento de colaboración. Las peticiones dan a los demás la oportunidad de conocernos mejor, de entender lo que necesitamos y de estar a la altura. Después de hacer una petición, solemos experimentar uno de estos resultados:

Están de acuerdo en satisfacer nuestras necesidades

En los casos más sencillos, nuestras peticiones caen en oídos receptivos. Como en el caso de Devlin y JD, la otra persona está dispuesta a satisfacer nuestras necesidades de la manera que nos gustaría, y todo va bien.

Son receptivos y demuestran el cambio, pero necesitan un recordatorio ocasional

A veces, especialmente si nuestra petición altera un patrón existente en una relación, la otra persona puede ser receptiva, pero requerir recordatorios de vez en cuando.

Después de trabajar en una empresa tecnológica de nueva creación durante tres meses, Nipun por fin se arma de valor para decirle a su jefa que ha estado pronunciando mal su nombre. Su jefa se disculpa y se corrige, pero en las semanas siguientes, de vez en cuando utiliza por accidente la pronunciación incorrecta.

Lina, madre y ama de casa, le pide a su pareja, Koa, que contribuya en las tareas del hogar lavando los platos más a menudo. Koa es receptivo y lava los platos la mayoría de las noches, pero de vez en cuando se preocupa por el trabajo y se le olvida.

Las personas no son perfectas, y es normal olvidarse, equivocarse y cometer errores de vez en cuando. En estos casos, Nipun y Lina pueden optar por reiterar sus peticiones cada vez que se produzca un lapsus; o bien pueden decidir que, dado que su necesidad se satisface la mayor parte del tiempo, se sienten cómodos dejando pasar estos momentos sin hacer comentarios.

Son receptivos a nuestra necesidad básica, pero no quieren o no pueden utilizar la estrategia específica que hemos solicitado

A veces, una persona quiere satisfacer nuestra necesidad básica (conexión, intimidad, confianza, compasión, etc.), pero no puede o no quiere hacerlo de la manera específica que hemos solicitado.

Natalie y Joseph llevan un año saliendo. Pasan dos noches a la semana juntos, y Natalie desearía que fueran más. Le dice a Joseph:

—Necesito sentirme más conectada contigo. ¿Podemos pasar tres noches a la semana juntos en lugar de dos?

Joseph quiere que Natalie se sienta más conectada, pero la estrategia que ella sugirió no le funciona; él tiene una agenda de trabajo muy ocupada y no se siente cómodo pasando más de dos noches juntos a la semana en este momento. Aun así, Joseph está comprometido a ayudar a Natalie a sentirse más conectada.

Una discrepancia como esta requiere un poco de lluvia de ideas y colaboración: ¿Qué estrategias adicionales podrían utilizarse para satisfacer esta necesidad básica? Quizá Joseph decida que se siente cómodo hablando por teléfono las noches que están separados. Quizá decida invitar a Natalie a unirse a su juego semanal de preguntas y respuestas con sus amigos como una forma de hacerla sentir más conectada. A partir de aquí, depende de Natalie determinar si estas estrategias alternativas satisfarían eficazmente su necesidad de conexión.

Afirman estar receptivos, pero no cambian sus acciones

A veces, el destinatario de nuestra solicitud afirma estar receptivo, pero con el tiempo, sus acciones no reflejan este cambio. Estos casos son confusos y nos dejan preguntándonos: «¿Son capaces de satisfacer mis necesidades o no?».

Cuando Mona le dice suavemente a su padre que sus arrebatos de ira la hacen sentir insegura, él la escucha y promete controlar mejor su temperamento, pero durante sus interacciones en los meses siguientes, él está tan enojado como siempre.

Hace un año, Penny invitó a Violet a mudarse con ella a su departamento de dos recámaras. Últimamente, Violet ha perdido el control con la bebida y Penny no se siente cómoda compartiendo espacio con alguien que se tambalea borracha a todas horas de la noche. Cuando Penny le pide a Violet que reduzca su consumo de alcohol, Violet acepta, pero Penny no ve ninguna reducción.

En situaciones como esta, las palabras de los demás transmiten una historia, pero sus acciones transmiten otra, y es importante confiar en la información que obtenemos de sus *acciones*. Las promesas vacías no satisfacen nuestras necesidades básicas y, con el tiempo, estos mensajes contradictorios erosionan la confianza y generan resentimiento en la relación.

No son receptivos a nuestra petición

A veces, nuestra petición no tiene éxito: la otra persona no quiere o no puede cambiar su comportamiento. A veces, esto toma la forma de un simple *no*: «No puedo hacer eso». Otras veces, toma la forma de burla, juicio o crítica.

En el fondo, las solicitudes son fundamentalmente inaplicables. El hecho de que lo pidamos no significa que vayan a acceder. Independientemente del resultado, podemos seguir adelante sabiendo que hemos hecho lo posible para comunicar nuestras necesidades. Que decidan atendernos o no está fuera de nuestro control.

Cuando nuestra solicitud no tiene éxito, podemos preguntarnos: «¿Y ahora qué?».

EL CICLO DE LAS PETICIONES SIN FIN

Por desgracia, muchos de nosotros seguimos haciendo las mismas peticiones mucho después de que otros nos hayan demostrado que no pueden o no quieren satisfacer nuestras necesidades. A menudo lo hacemos con la ilusión de que, al pedirlo, podemos de algún modo controlar la voluntad de los demás. Así es como nos quedamos atrapados en «El ciclo de las peticiones interminables».

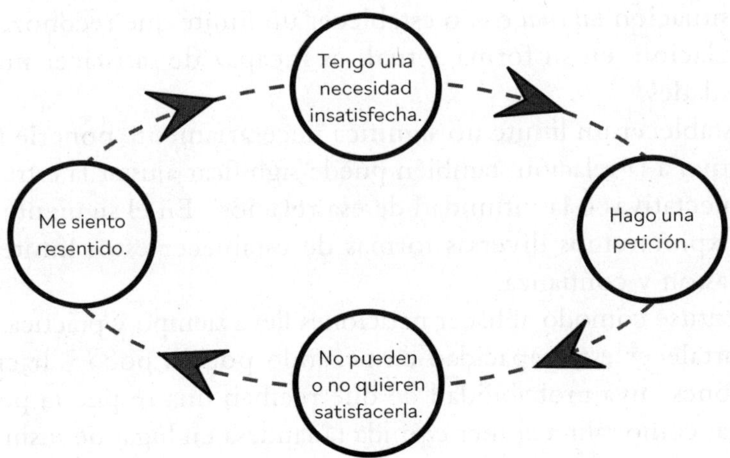

En este ciclo, nuestras necesidades permanecen insatisfechas de forma indefinida, ya que les pedimos una y otra vez a los demás que cambien. Cuando nos damos cuenta de no lo hacen, nos sentimos impotentes, y víctimas de sus acciones y decisiones. El resentimiento se apodera de nosotros porque no vemos satisfechas nuestras necesidades, pero no tomamos medidas significativas para cambiar nuestra situación; por el contrario, pedimos una y otra vez.

Podemos quedarnos atrapados en este ciclo cuando pedimos una y otra vez a los demás que nos muestren más afecto, respeto o amabilidad; que dejen de participar en comportamientos adictivos o destructivos; que dejen de hacer los mismos comentarios hirientes de siempre; o que contribuyan de forma equitativa al cuidado de los niños, a las finanzas o al trabajo doméstico. «El ciclo de las peticiones interminables» está impulsado por un deseo profundo y desgarrador de que los demás se preocupen por nosotros de la manera que necesitamos.

Dicho anhelo es tan potente que nos ciega ante la realidad que tenemos frente a nosotros: que, de hecho, no están cambiando. Por esta razón, «el ciclo de peticiones interminables» es un boleto de ida a la frustración y la angustia. Nos deja sintiéndonos muy desconectados de nuestra capacidad de acción.

Podemos recuperar nuestro poder y romper el ciclo gracias a la aceptación radical de que su comportamiento no va a cambiar. A partir de ahí, podemos tomar la decisión consciente de quedarnos en la situación *tal cual está* o establecer un límite que reconozca que esta relación, en su forma actual, es incapaz de satisfacer nuestras necesidades.

Establecer un límite no significa necesariamente ponerle un fin definitivo a la relación; también puede significar ajustar la estructura, las expectativas o la intimidad de esa relación. En el siguiente capítulo exploraremos diversas formas de establecer estos límites con compasión y confianza.

Sentirse cómodo al hacer peticiones lleva tiempo y práctica. Puedes fortalecer esta capacidad empezando poco a poco y haciendo peticiones cuya probabilidad de que reciban una respuesta positiva sea alta, como salir a comer comida tailandesa en lugar de sushi o ver tal programa en lugar de aquel. En la medida de tus posibilidades, evita dar demasiadas explicaciones; haz que tus peticiones sean lo más sencillas para que el destinatario pueda asimilarlas con facilidad. Por supuesto, no olvides celebrar los pedidos que se hayan cumplido, por pequeños que sean, con un amigo que te apoye en tus esfuerzos por dejar de complacer a la gente.

10

ESTABLECER LÍMITES CON LOS DEMÁS

En el sentido más simple, un límite separa una cosa de otra. Una valla es un límite entre dos propiedades; nuestra piel es el límite entre nuestros órganos y el mundo exterior. Un límite es la línea donde una cosa termina y otra comienza.

Cuando establecemos un límite con otra persona, creamos una especie de separación entre nosotros. Podemos imaginar nuestros límites como escudos que nos protegen de cosas que amenazarían nuestro bienestar, como la grosería, el desahogo emocional, el contacto físico no deseado de otros o los compromisos para los que no tenemos tiempo ni espacio. Los límites nos permiten respetar nuestras fronteras (lo que nos funciona y lo que no), y diseñar nuestra vida y relaciones en torno a ellas.

En última instancia, los límites son un reconocimiento de que no *podemos* controlar lo que otros dicen o hacen, pero sí podemos controlar cómo respondemos y qué *permitimos* en nuestro entorno. De eso se tratan los límites. Aunque los límites crean separación a corto plazo, en realidad son necesarios y saludables en todas las relaciones. En este capítulo, aclararemos la diferencia entre límites y peticiones; exploraremos cómo establecer y hacer cumplir los límites de manera efectiva; discutiremos cómo desengancharnos de las interacciones no deseadas como una forma de establecer límites; y exploraremos cómo proceder cuando a otros no les gustan nuestros límites o se resisten a ellos.

LA HISTORIA DE NAOMI

Naomi, de 33 años, y su hermana Aria, de 31, son muy diferentes, pero muy unidas. Naomi es tranquila y reservada, mientras que Aria es bulliciosa, irreverente y arriesgada. Las hermanas viven en la misma ciudad y, aunque no están de acuerdo en muchas cosas, siguen reuniéndose una vez a la semana para tomar un café o cenar.

El año pasado, Aria se casó con un hombre llamado Ken. Al igual que Aria, Ken tiene una gran personalidad: es apasionado, obstinado y audaz, pero la naturaleza de Ken se convierte en falta de respeto y sus frecuentes comentarios sexistas hacen que Naomi se sienta muy incómoda. Cuando Aria consiguió un ascenso en su trabajo, uno por el que había estado trabajando con diligencia durante años, Ken bromeó diciendo que su figura de reloj de arena tenía algo que ver. En las cenas familiares, ha bromeado diciendo que las mujeres deben estar en la cocina, no en el lugar de trabajo. Cuando murió el perro de Naomi, ella visitó a Aria y Ken angustiada, y su primer comentario fue: «Es triste, pero no *tanto*. ¿Estás en tu periodo o algo así?».

Naomi quiere a su hermana, pero le da miedo interactuar con Ken. Cuando habla del comportamiento de Ken con su hermana, Aria se encoge de hombros.

—Mira, solo está bromeando. No quiere decir nada con eso, ¿ok?

Naomi no sabe qué hacer. No quiere poner en peligro su relación con Aria, pero pasar tiempo con Ken la lleva al límite. Naomi ha apartado a Ken varias veces para hablar con él en privado. Ha intentado explicarle con amabilidad por qué sus comentarios son ofensivos. Le ha dicho que sus «bromas» la hacen sentir incómoda y le ha pedido que se calle. Cada vez, Ken se ríe y la ignora, diciendo que está siendo «demasiado sensible» y que «debería relajarse de vez en cuando».

Naomi se siente atrapada. Ya no está dispuesta a quedarse de brazos cruzados ante el sexismo flagrante de Ken. Sus peticiones no han tenido éxito, así que ahora es el momento de poner un límite.

LÍMITES VS. PETICIONES

Cuando hacemos peticiones a los demás, les pedimos que cambien su comportamiento, pero cuando establecemos un límite, cambiamos nuestro propio comportamiento para protegernos tanto a nosotros mismos como a nuestras necesidades y límites. Como comentamos en el capítulo anterior, las peticiones son, en esencia, colaborativas: una petición exitosa requiere que otra persona cambie sus acciones. Los límites, por otro lado, no requieren la participación de otros. Cuando establecemos un límite, estamos evaluando lo que no nos funciona, y actuando en consecuencia. Estos ejemplos demuestran la diferencia entre peticiones y límites:

ESCENARIO	PETICIÓN	LÍMITE
Tu padre siempre te llama cuando está borracho y te hace sentir incómoda.	«¿Te importaría llamarme solo cuando estés sobrio?».	**Palabras:** «No puedo hablar por teléfono contigo cuando estás borracho. Te llamaré mañana». **Acción:** Colgar el teléfono.
Tu cónyuge te levanta la voz durante una discusión.	«¿Podrías hablar más bajo cuando te dirijas a mí?».	**Palabras:** «No mantendré una conversación si me gritas». **Acción:** Abandona la conversación cuando comiencen los gritos.

Tu suegra te da, regularmente, consejos sobre la crianza de los hijos sin que se lo hayas pedido.	«Estoy criando a mis hijos de la manera que mejor me parece, así que, ¿podrías dejar de ofrecerme consejos no solicitados?».	**Palabras:** «No estoy dispuesto a hablar de esto si vas a seguir dándome consejos no solicitados». **Acción:** Cuando surja un consejo no solicitado, termina la conversación o no respondas.

Como puedes ver en estos ejemplos, nuestros límites no tratan de cambiar a otras personas, sino de establecer límites claros para lo que toleraremos y no toleraremos de otras personas. Por esta razón, los límites no son herramientas para obtener *más* de alguien. No podemos «limitar» a una persona para que nos dé más afecto, atención, amabilidad o colaboración. Podemos *pedirles* más, de eso se tratan las peticiones, pero en última instancia, los límites tratan de separarnos de situaciones que no satisfacen nuestras necesidades, o interacciones que nos hacen sentir inseguros, invisibles o perjudicados de alguna manera.

Naomi ya ha hecho varias peticiones a Ken. Le preguntó: «¿Te importaría no hacer esos chistes cuando estoy cerca?» y «¿Podrías dejar de hacer comentarios como esos cuando estoy cerca?». Ken no ha respondido favorablemente y no ha modificado su comportamiento en absoluto. Naomi reconoce que no puede controlar a Ken; no puede hacer que *esté dispuesto* a complacer sus peticiones. En cambio, Naomi reconoce que necesita un límite: necesita separarse de Ken y del comportamiento que le resulta intolerable.

TIPOS DE LÍMITES

Nuestros límites pueden ser físicos, materiales, emocionales, temporales, financieros o mentales.

TIPO	EXPLICACIÓN	EJEMPLO
Físico	Pertenecen a nuestros cuerpos.	«No beso en la primera cita. Podemos abrazarnos en su lugar».
Material	Se refieren a nuestras posesiones y pertenencias.	«No me siento cómodo prestándote mi coche durante el fin de semana».
Emocional	Nos ayudan a hacernos cargo de nuestras emociones sin asumir la responsabilidad de las de los demás. Nos permiten distinguir dónde terminamos nosotros y dónde empieza otra persona (exploraremos los límites emocionales más a fondo en el próximo capítulo).	«Ya no puedo ser la persona con la que te desahogas sobre tu matrimonio».
Temporal	Se refieren a nuestros horarios y compromisos.	«Tengo que colgar ahora. Continuemos esta conversación mañana».
Financiero	Tienen que ver con el dinero: cuánto gastamos, en qué, para quién y por qué.	«No puedo compartir mi casa a menos que todos repartamos la renta en partes iguales».

Mental	Se refieren a nuestras creencias, opiniones y valores. Las fronteras mentales saludables nos permiten mantener nuestras opiniones incluso ante el desacuerdo, pero también nos dejan abiertos al aprendizaje, la curiosidad y el crecimiento.	«Acordemos no estar de acuerdo en esto».

Naomi concluye que puede establecer distintos límites: uno físico saliendo de la habitación cuando Ken hace bromas sexistas; uno temporal pasando menos tiempo con él; o uno mental dejando claro que no está de acuerdo con sus opiniones en lugar de permanecer en silencio.

COMUNICAR NUESTROS LÍMITES

La forma en que comunicamos nuestros límites depende de nuestra situación. Podríamos utilizar los siguientes enfoques.

El enfoque breve y conciso

Este tiende a funcionar mejor cuando otros nos hacen peticiones que no podemos o no queremos cumplir. Quizá nuestra hermana nos pregunta si puede tomar prestado nuestro coche; a lo mejor nuestra cita nos pregunta si nos gustaría volver a su departamento; tal vez un miembro de la comunidad nos pregunta si podemos ofrecernos como voluntarios en la venta de pasteles de la colonia.

En estos casos, un límite claro y directo servirá:

- «No».
- «No, gracias».
- «No puedo».
- «No tengo tiempo».
- «Hoy no».
- «Eso no funciona para mí».
- «Ahora no tengo tiempo para eso».
- «Ahora no es un buen momento».
- «Quizá en otro momento».

El enfoque de la declaración en primera persona

Como comentamos en el capítulo anterior, la declaración en primera persona es una herramienta de comunicación de cuatro partes que nos ayuda a ser directos sobre nuestros sentimientos y necesidades: «Siento ____________ cuando tú ____________ porque ____________. Necesito ____________».

Al establecer límites, la declaración en primera persona tiene este aspecto: «Me siento abrumado *cuando intentas* hablar de las cosas momentos después de una discusión porque no he tenido tiempo de procesarlo por mi cuenta. *Necesito* esperar al menos una hora para calmarme antes de discutirlo contigo» o «Me *molesta* que *hables* de mis problemas de salud mental con la familia *porque* viola mi privacidad. *Necesito* privacidad, así que a partir de ahora me guardaré la información sobre mi salud mental para mí».

Para Naomi, este enfoque podría ser el siguiente: «Ken, *me siento* incómoda *cuando haces* bromas sobre las mujeres *porque* son sexistas y ofensivas. *Necesito* espacio de este comportamiento, así que me iré si vuelves a hacer estas bromas».

El enfoque de transparencia radical

También podemos utilizar el enfoque de transparencia radical para establecer límites. Como recordatorio, este enfoque funciona mejor con personas en las que confías: personas que se preocupan por tu bienestar y que es poco probable que utilicen la vulnerabilidad de este enfoque en tu contra.

- «Me cuesta decir esto, pero quiero ser sincero contigo: ______________________________».
- «Sé que en el pasado he ____________________, pero estoy intentando cuidarme mejor ahora, así que no puedo seguir ______________________________».
- «Me da miedo hacerte daño, pero para mí es importante que seamos sinceros el uno con el otro. Quiero que sepas que ya no puedo ______________________________».
- «Me pongo nervioso al decir esto, pero estoy intentando ser más honesto con las personas que quiero, así que tengo que decirte que no puedo ______________________________».

La transparencia radical se manifiesta así: «Papá, tengo miedo de hacerte daño, pero para mí es importante que seamos sinceros el uno con el otro. Quiero que sepas que ya no puedo escuchar cuando te desahogas sobre mamá. Me pone en medio y no me siento cómoda jugando ese papel» o «Gloria, sé que en el pasado fui contigo y con tus amigos al retiro anual, pero este año estoy intentando ahorrar dinero, así que no puedo ir».

Dado lo desdeñoso que ha sido Ken, Naomi no se siente cómoda utilizando el enfoque de transparencia radical con él. Sin embargo, podría optar por este enfoque al comunicar sus nuevos límites a su hermana:

—Aria, me cuesta decir esto, pero quiero ser sincera contigo: ya no estoy dispuesta a soportar los chistes sexistas de Ken. Son demasiado para mí. Si los hace cuando estemos juntos, tendré que irme.

El enfoque de hablar claro

A veces, queremos hablar claro como una forma de dar a conocer nuestras creencias. Especialmente si alguien está expresando valores o ideales con los que no estamos de acuerdo, hablar claro puede ser una forma de honrar nuestra integridad y de establecer un límite mental: la separación entre lo que ellos creen y lo que nosotros creemos.

Hablar claro puede sonar como: «No estoy de acuerdo», «No comparto tu opinión», «De hecho, creo que ____________________» o «Me parece que lo que dices es sexista/racista/transfóbico».

Para Naomi, este enfoque podría expresarse de la siguiente manera: «Ken, no comparto tu opinión y, de hecho, me parece muy irrespetuoso hacia las mujeres» o «Ken, ese es un comentario sexista y estoy totalmente en desacuerdo».

¿Qué pasa con las mentiras piadosas?

Cuando nos preocupa herir los sentimientos de alguien, podemos considerar la posibilidad de utilizar una mentira piadosa para suavizar la interacción. Cuando un conocido nos invita a tomar un café y no estamos interesados, ¿está bien decirle que estamos ocupados aunque no sea cierto? Cuando un colega lejano nos invita a su *baby shower* y no queremos asumir el costo de un regalo, ¿está bien mentir y decir que estaremos fuera de la ciudad?

Las mentiras piadosas pueden ser herramientas útiles para suavizar la incomodidad en situaciones de poca importancia, sobre todo con personas que no conocemos muy bien. Ser 100% honesto el 100% del tiempo no siempre es factible, ni siquiera deseable; en algunos casos, solo hiere de forma innecesaria los sentimientos de los demás.

Sin embargo, no debemos recurrir a mentiras piadosas para evitar conversaciones difíciles e importantes con las personas cercanas a nosotros, sobre todo si la situación va a volver a surgir más adelante. Las mentiras piadosas repetidas de que «estamos ocupados» o «abrumados en este momento» se vuelven sospechosas; las personas cercanas a nosotros pueden sentir que no estamos siendo por completo honestos.

Con el tiempo, estas mentiras piadosas erosionan poco a poco la confianza en una relación. Es mejor ser claro sobre nuestra posición, lo que necesitamos y cómo queremos que sea la relación, incluso si es difícil de escuchar para los demás.

PONER LÍMITES EN ACCIÓN

Si establecemos un límite para un comportamiento específico que no nos funciona, tenemos que apartarnos de este último cuando surja. De lo contrario, nuestro límite es una declaración sin sentido que no nos ofrece protección.

Si el límite que estableciste consiste en ya no participar en chismes, entonces ponerlo en *práctica* consistiría en salir de la habitación cuando alguien empieza a contar chismes. Si le dices a tu madre que ya no puedes atender sus llamadas durante el horario de trabajo, poner en *práctica* ese límite significa dejar que el teléfono vaya al buzón de voz cuando te llame durante una reunión. Si estableces no continuar una conversación cuando tu cónyuge está gritando, ponerlo en *práctica* es dejar la conversación cuando tu cónyuge grita.

Puede que a otras personas no les gusten nuestros límites o que se opongan a ellos (hablaremos de esto pronto), pero en última instancia, como nuestros límites tienen que ver con nuestras acciones, ponerlos en práctica está siempre bajo nuestro control.

¿Siempre tengo que hablar de mis límites?

No todos los límites tienen que expresarse. Puede ser útil decir tus límites en voz alta si es la primera vez que la otra persona oye hablar de tu necesidad, si estás haciendo un cambio en una dinámica determinada en tu relación y quieres que la otra persona lo sepa, o si es importante para ti que la otra persona entienda cómo su comportamiento está afectando tus acciones.

Sin embargo, puedes decidir no compartir tus límites y simplemente ponerlos en práctica si ya expresaste tus necesidades e hiciste múltiples peticiones en vano; si sabes por experiencia que establecer tus límites con esa persona siempre conduce a una respuesta dura; o si tu necesidad es urgente y no tienes la capacidad emocional para una conversación sobre tus límites.

Como Naomi ya expresó sus sentimientos y necesidades, no requiere declarar su límite en voz alta, simplemente puede ponerlo en práctica: saldrá de la habitación cuando Ken haga bromas ofensivas o estará menos disponible para las reuniones familiares si sabe que Ken estará allí.

DESENGANCHARSE COMO FORMA PARA ESTABLECER LÍMITES

Cuando nos desenganchamos, salimos de una interacción que nos perjudica. Al hacerlo, reconocemos que no podemos controlar las acciones de los demás, pero sí podemos controlar el papel que desempeñamos en nuestra dinámica. En lugar de jugar al estira y afloja, soltamos la cuerda.

Durante mucho tiempo, la idea de desconectar para establecer límites me pareció extraña. Después de todo, estaba tratando de mejorar mi capacidad de hablar, y esto me parecía lo *contrario*. Me preocupaba que desconectar fuera lo mismo que evitar el conflicto, algo que hacía en mis días de complacer a la gente. Sin embargo, aprendí rápidamente que desvincularme como una forma de complacer a la gente es muy diferente de hacerlo como una forma de establecer límites.

Durante años, uno de los miembros de mi familia había hecho comentarios críticos sobre el peso de otras personas. Me molestaba muchísimo. Había pasado *años* luchando con mi peso, al igual que muchos de mis seres queridos, y estos comentarios me parecían insensibles y deshumanizadores. Intenté muchas veces convencerlo de que parara, pero nunca funcionó. Pensaba que yo era «demasiado sensible» y me tomaba las cosas «demasiado en serio». Por mucho que discutiera, no cambiaba de opinión.

Estos frecuentes debates me pasaban factura. Después de cada uno, sentía frustración e ira, y tardaba horas en volver a sentirme tranquila. Al final, me di cuenta de que estaba intentando cambiar a alguien que no quería cambiar y que me estaba haciendo daño en el proceso. Así que, en lugar de seguir hablando, me desentendí. Cuando hacían comentarios sobre el peso de la gente, no respondía. No respondía al mensaje de texto, colgaba la llamada, me iba de la habitación. No podía controlarlos, pero sí podía controlar si validaba sus comentarios con mi participación y mi presencia.

Desentenderse de un lugar para complacer a la gente se *basa en el miedo*. Cuando nos desentendemos por miedo, pensamos: «Tengo miedo de hablar porque quiero gustarles» o «No quiero crear problemas, así que mejor me quedo callado», o «No quiero que sepan que tengo esta necesidad porque temo que me juzguen, así que no diré nada».

Desconectar como límite se *basa en el poder*. Cuando desconectamos como límite, pensamos: «No puedo controlar cómo me tratan, pero puedo controlar cuánto trato negativo elijo soportar», o «No voy a gastar mi valioso tiempo y energía debatiendo esto una vez más», o «No voy a dignificar este comentario grosero con una respuesta».

A veces, el comportamiento de una persona es tan hiriente que nuestra única opción es abandonar la relación por completo. Otras veces, descubrimos que podemos mantener una relación si nos desvinculamos de las interacciones desagradables o disminuimos nuestro grado de intimidad con el tiempo. Hay seis estrategias de límites (tres estrategias a corto plazo y tres estrategias generales) que podemos utilizar para desvincularnos de esta manera. Ten en cuenta que no todos los métodos funcionarán en todas las circunstancias y es posible que no todos te parezcan adecuados.

Estrategia a corto plazo: salir de la interacción

Cuando salimos de una interacción, nos retiramos de manera física o verbal de una situación desagradable. Salir físicamente puede consistir en salir de la habitación, poner distancia entre nosotros y la persona que tiene el comportamiento o salir del entorno por completo. Retirarnos de manera verbal puede consistir en no responder a un mensaje o llamada, colgar el teléfono o elegir permanecer en silencio en lugar de dejarse llevar a una discusión.

Este método funciona bien para: la mayoría de las interacciones si puedes abandonar físicamente el espacio.

Para Naomi, este método consiste en abandonar la habitación o la reunión cuando Ken hace bromas groseras o no responder a los mensajes de texto de Ken que contienen comentarios ofensivos.

Estrategia a corto plazo: ir de roca gris

Acuñado por un bloguero llamado Skylar en 2012, el método de la roca gris es una estrategia para lidiar con comportamientos no deseados cuando no podemos salir físicamente de una interacción, pero aún queremos reducir nuestra participación en ella. La roca gris implica volverse lo más indiferente e inexpresivo posible. Ante un comportamiento no deseado, no damos a la otra persona la satisfacción de nuestra participación, evitando el contacto visual, dando respuestas cortas de una sola palabra o pareciendo completamente desinteresados.

Al principio, la roca gris puede parecer una forma de complacer a la gente: permanecer en silencio para evitar conflictos. Una vez más, lo que hace diferente a este método es nuestra intención y mentalidad. Permanecer en silencio como una forma de complacer a la gente está impulsado por el miedo; la roca gris como límite es una forma de decir: «No validaré esta interacción con mi participación».

Este método funciona bien para: interacciones en las que no puedes abandonar el espacio físico o interacciones con compañeros frustrantes.

Por ejemplo, la familia de Vikram emigró a Estados Unidos desde la India hace veinte años. Ahora, a los 25 años, Vikram se ha convertido en un espíritu libre; mientras tanto, sus padres son muy tradicionales. Constantemente le preguntan por su vida amorosa y lo animan a casarse y, aunque él les ha pedido cientos de veces que paren, ellos continúan.

En el viaje de vuelta a casa después de una cena familiar, los padres de Vikram intentan convencerlo de que tenga una cita con la hija de un amigo de la familia. Ya ha oído esta plática antes; es frustrante, pero no puede salir de la interacción porque está atrapado en el coche. En lugar de participar, Vikram se queda en silencio: mira por la ventana y solo emite breves *ummm* y *ajás*. Al final, sus padres se cansan y empiezan a hablar de otra cosa.

Estrategia a corto plazo: diferenciarse

La diferenciación es la capacidad de saber dónde terminamos nosotros y dónde empiezan los demás: reconocer que somos fundamentalmente distintos de los demás. Cuanto más diferenciados estemos, más fuerte e independiente será el sentido de identidad que aportemos a nuestras relaciones. Desde esta posición de separación, los pensamientos o sentimientos diferentes de los demás son menos amenazantes. Dependemos menos del acuerdo o la aprobación de los demás porque confiamos en nosotros mismos.

Cuando estamos menos diferenciados, pensamos: «Deben estar de acuerdo conmigo y aprobarme», pero cuando estamos más diferenciados, pensamos: «Estaría bien que me aprobaran, pero no es necesario». Cuando estamos menos diferenciados, pensamos: «No puedo tolerar el conflicto o el desacuerdo», pero cuando estamos más diferenciados, pensamos: «Somos dos personas distintas, no tenemos que estar de acuerdo en todo». Cuando estamos menos diferenciados, pensamos: «No puedo evitar reaccionar a todo lo que sienten, dicen y hacen», pero cuando estamos más diferenciados, pensamos: «Puedo elegir si reacciono o no cuando su comportamiento me molesta».

Cuando practicamos la diferenciación como límite, observamos el comportamiento de alguien sin reaccionar ante él. Cuando alguien dice algo con lo que no estamos de acuerdo, podemos recordarnos a nosotros mismos: «Que ellos *accionen* no significa que yo tengo que *reaccionar*» o «No me gusta que crean eso, pero tienen derecho a sus creencias» o «Solo porque estén teniendo esta experiencia emocional, no significa que yo deba arreglarlo».

Este método funciona bien para: interacciones con personas que tienen opiniones y creencias diferentes a las nuestras, con colaboradores difíciles en un proyecto, o con personas a las que queremos, pero que no comparten nuestros valores.

He utilizado esta estrategia en numerosas ocasiones al interactuar con familiares cuyas creencias políticas son muy diferentes a las mías. Durante años, debatí con ellos con intensidad, haciendo todo lo posible para cambiar sus puntos de vista. No importaba cuántas estadísticas convincentes o historias desgarradoras compartiera, nunca funcionaba. Cada vez, terminaba sintiéndome enojada, fatigada y, sobre todo, desconectada. Cuanto más intentaba cambiarlos, más sufría nuestra relación.

Finalmente, llegué a la conclusión de que mantener estas relaciones era más importante que estar de acuerdo, así que cuando expresaban sus opiniones en una conversación, yo empezaba a diferenciarme. Elegí intencionadamente no reaccionar mientras me recordaba a mí misma: «Ya saben cómo me siento. Somos personas distintas; no tenemos que estar de acuerdo en todo. No coinciden conmigo, pero ellos tienen derecho a sus creencias».

Sabía que podía defender causas importantes y marcar la diferencia en otras áreas de mi vida. No ganaba nada, y perdía mucho, al intentar, sin éxito, cambiar la opinión de mis seres queridos. Al diferenciarme, comencé a sentirme arraigada a mí misma en lugar de verme obligada a participar en otro debate que no quería tener.

CAMBIAR EL ENFOQUE GENERAL

Desentendernos de las interacciones difíciles puede protegernos a corto plazo, pero hacerlo una y otra vez puede resultar agotador. A veces, no basta con distanciarnos; necesitamos cambiar el enfoque general de la relación.

Los siguientes cambios generales reducen nuestra participación en la relación en general y nos dan más espacio, tiempo y distancia de comportamientos que encontramos difíciles o inaceptables. A veces, reducir nuestra participación es suficiente para que la incomodidad de la conexión se sienta soportable. En ocasiones, descubrimos que necesitamos dejar una relación para sentirnos realmente seguros.

Estrategia general: disminuir la intimidad

Cuando alguien no está dispuesto a cambiar su comportamiento, no podemos hacer nada, solo podemos decidir cuán cerca y conectados queremos estar con ellos, y hacer ajustes generales en la frecuencia y el tiempo que pasamos en su compañía; los métodos que utilizamos para comunicarnos (por ejemplo, teléfono, mensajes de texto, correo electrónico); los temas que elegimos discutir o los enredos que compartimos con ellos (por ejemplo, ser copropietarios de un negocio o compartir mascotas). Interactuar en dosis más pequeñas puede ayudar a que se sienta menos agotadora y más sostenible con el tiempo.

Este método funciona bien para: cualquier relación que desees mantener pero que, en su forma actual, te resulte abrumadora, agotadora, frustrante o que, de alguna u otra manera, perjudique tu salud mental.

Para Naomi, este método consiste en decirle a Aria que solo puede ir a cenar una vez al mes, no una vez a la semana; decirle que, si quiere que se vean de otra manera, solo puede hacerlo si Ken no está involucrado; limitar su tiempo en la casa de Ken y Aria a dos horas como máximo; y conseguir una habitación de hotel cuando sus padres reciban a la familia en las vacaciones, así ella puede estar lejos de Ken.

Naomi entiende que, si quiere mantener una relación con Aria, tendrá que ver a Ken, al menos de vez en cuando. Sin embargo, interactuar con él en dosis más pequeñas podría ayudar a Naomi a sentirse menos abrumada. Seguirá siendo frustrante y difícil, pero prefiere esta opción a terminar la relación por completo y gestionar las consecuencias correspondientes con su hermana.

Estrategia general: ajustar las expectativas

Si queremos mantener una relación, es fundamental que ajustemos nuestras expectativas en torno a la otra persona para reflejar con precisión la realidad de cómo nos trata y su grado de madurez emocional. Nos sentiremos permanentemente decepcionados y resentidos si medimos con regularidad la relación en función del ideal que imaginamos. Establecer expectativas realistas nos permite apreciar la conexión tal como es en lugar de aferrarnos a cómo nos gustaría que fuera. Por lo general, este método se combina con otra forma de establecer límites, como disminuir la intimidad.

Cuando ajustamos nuestras expectativas, podríamos reemplazar la creencia de que «un día me darán todo el afecto que anhelo» por «puede que nunca me muestren afecto de la manera que me gustaría». Podríamos cambiar «Me aceptarán y aprobarán mis decisiones» por «Puede que nunca me entiendan o me apoyen de verdad». En lugar de creer «Un día estaremos muy unidos, como otras familias», podríamos aceptar que «Puede que nunca estemos tan unidos como otras familias».

Este método funciona bien para: relaciones que deseas mantener, pero con las que te sientes crónicamente decepcionado, o relaciones con familiares que son una fuente regular de frustración.

A veces, mantenemos la esperanza de que los demás se conviertan en quienes queremos que sean a pesar de los montones de pruebas que demuestran lo contrario. Posponer la realidad de esta manera nos impide establecer los límites que necesitamos. Naomi ha pasado mucho tiempo tratando de encontrar una solución mágica a sus problemas con Ken. Ha hecho muchas peticiones y se ha resistido a establecer límites, pensando: «¡Esto no es justo! Debería reconocer lo dañinas que son estas bromas. Mi hermana debería dejarlo».

Por desgracia, estas reflexiones cargadas de resentimiento no han dado lugar a ningún cambio. Naomi está empezando a aceptar que la única solución es cambiar sus reacciones ante el comportamiento de Ken. Para ajustar sus expectativas, se recuerda a sí misma: «Por mucho que discuta, Ken no va a cambiar. Puede que nunca sea alguien con quien me sienta cómoda. Su matrimonio con mi hermana puede significar que debo alejarme de las interacciones familiares si quiero respetar mis propios límites. Es una mierda, pero es la realidad de la situación».

Estrategia general: abandonar la relación por completo

La decisión de poner fin a una relación es muy personal. A veces, especialmente ante un daño o maltrato abyecto, abandonar la relación es la única barrera que preservará nuestra salud y bienestar. En ocasiones, la decisión de irnos es poco clara. ¿Qué pasa con el amigo que realmente te molesta, pero que también demuestra que se preocupa por ti? ¿Qué pasa con el familiar cuyas creencias te resultan repugnantes, pero con el que tienes un largo y legendario pasado? ¿Qué pasa con el ser querido que parece incapaz de dejarte espacio en las conversaciones, pero que te muestra amabilidad de otras maneras?

Por desgracia, no existe una calculadora en la que podamos introducir nuestras quejas y recibir una instrucción clara para quedarnos o irnos. La decisión final depende de nosotros. Mientras nos planteamos si una relación es una de las que debemos abandonar por completo, estas preguntas pueden ayudarnos a aclararnos:

- ¿Esta relación me ha causado sistemáticamente más daño que beneficio?
- ¿Esta relación está teniendo un impacto negativo crónico en mi salud mental o física?
- ¿He probado ya con diferentes límites para que esta relación parezca más sostenible y no han funcionado?
- ¿La única razón por la que sigo en esta relación es externa (por ejemplo, para ganarme la aprobación de los demás, para evitar el juicio o para hacer felices a los demás)?

DE VUELTA A NAOMI

Naomi comienza a marcar sus límites con Ken. La semana siguiente, Aria y Ken organizan una cena e invitan a Naomi y a sus padres. Durante el postre, Naomi cuenta que acaba de perder dinero en una mala inversión en acciones.

—Estoy muy frustrada —admite—. Era una empresa prometedora, pero se hundió por completo esta semana. Todo ese dinero se fue por el caño».

Sus padres y Aria murmuran palabras de consuelo. Ken estira los brazos por encima de la cabeza y suspira perezosamente.

—¿Qué te dije, Naomi? Por eso tienes que dejarles las inversiones a los hombres.

Naomi siente que se le ponen las mejillas rojas. «Ya está», piensa. Cierra los ojos un momento, respira hondo y se levanta de la silla.

—Gracias por la deliciosa cena —le dice a la mesa—, pero tengo que irme ya.

Cuando entra en la cocina con su plato, Ken le grita:

—¡Por Dios, Naomi! ¿De verdad vas a arruinar la noche por una broma?

Por un momento, Naomi se cuestiona a sí misma: «¿Estoy siendo demasiado sensible?», pero el fuego en su corazón dice lo contrario. No responde a la provocación de Ken. En su lugar, simplemente coloca su plato en el fregadero, toma su bolsa de la estantería y sale por la puerta principal.

Cuando Naomi llega a su coche, está temblando. Por un lado, se siente culpable por irse a la mitad de la cena y se pregunta si su familia estará enojada con ella. Por el otro, también se siente *fuerte:* no puede evitar comparar el poder que siente en este momento con la impotencia que siente cuando escucha en silencio los comentarios de Ken.

Al día siguiente, Aria llama a Naomi.

—Sé que no te gusta su sentido del humor —dice, frustrada—, pero ¿de verdad tenías que irte? Hizo que todos nos sintiéramos un poco incómodos.

—Aria —responde Naomi—, te quiero, pero sí, de verdad tenía que irme. Ya no me siento cómoda con esos comentarios.

Aria suspira. Naomi continúa:

—Sinceramente, de cara al futuro, creo que es mejor que tú y yo pasemos más tiempo juntas, cara a cara. Todavía puedo ir una vez al mes, más o menos, a cenar, pero ahora mismo, una vez a la semana me parece demasiado.

Aria se queda en silencio un momento.

—Lo pensaré —responde en voz baja—. Es una mierda sentir que a mi propia hermana no le cae bien mi esposo.

Naomi puede sentir la decepción de Aria. Sabe que Aria quiere que la tranquilice; que le confirme que, de hecho, le cae bien Ken. Hace todo lo que está en sus manos para no caer en el viejo hábito de ser deshonesta solo para crear armonía.

—Puedo entender la situación en la que te encuentras, Aria —dice Naomi—. Si Ken decide dejar de hacer comentarios sexistas, podemos hablar de volver a programar cenas semanales.

Cuelgan poco después y Aria acepta verse con Naomi la semana que viene para tomar un café. Cuando Naomi termina la llamada, siente esas dos sensaciones familiares: la culpa junto con la fuerza. Aria no está contenta, eso está claro, pero Naomi finalmente siente que no se está traicionando a sí misma solo para mantener la paz. Es suficiente para ayudarla a sentirse segura de seguir adelante con sus límites.

NAVEGAR POR LOS LÍMITES DE LA RESISTENCIA

Algunas personas serán por completo receptivas a nuestros límites; otras se sentirán decepcionadas o heridas por ellos, pero los respetarán con sus acciones; y a otras no les gustarán y harán todo lo posible para resistirse a ellos.

El rechazo hacia los límites puede manifestarse de varias formas: alguien nos dice por qué nuestro límite es malo o injusto; intenta iniciar un debate sobre nuestro límite; utiliza la ira y la hostilidad para hacernos cambiar de opinión; utiliza la culpa para hacernos cambiar de opinión (por ejemplo: «Si no vienes a casa para Navidad, arruinarás las vacaciones de todos»); o intenta manipularnos (por ejemplo: «Estás loco, ¡yo nunca hago eso de lo que me acusas!»).

Ante su resistencia, podríamos sentirnos tentados a retractarnos de nuestra postura para mantener la paz, pero debemos mantener el rumbo. En lugar de cambiar nuestra postura, es importante que limitemos nuestra participación cuando alguien se resiste a ella. Para hacerlo, podemos utilizar una de las siguientes estrategias.

Empatizar y mantenerse firme

Cuando empatizamos y nos mantenemos firmes, reconocemos la frustración, el dolor o la decepción del destinatario, al tiempo que mantenemos nuestro límite. Este enfoque funciona mejor con las personas en las que confiamos: personas que generalmente demuestran que tienen nuestros mejores intereses en mente.

Podríamos decir: «Entiendo que esto te decepcione. Realmente lo necesito para sentirme seguro/cómodo/equilibrado», o «Veo que estás molesto. Esto es importante para mí y me ayudará a sentirme más cómodo en nuestra relación», o «Sé que esto te duele. Me preocupo por ti y quiero que nuestra relación dure. Esto ayudará a que nuestra conexión sea más factible para mí a largo plazo».

La técnica del disco rayado

La técnica del disco rayado es una forma de comunicación asertiva acuñada originalmente por Manuel J. Smith. Cuando utilizamos esta técnica, repetimos el mismo mensaje una y otra vez nos vernos envueltos en un debate o discusión. Por ejemplo:

NAOMI: «No puedo ir a cenar todas las semanas».

ARIA: «Pero, Naomi, somos familia. ¿No crees que es un poco ridículo que te ofendas tanto por las bromas de Ken?».

NAOMI: «Esa puede ser tu opinión, pero no puedo ir a cenar todas las semanas».

ARIA: «¿No puedes o no quieres? Esto no parece ser algo de vida o muerte, ¿no?».

NAOMI: «No puedo ir a cenar todas las semanas».

Salir de la interacción

Salir de la interacción es una respuesta completamente razonable ante una negativa. Esto puede parecer una medida drástica, pero recuerda: nos han demostrado con sus acciones que no están dispuestos a respetar nuestros límites. En este punto, nuestra responsabilidad no es atender sus emociones, sino protegernos a nosotros mismos. Abandonar la situación puede significar salir físicamente de la habitación, colgar el teléfono o no responder a un mensaje de texto.

LA DURA VERDAD SOBRE LOS LÍMITES

Silvy Khoucasian, terapeuta y asesora de relaciones, lo expresa muy bien: «A veces, los límites de una persona son incompatibles con las necesidades de otra». Nuestros nuevos límites pueden poner de manifiesto un desajuste fundamental en las necesidades que hace que una relación sea insostenible. Nosotros podemos establecer límites con los demás y ellos pueden determinar si esos límites les convienen. Un amigo puede ofenderse tanto por nuestros límites que decida poner fin a la amistad. Un ser querido puede decirnos que estos nuevos parámetros no le convienen. Un miembro de la familia puede decir que prefiere romper todo contacto antes que lidiar con nosotros dentro de nuestros límites.

En estos casos, la única forma de mantener la relación sería volver a nuestras viejas costumbres de complacer a la gente. Al igual que Naomi, podemos sentir la tentación de hacer lo que sea necesario para mantener la paz, pero debemos recordar que las relaciones que solo se sostienen cuando nos descuidamos son perjudiciales para nosotros. Hemos pasado toda la vida siendo testigos del daño mental y físico que causan.

Tras años de silencio y pasividad, nuestros límites son la forma de empezar a confiar en nosotros mismos para protegernos. En esencia, son una declaración de respeto a uno mismo; hacen saber que ya no toleraremos el maltrato, el desequilibrio o el abandono. Cuanto más cómodos nos sentimos estableciendo límites, más reconocemos que no tenemos que existir en las relaciones únicamente en función de los demás. Nosotros también tenemos voz.

11

ESTABLECER LÍMITES EMOCIONALES

Mientras que los límites de los que hablamos en el capítulo anterior crean un espacio entre nosotros y el comportamiento de los demás, los límites emocionales crean una separación saludable entre nosotros y las emociones de los demás. Sin límites emocionales, los sentimientos de los demás inundan los nuestros como la tinta en un charco de agua. Nos vemos tan envueltos por el estrés, la ansiedad, la frustración y la tristeza de los demás que nos cuesta acceder a lo que *nosotros* sentimos y necesitamos.

Las personas complacientes tenemos límites emocionales poco desarrollados porque muchos de nosotros aprendimos a manejar los sentimientos de los demás como una forma de mantenernos a salvo en la infancia. Como adultos, cuando carecemos de límites emocionales, nos sentimos responsables de resolver los problemas de los demás; ofrecemos consejos no solicitados; entramos en conflictos que no nos involucran; luchamos por aceptar el desacuerdo; y hacemos lo que sea necesario para calmar la ira, la frustración y la ansiedad de los demás. Con el tiempo, este autoabandono emocional da lugar a que no seamos capaces de identificar lo que sentimos y necesitamos; a que alteremos nuestras acciones para complacer a los demás de formas que nos perjudican; y a que sintamos que nuestra vida no nos pertenece realmente.

Cuando reforzamos nuestros límites emocionales, ganamos estabilidad, independencia y autonomía. Nos volvemos capaces de sentir compasión por el malestar de los demás sin sentirnos responsables de solucionarlo. Libres de esta carga de responsabilidad indebida, finalmente tenemos el espacio para priorizarnos a nosotros mismos.

Para la persona complaciente en recuperación a la que le enseñaron que los sentimientos de los demás eran su responsabilidad, los límites emocionales son algunos de los límites más liberadores de todos. En este capítulo aprenderemos a liberarnos de la sensación de responsabilidad por las emociones de los demás; a distinguir entre sentir compasión por las emociones de alguien y sentirnos responsables de ellas; y a explorar los cuatro pasos para establecer límites emocionales saludables en nuestras relaciones con amigos, parejas, familiares y seres queridos.

LA HISTORIA DE AMY

Sophia tiene dos hijos adultos: Amy, de 25 años, y Noah, de 30. Amy es cariñosa y extrovertida, y ella y su madre siempre han estado unidas. Noah es más temperamental y retraído, y su relación con Sophia es cariñosa, pero tensa.

Noah se mudó al otro lado del país cuando fue a la universidad, pero Amy fue a una universidad local para estar cerca de su familia. Ahora visita a sus padres para cenar al menos una vez a la semana, y ella y Sophia hablan por teléfono casi todos los días.

Desde que Amy era niña, muchas de sus conversaciones con su madre giraban en torno a las frustraciones de Sophia con Noah. Dependiendo del día, Sophia se enojaba por su actitud irrespetuosa, anhelaba una conexión más profunda con él, o desaprobaba su nuevo trabajo o novia. Durante años, Amy escuchó con compasión las quejas de Sophia y le ofreció consejo cuando pudo. Se sentía agradecida de ser compañera de equipo y confidente de su madre en estas conversaciones secretas.

Sin embargo, a medida que ha ido creciendo, Amy ha empezado a sentirse abrumada por las frustraciones de su madre. Cuando Sophia se queja de Noah, Amy siente la infelicidad de su madre envolviéndola como un vicio. A pesar de los numerosos consejos de

Amy, Sophia nunca cambia su comportamiento ni aborda sus quejas directamente con Noah. Para Amy, sus conversaciones empiezan a parecerle exasperantes y sin sentido; desearía que su relación con su madre se centrara más en *ellas dos* y menos en Noah. A medida que aumenta esta sensación de resentimiento, Amy se da cuenta de que necesita algunos límites emocionales; ya no se siente cómoda con su antiguo papel de consultora.

CONTANDO UNA NUEVA HISTORIA DE RESPONSABILIDAD

Como personas complacientes, hemos pasado nuestra vida acomodando, priorizando, atendiendo y andando de puntillas alrededor de las emociones de los demás. En el fondo, muchos de nosotros creemos que somos responsables de hacer que todos en nuestra vida se sientan bien; no nos sentimos seguros si los demás están incómodos; creemos que manejar las emociones de los demás nos hace merecedores de su afecto; incluso pensamos que no seremos dignos de amor si nos enfocamos en nuestros propios sentimientos.

Quizá nosotros, como Amy, pasamos nuestra infancia siendo confidentes, terapeutas o consultores de cuidadores que dependían demasiado de nosotros para obtener apoyo emocional. Esta relación paternalista puede habernos dejado la falsa impresión de que teníamos que cuidar de las emociones de los demás a expensas de las nuestras. Quizá nuestros cuidadores luchaban contra la adicción, problemas de salud mental u otras dificultades y, para aliviar su sufrimiento, nos pusimos una máscara permanente de alegría, creyendo que era nuestra responsabilidad alegrar el estado de ánimo de los demás. O tal vez nuestros cuidadores tenían una desregulación emocional y eran incapaces de manejar eficazmente su estrés, tristeza, ansiedad o ira. Lindsay Gibson, en su libro *Hijos adultos de padres emocionalmente inmaduros,* describe cómo el hecho de criarse en tales entornos da lugar a unos límites emocionales poco desarrollados:

Los padres emocionales se dejan llevar por sus sentimientos, oscilan entre la implicación excesiva y el distanciamiento abrupto. Son propensos a una inestabilidad y una imprevisibilidad aterradoras. Abrumados por la ansiedad, dependen de los demás para estabilizarse.

No hace falta mucho para que se enojen, por lo que todos en la familia se apresuran a calmarlos. Muchos de los hijos de estos padres aprenden a someterse a los deseos de otras personas. Debido a que crecieron anticipando el tormentoso clima emocional de sus padres, pueden ser demasiado atentos a los sentimientos y estados de ánimo de otras personas, a menudo en su detrimento.

A través de experiencias como esta, es posible que hayamos aprendido que la única forma de lograr seguridad era ser un extintor de incendios para las rachas de ira, ansiedad o estrés de nuestros cuidadores.

A medida que rompemos el patrón de complacer a la gente, debemos reconocer que nuestros cuidadores se equivocaron al hacernos responsables de gestionar sus emociones. Básicamente, los niños no son responsables de saber cómo hacer que sus volubles cuidadores estén menos enojados o los deprimidos, más alegres. Las presiones que nos impusieron —de forma intencional o no— para que los cuidáramos emocionalmente, disipáramos sus sentimientos difíciles o creáramos armonía en el hogar no fueron justas, realistas ni apropiadas para nuestra edad.

Reconocer que nuestro sentido de la responsabilidad se deriva de expectativas inapropiadas en el pasado nos ayuda a reorientar ese sentido de la responsabilidad en el presente. Como adultos, cada uno de nosotros es responsable de regular sus emociones. Aunque podemos (¡y debemos!) ofrecer a los demás apoyo, compasión y amabilidad cuando tenemos la capacidad, no somos los gestores de emociones ajenas, pues estas son fundamentalmente su responsabilidad, así como nosotros también lo somos de las nuestras.

Amy se toma un tiempo para reflexionar sobre sus antiguas creencias y se sorprende al notar una oleada de ira desconocida hacia su madre. Piensa en todas las llamadas telefónicas, cenas y viajes en coche que pasó resolviendo los problemas de Sophia y Noah. Amy se imagina de niña, con coletas, tenis y todo, escuchando con atención las muchas preocupaciones adultas de su madre. Piensa en todas las horas que pasó atendiendo las emociones de su madre que ella podría, *debería,* haber atendido por sí misma.

Para Amy, esta ira se siente casi sacrílega, como si estuviera traicionando a su mamá al estar molesta con ella. Sin embargo, la ira de Amy es una señal importante de separación emocional: de que está empezando a aceptar que la relación con su madre no ha satisfecho sus necesidades.

Amy piensa: «Me he pasado la vida creyendo que la relación de mi madre con Noah era responsabilidad mía; que yo sola podía arreglar su conexión; y que hablar conmigo era la única forma en que mi madre podía obtener apoyo en este asunto. Ahora estoy trabajando en confiar en que el manejo de la relación de mi madre con Noah es su responsabilidad; que ella y Noah son los únicos que pueden reparar su relación; y que ella tiene opciones más apropiadas para obtener apoyo, como hablar con mi padre o ver a un terapeuta».

Amy se da cuenta de lo extrañas y desconocidas que le resultan estas nuevas creencias. Intelectualmente reconoce su exactitud, pero su corazón sigue sintiéndose responsable de las emociones de su mamá. «Como madre, debe de ser difícil tener una relación tan difícil con su hijo», piensa Amy. «Todavía quiero mostrarle cariño y compasión».

Para Amy, como para muchos de nosotros, establecer límites emocionales requerirá que distinga entre tener compasión por las emociones de su madre y asumir la responsabilidad de ellas.

COMPASIÓN VS. RESPONSABILIDAD

No preocuparse por las emociones de los demás no es el objetivo de los límites emocionales. Es completamente saludable tener compasión por los sentimientos de los demás: sentir un poco de tristeza cuando un ser querido se siente triste o preocuparse por sus dificultades. De hecho, el éxito de las relaciones íntimas depende de este tipo de empatía. Sin embargo, los problemas surgen cuando asumimos la responsabilidad de las emociones de los demás. Entonces, estas comienzan a dominar nuestra vida; nuestra capacidad para comprender lo que sentimos y necesitamos se nubla; nos sentimos obligados a dar un apoyo que viola nuestros propios límites; y terminamos incapaces de participar en nuestras relaciones como personas independientes.

Por otro lado, cuando mostramos *compasión* a los demás, estamos genuinamente interesados en su bienestar. Podemos escuchar con empatía sus dificultades, ofrecerles amabilidad y darles apoyo *dentro de nuestros propios límites y limitaciones*. Estamos felices de ayudar, pero también reconocemos que, en última instancia, ellos, y no nosotros, son los verdaderos capitanes de su experiencia emocional.

Cuando desarrollamos límites emocionales saludables basados en la compasión, en lugar de la responsabilidad, somos capaces de ofrecer amabilidad, amor y apoyo sin sentirnos responsables de cambiar los estados emocionales de los demás; ser testigos de las emociones de los demás sin dejar que se conviertan en las nuestras; establecer límites sobre cuánto apoyo podemos ofrecer durante un momento difícil; tolerar las diferencias emocionales en nuestras relaciones (por ejemplo, mantener la calma incluso cuando nuestra pareja está ansiosa); y tener en cuenta las emociones de los demás sin dejar que se conviertan en el único factor que guíe nuestras decisiones.

Amy se da cuenta de que, en el pasado, sin importar cómo le fuera en el día o cómo se sintiera, siempre anteponía las emociones de su madre. Las emociones de Sophia se convertían en las emociones de Amy. En retrospectiva, Amy puede ver cómo estas tendencias eran más que solo tener compasión por su madre; eran asumir la responsabilidad por ella. A partir de ahora, Amy se promete a sí misma que establecerá límites que separen sus emociones de las de Sophia.

CUATRO PASOS PARA ESTABLECER LÍMITES EMOCIONALES

Establecer límites emocionales requiere que reconozcamos la necesidad de responsabilizarnos de las emociones de los demás; que trabajemos en un sentido de separación emocional; que cambiemos nuestras acciones por un límite; y que recordemos los beneficios a largo plazo.

PASO 1: RECONOCE LA NECESIDAD DE RESPONSABILIZARTE

El primer paso para establecer cualquier límite es tomar conciencia. Al principio, puede resultarnos difícil reconocer nuestra necesidad de responsabilizarnos por las emociones de los demás porque domina muchas de nuestras interacciones. Es el agua en la que nadamos y, por lo tanto, es invisible para nosotros.

Los siguientes comportamientos son señales útiles para delinear lo mucho que necesitamos de un límite emocional.

Intentamos solucionar los problemas de los demás

Al igual que Amy, ¿con frecuencias eres el que intenta resolver los conflictos entre miembros de tu familia?, ¿eres el primero en intentar suavizar las cosas cuando personas en tu grupo de amigos están peleadas? Cuando alguien se te acerca con un problema personal, ¿sientes que tu consejo es lo único que puede salvarlo de su angustia?

Detrás de nuestros intentos por resolver los conflictos de los demás se esconden nuestras creencias ocultas sobre su capacidad para gestionar sus problemas y soportar sus emociones. Quizá nos involucramos porque no creemos que puedan manejarlo por sí mismos; quizá creemos que tenemos la mejor solución.

Muchos de nosotros adoptamos este papel de solucionador porque nos sentimos fundamentalmente incómodos al presenciar la incomodidad de los demás. Sí, queremos ayudar, pero también queremos hacerlo porque *se siente como si fuera la nuestra*: se ha filtrado en nuestra burbuja emocional. Haremos todo lo posible para eliminar esa incomodidad, incluso si eso significa pisar los pies de los demás en el proceso.

Cambiamos nuestro comportamiento en respuesta a un sentimiento de culpa, incluso cuando no hicimos nada malo

En lugar de tomar decisiones informadas que prioricen nuestras necesidades, y nuestros deseos y valores, podemos sucumbir a los sentimientos de culpa y hacer lo que otros quieren que hagamos simplemente porque su incomodidad es palpable e incómoda para nosotros.

Por primera vez en seis meses, Margot, madre soltera, planea salir por la noche con sus amigas. Ha estado muy ocupada en el trabajo, y necesita con urgencia una noche para relajarse y disfrutar de la compañía de sus amigas.

La noche que tiene programada salir, su novio, Bruce, le pregunta si le gustaría ir a su casa. Cuando ella le explica que tiene planes con sus amigas, Bruce se decepciona.

—Has estado tan ocupada en el trabajo que solo he podido verte una vez a la semana —se queja—. Vamos, ¿no puedes ver a tus amigas en otro momento?

Margot sabe lo mucho que necesita esta rara noche de fiesta, pero se siente tan incómoda con la decepción de Bruce que se plantea cambiar sus planes. Esta es una clara señal de que Margot necesita un límite emocional.

Nos cuesta aceptar que no estamos de acuerdo

Sin límites emocionales, nos cuesta discernir dónde terminamos nosotros y dónde empiezan los demás. A pesar de estar en una relación de dos personas, podemos vernos a nosotros mismos como una unidad fundamental. Esto puede resultar agradable cuando las cosas son armoniosas, pero puede llegar a ser profundamente incómodo cuando no compartimos los mismos sentimientos o creencias. Debido a que nos vemos como una entidad, podemos sentir la necesidad profunda, incluso frenética, de llegar a un acuerdo sobre cuestiones grandes y pequeñas, a menudo sacrificando nuestros propios sentimientos y opiniones en el proceso.

Clay y Halley llevan saliendo seis meses cuando Clay invita a Halley a la fiesta anual de Navidad de su empresa. Se visten de gala y pasan una agradable velada disfrutando de la comida y la bebida con los compañeros de trabajo de Clay. En el camino de vuelta a casa, se toman de la mano y repasan algunos de sus momentos favoritos. Clay le pregunta a Halley qué le parecieron sus compañeros de equipo. Halley habla favorablemente de casi todos los que conoció, pero admite que su compañero Rick le resultó un poco molesto.

Clay se sorprende; no comparte la opinión de Halley. Cuando le pregunta por qué se siente así, ella le da algunas razones que a Clay no le parecen satisfactorias.

—No estoy de acuerdo —replica Clay—. No es molesto.

Halley se encoge de hombros.

—Está bien, no quería ofenderte —responde—. Es solo mi opinión. Olvidémoslo.

Clay siente la tentación de continuar discutiendo. Está locamente enamorado de Halley y están de acuerdo en casi todo; no le gusta el hecho de que no compartan la misma opinión sobre Rick. Sin embargo, este desacuerdo es, en realidad, poco significativo; Clay y Halley no tienen que sentir lo mismo por cada persona e idea. La dificultad de Clay para estar de acuerdo en estar en desacuerdo es una señal de que necesita un límite emocional más firme.

Gastamos demasiada energía buscando la aprobación de nuestras decisiones

Cuando somos muy reactivos a las emociones de los demás, nuestro propio entusiasmo, pasión o intuición nunca nos parecen suficientes; también necesitamos la aprobación de los demás. Al tomar decisiones, podemos sentir la necesidad de llamar a todos los amigos cercanos de nuestra lista de contactos para pedirles consejo. La más mínima duda, desaprobación o desacuerdo de un ser querido nos detiene en seco y nos hace cuestionar todo lo que creíamos que queríamos. La búsqueda crónica de aprobación es una señal de que estamos desconectados de nuestro propio centro emocional y necesitamos una sensación más firme de separación.

Hacemos lo que sea necesario para aliviar la tristeza, la frustración o la ansiedad de los demás, incluso si esas acciones no están alineadas con nuestros valores

Cuando carecemos de límites emocionales, sentimos la necesidad de disipar todas las molestias que nos rodean, incluso si eso significa actuar en contra de nuestros propios intereses. Esto puede parecer como decir que sí a una segunda cita con alguien que no nos interesa porque no queremos herir sus sentimientos; reírse de un chiste ofensivo para suavizar la tensión que crea; ayudar con un proyecto para el que no tenemos tiempo; dar dinero a una persona o causa por un sentimiento de culpa u obligación, en lugar de un deseo genuino; aceptar intimidad sexual no deseada porque no queremos que se sientan rechazados (más sobre esto en el capítulo 19); o suprimir un límite importante porque alguien más está triste por ello.

PASO 2: RECUERDA LA SEPARACIÓN EMOCIONAL

Una cita popular atribuida al psiquiatra Viktor Frankl dice: «Entre el estímulo y la respuesta hay un espacio. En ese espacio está nuestro poder de elegir nuestra respuesta». Una vez que nos damos cuenta de que sentimos la necesidad de responsabilizarnos de las emociones de los otros, podemos insertar un espacio entre este reconocimiento y nuestras viejas acciones habituales. Durante esta pausa, podemos recordar nuestra individualidad y acordarnos de que, como adultos, cada uno de nosotros es responsable de sentir y gestionar sus emociones.

Es útil recordar que nuestros límites son como una burbuja protectora que mantiene nuestras emociones dentro y las de los demás, en la periferia. Tomarnos un momento para visualizar esta burbuja nos ayuda a internalizar nuestra separación emocional de una manera concreta. Puede parecer una tontería imaginar una burbuja que te rodea en medio de una acalorada discusión, ¡pero funciona! Se ha demostrado que las metáforas visuales nos ayudan a comprender nuestros problemas e imaginar nuevas soluciones; además, podemos acceder a ellas fácilmente en momentos de necesidad.

Nuestra burbuja de límites puede adoptar varias formas. Piensa en la imagen que más te transmita seguridad. ¿Prefieres la imagen de una burbuja translúcida en la que te sientas seguro? ¿Un campo de fuerza brillante que rodea todo tu cuerpo de la cabeza a los pies? ¿Un sólido castillo rodeado por un foso protector? ¿Un círculo grueso dibujado en el suelo a tu alrededor?

Puede resultarnos útil acompañar nuestra visualización con un mantra sencillo, como «Somos dos personas distintas», «Estoy en paz dentro de mi burbuja», «Eso no me pertenece», «Sus emociones no pueden penetrar en mi burbuja» o «Solo mi burbuja es mi responsabilidad».

También podemos visualizar nuestra burbuja de forma proactiva para fortalecernos antes de entrar en situaciones que sabemos que estarán cargadas de emociones. Podemos hacer una visualización antes de ir a casa para las vacaciones, donde tendemos a asumir el estrés de nuestros padres; tomar un café con un amigo que siempre tiene algún tipo de emergencia emocional; abordar una queja con nuestra pareja; o entrar en reuniones difíciles en el lugar de trabajo.

La próxima vez que Sophia llame a Amy para quejarse de Noah, Amy hará una pausa e imaginará una burbuja brillante a su alrededor. Esta burbuja es el espacio de Amy, y solo suyo; en ella, está en paz. Puede oír las palabras de su madre, pero no traspasan su burbuja; imagina que, como gotas de lluvia sobre un tejado, caen sobre su burbuja y resbalan poco a poco. Esta visualización la ayuda a recordar que debe mantenerse centrada en sí misma ante el malestar de su madre.

Tomarnos un tiempo de descanso también puede ayudarnos a recordar nuestra separación emocional. Si nos encontramos en una interacción desafiante que desencadena nuestro sentimiento de responsabilidad, debemos hacer una pausa y alejarnos, si es posible.

Podemos tomarnos diez minutos para dejar la interacción, encontrar un espacio tranquilo a solas, respirar profundamente varias veces y prestar atención a las sensaciones que recorren nuestro cuerpo. Esta breve pausa de las emociones de los demás nos permite reconectar con nosotros mismos y estar presentes en nuestra realidad emocional.

PASO 3. CAMBIAR LAS ACCIONES POR LÍMITES

Una vez que hemos creado un espacio emocional, es hora de responder a la situación que tenemos ante nosotros. En el pasado, habríamos ofrecido consejos no solicitados, intentado resolver los problemas de los demás, involucrarnos en los conflictos ajenos o hacer lo que fuera posible para calmar la ira, la frustración, la ansiedad o la culpa de los otros. Ahora nos comprometemos a responder de nuevas maneras. Estas suelen adoptar la forma de un límite interno o externo. Si *solo nosotros* esperamos responsabilizarnos de las emociones de los demás, un límite interno es todo lo que necesitamos. Sin embargo, *si los demás esperan* que gestionemos, resolvamos o arreglemos sus emociones por ellos, tendremos que establecer un límite con ellos también.

Establecer un límite interno

Básicamente, los límites emocionales son límites internos: nos prometemos a *nosotros mismos* que ya no intentaremos arreglar, resolver o gestionar los sentimientos de los demás. Los límites emocionales internos tienen este aspecto:

Deborah

Deborah y su hija, Pema, son muy unidas. Pema está en la universidad en su primer año y, cuando llama a Deborah y le cuenta los problemas a los que se enfrenta, como decidir a qué equipo deportivo unirse y lidiar con la carga de trabajo, Deborah se pone de inmediato en modo de resolución de problemas. Pema le dice a su madre que esto le resulta frustrante; le gustaría que solo se compadeciera y escuchara en lugar de ofrecer soluciones de inmediato. En este caso, Deborah necesita un *límite interno* porque es la única que espera asumir la responsabilidad de los problemas de Pema. Debe resistir el impulso de resolver problemas.

El límite interno de Deborah podría ser: «No proporcionaré soluciones no solicitadas a los problemas de Pema. Simplemente escucharé y empatizaré. Si Pema me pide consejo, se lo ofreceré».

Sienna

Sienna, una estudiante universitaria, lleva seis meses saliendo con su novio Brad. Sienna se está preparando para irse un semestre a Francia y aunque Brad la ha apoyado mucho, está triste porque estarán separados durante mucho tiempo. Ser testigo de su tristeza ha sido un reto para ella, tan difícil que ha considerado cancelar su viaje.

Sienna necesita un *límite interno* porque, al igual que Deborah, es la única que espera «resolver» el malestar de Brad. Quiere mejorar en la priorización de sus metas y sueños, incluso cuando no están perfectamente alineados con los de quienes la rodean.

El límite interno de Sienna podría ser: «Perseguiré mis sueños, aunque sé que Brad me extrañará» o «Me mantendré centrada en mi ilusión por este semestre en el extranjero».

ANTES Y DESPUÉS

Cuando establecemos un límite interno, estamos cambiando nuestras expectativas y comportamiento. En la práctica, esto podría verse así:

ANTES DE UN LÍMITE INTERNO	DESPUÉS DE UN LÍMITE INTERNO
Proporcionar soluciones al problema de un ser querido.	Escuchar con compasión mientras comparten su problema y afirmar su capacidad para manejarlo.

Reírte de un chiste ofensivo para que el que lo contó se sienta cómodo.	Dejar que el chiste caiga en el silencio.
Cambiar tu comportamiento porque te hicieron sentir culpable.	Mantener el rumbo y afirmar tus propias decisiones internamente.
Darle vueltas al tema para que alguien entienda tu punto de vista.	Dejar que una conversación termine, tener confianza en tu propia opinión y aceptar estar en desacuerdo.

Establecer un límite con los demás

Cuando los demás esperan que gestionemos, resolvamos o arreglemos sus emociones por ellos, podemos establecer un límite externo, advirtiéndoles que ya no estamos dispuestos a desempeñar ese papel. Un límite externo también puede ser útil si estamos evitando ofrecer alguna clase de apoyo que solíamos dar.

Ben, el novio de Chloe desde hace mucho tiempo, suele volver del trabajo estresado porque no se lleva bien con su jefe. Todas las noches, durante la cena, Ben le pide a Chloe que le ayude a procesar sus conversaciones.

—¿Cómo debería manejar esto? —le pregunta—. ¿Qué debería decir?

Durante un tiempo, Chloe estuvo encantada de ayudar, pero estas sesiones se han vuelto tan frecuentes que se siente frustrada y resentida. Ya no está dispuesta a participar en esta resolución diaria de problemas. Como límite externo, podría decirle a Ben:

—Siento que la estés pasando tan mal en el trabajo. Quiero apoyarte, pero estas conversaciones diarias sobre tu jefe son abrumadoras para mí. Estoy feliz de hablar de ello contigo una vez a la semana, pero no todos los días.

O podría decir:

—Ben, siento mucho que estés experimentando esto en el trabajo. No puedo darte ninguna solución, pero estoy feliz de escuchar.

Helga

Helga, de 40 años, se reúne regularmente con sus padres para cenar en el centro. El padre de Helga, Gene, es cascarrabias y malhumorado. No importa el restaurante que elijan, Gene encuentra algo de lo que quejarse en voz alta. Helga y su madre, Elly, se sienten responsables de la mala educación de Gene y se disculpan con el personal del restaurante en su nombre.

Últimamente, Helga ha estado trabajando en establecer límites emocionales. El comportamiento de su padre le resulta vergonzoso y ya no está dispuesta a hacer de pacificadora. La siguiente vez que ocurre, se da cuenta de su incomodidad (imagina su burbuja de límites) y establece un límite externo:

—Papá, me siento avergonzada cuando criticas a los meseros. Me parece grosero y hace que nuestras cenas sean tensas. No estoy dispuesta a sentarme aquí contigo si continúa.

Si Gene no se detiene, Helga puede irse del restaurante y volver a casa, o dejar de participar en las cenas familiares por completo.

Misma situación, diferentes límites

Algunas situaciones pueden resolverse con límites internos o externos; la elección es nuestra. En estos casos, podemos decidir si *1)* encontramos el comportamiento de la otra persona tan angustiante que necesitamos apartarnos de él o *2)* nos sentimos capaces de crear suficiente distancia *emocional* de su comportamiento para que estar cerca de él no nos afecte demasiado.

Estos ejemplos muestran cómo se pueden aplicar límites internos y externos a la misma situación:

Autumn

Autumn y su esposo, Jeff, son padres de Colin, de 29 años. Colin consume drogas de forma intermitente desde hace cinco años y eso ha supuesto una enorme tensión para la familia. Una noche, Autumn y Jeff descubren a Colin robando dinero de su recámara. Están desesperados y le dan a elegir: o presentan cargos o pagan para que entre en un centro de rehabilitación durante seis semanas para tratar su adicción.

Colin lleva dos semanas en rehabilitación. Llama a Autumn a diario para ofrecerle disculpas desesperadas, quejarse de sus compañeros y suplicarle que lo lleve a casa. A Autumn le molesta escuchar su angustia, pero está convencida de que necesita quedarse en rehabilitación.

Para Autumn, unos *límites emocionales débiles* se traducirían en sacar a Colin del centro de rehabilitación porque su incomodidad la hace sentir muy incómoda. En cambio, podría establecer un límite interno escuchando las quejas de Colin con compasión, recordarle su amor, mantener sus límites, negarse a sacarlo y tranquilizarse después de cada llamada. También podría establecer un *límite externo* diciéndole a Colin que tiene que colgar el teléfono porque estas súplicas diarias le resultan demasiado angustiosas.

En ambos casos, Autumn mantiene sus límites al negarse a sacar a Colin de rehabilitación. Con un límite interno, se mantiene en la interacción, pero crea una distancia emocional interna; con un límite externo, abandona la interacción para crear distancia emocional.

Cleo

Cleo, de 24 años, se mudó de su ciudad natal en Kansas para comenzar una nueva carrera en la ciudad de Nueva York. Ella y su madre, Cindy, son muy cercanas, y Cindy quedó devastada cuando Cleo se mudó. Hablan por teléfono a diario, pero Cindy nunca termina una llamada sin intentar hacer sentir culpable a Cleo para que regrese a casa.

Para Cleo, unos *límites emocionales débiles* se traducirían en disculparse por mudarse y programar un viaje inmediato a casa, aunque no sea conveniente. En su lugar, podría establecer un *límite interno* acordando con Cindy que la distancia es difícil, recordándole a su madre la importancia de su mudanza, y cambiando de tema cuando surjan sentimientos de culpa. Alternativamente, podría establecer un *límite externo* diciendo:

—Mamá, esta mudanza ha sido una transición difícil para ambas. Tus ataques de culpa hacen que esta difícil decisión sea aún más difícil para mí. No podré hablar tan a menudo si así es como terminan todas las llamadas contigo.

De nuevo, en ambos escenarios de límites, Cleo mantiene sus límites al no apresurarse a arreglar las emociones de su madre. Con su límite interno, se queda en la llamada, pero no participa en los aspectos que le resultan frustrantes; con un límite externo, le dice a su madre que hablará con ella con menos frecuencia si continúan los ataques de culpa.

DE VUELTA A AMY

Una mañana, Sophia llama a Amy con noticias. Sophia había estado planeando un viaje para visitar a Noah, pero el día anterior él llamó para cancelar; al parecer, había surgido un plazo de entrega en el trabajo. No es la primera vez que cancela una visita en el último minuto y Sophia está devastada. Se desahoga con Amy sobre su decepción de que Noah no parezca querer una relación cercana con ella.

Mientras Amy escucha las frustraciones de su madre, siente la tentación de ofrecerle consejo e involucrarse en el conflicto, pero entonces recuerda que se trata de una señal de límite emocional. Se toma un momento para recordar su burbuja de límites, que brilla y la protege. Entonces, Amy le dice suavemente a su madre:

—Siento que haya cancelado el viaje, es muy frustrante. Eso me recuerda algo de lo que quería hablar contigo.

—Oh, ok, cariño —dice Sophia—. ¿Qué pasa?

Amy respira hondo, reconociendo el miedo que siente en la boca del estómago. Valientemente, continúa:

—Ok. Me resulta un poco difícil decir esto —comienza, con voz temblorosa—, pero me estoy dando cuenta de que me cuesta escuchar tus frustraciones con Noah. Me hace sentir como si me pusieran en medio de dos personas que realmente me importan. Te quiero, mamá, y deseo ayudarte, pero creo que es mejor que tú y yo hablemos de otras cosas.

Amy se da cuenta de que le tiemblan las manos cuando termina de hablar. El corazón le late con fuerza en los oídos. Al otro lado de la línea hay silencio durante más tiempo del que le gustaría.

—¿Mamá? —pregunta finalmente Amy—. ¿Sigues ahí?

—Lo siento, cariño —responde Sophia. Su voz suena lejana—. Yo… No me percaté de que te estaba poniendo en medio de esa manera. Siempre has sido de gran ayuda durante nuestras conversaciones. No me di cuenta de que te estaba haciendo daño.

A Amy le duele el corazón por la respuesta de su madre. Lo último que quiere es que Sophia sienta aún *más* dolor, además del que ya siente por Noah, pero Amy se resiste a la tentación de apresurarse y asumir la responsabilidad de las emociones de su madre.

En cambio, Amy responde suavemente:

—Lo entiendo, mamá. Creo que yo tampoco me había dado cuenta hasta hace poco. Sé que no fue tu intención.

Amy nota que su madre está nerviosa, pero hace todo lo posible por no demostrarlo. Terminan la llamada poco después, despidiéndose con el habitual «te quiero», y Amy siente una mezcla de pesadez y culpa. Le aterra haber herido a su madre. Amy necesita toda su fuerza para no volver a llamar a Sophia, recuperar su límite y estar disponible para lo que su madre necesite.

PASO 4: RECUERDA LOS BENEFICIOS A LARGO PLAZO

Como muestra la historia de Amy, los límites emocionales, especialmente aquellos que rompen viejos patrones de exceso de generosidad, pueden ser difíciles de establecer. Después, podemos preocuparnos de haber herido a nuestros seres queridos y sentirnos abrumados por la culpa. En esos momentos, podemos mantener el rumbo recordando cómo estos límites emocionales nos beneficiarán a nosotros mismos, a los demás y a nuestras relaciones en general a largo plazo.

Podemos reflexionar: «¿Qué perdí al asumir la responsabilidad de sus emociones en el pasado (emocional, mental, financiera, energéticamente)? ¿Cómo descuido mi responsabilidad conmigo mismo al sentirme demasiado responsable de sus emociones? Si no asumiera sus emociones, ¿cómo podrían crecer o desarrollar más independencia? ¿Cuáles podrían ser los resultados positivos, a corto o largo plazo, si no asumo la responsabilidad de sus emociones? ¿Y cómo podría beneficiarse nuestra relación de estos límites emocionales con el tiempo?».

Después de la difícil llamada de Amy con su madre, reflexiona sobre estas preguntas y llega a algunas conclusiones tranquilizadoras.

En primer lugar, se da cuenta de que sus nuevos límites podrían animar a Sophia a encontrar mejores y más adecuadas formas de gestionar sus frustraciones. Tal vez Sophia hable más con su esposo; quizá aborde sus frustraciones directamente con Noah. La ausencia de Amy podría, de hecho, ser el incentivo que Sophia necesitaba para crecer.

Amy también espera que, a largo plazo, este límite beneficie en última instancia el vínculo con su madre. Al eliminar a Noah de sus conversaciones diarias, Amy imagina que podrían tener cosas más agradables de las que hablar. A Amy le encantaría contarle más a Sophia sobre su trabajo y sus amigos, y le encantaría saber más sobre las muchas pasiones y proyectos de Sophia. Estas conversaciones crearían una intimidad basada no en quejas, sino en intereses y curiosidad mutuos. Amy escribe estas reflexiones en su diario y las revisa cuando necesita reforzar su confianza en su límite emocional.

Durante las siguientes semanas, Amy y Sophia continúan con sus llamadas y visitas habituales. Durante un tiempo, la situación resulta incómoda. Amy puede ver que su madre está haciendo todo lo posible por respetar su límite, e incluso Amy tiene que resistir la tentación de preguntar cómo van las cosas con Noah. A veces, sus conversaciones caen en pausas desconocidas; ahora que Noah no está en la conversación, Amy y su madre no saben de qué hablar. Consciente del elefante en la habitación, Amy llena suavemente el silencio compartiendo historias sobre sus amigos y preguntando a Sophia sobre sus proyectos.

Llamada a llamada, visita a visita, las dos construyen una nueva forma de interactuar entre sí a lo largo de los meses. Poco a poco, la incomodidad se desvanece de sus conversaciones. Amy se da cuenta de cómo, gracias a sus nuevos límites, el resentimiento y la frustración que había ido acumulando han desaparecido.

Siguen siendo madre e hija; siguen teniendo conflictos, desacuerdos y peleas; pero Amy ya no siente la carga de la responsabilidad que sentía antes. En su ausencia, se siente capaz de conectar con su madre de una manera más auténtica y agradable. Amy sigue esperando que la relación de su madre con Noah mejore, pero, en última instancia, sabe que, de cualquier manera, está fuera de su control.

ES UN PROCESO

Recuerda que los límites emocionales son un proceso, no un destino. Con tiempo, dedicación, y ensayo y error, nuestra burbuja de límites emocionales se vuelve firme y clara: una fuerza protectora que nos mantiene a salvo. Con el tiempo, ya no nos coartan los sentimientos de culpa de los demás ni nos desestabilizan sus conflictos. Por fin, podemos proporcionar el cuidado y la atención que nuestras emociones han necesitado todo el tiempo.

12

LO QUE PODEMOS Y NO PODEMOS CONTROLAR

Las personas complacientes tienden a experimentar el control de una manera contradictoria. Como señalé en el capítulo anterior, gastamos demasiada energía tratando de controlar las acciones y emociones de los demás y muy *poca* energía asumiendo la responsabilidad de nuestras necesidades y nuestros límites. En este capítulo examinaremos la relación inversa de los complacientes con el control; diferenciaremos entre influir en los demás y controlarlos; exploraremos cómo recuperar nuestro poder enfocando nuestra atención hacia adentro; y discutiremos cómo aceptar la dura, pero liberadora verdad de que, en última instancia, no podemos controlar a otras personas.

LA HISTORIA DE JARED

Durante el *brunch* un domingo por la mañana, William, la pareja de Jared desde hace tres años, dice que no es feliz en su relación, y que no lo ha sido desde hace tiempo. El reloj se detiene para Jared. El sonido de los cubiertos tintineando parece a kilómetros de distancia mientras su corazón se acelera en su pecho.

—Ok —dice Jared lentamente—. Hablemos de cómo podemos solucionarlo. Ya lo he mencionado antes, pero creo que la terapia de pareja podría sernos útil.

—No quiero terapia de pareja y no quiero trabajar en ello.

William responde encogiéndose de hombros. Últimamente, la apatía es la respuesta de William cada vez que hablan de su relación. A lo largo de sus tres años juntos han tenido innumerables discusiones que duran desde la medianoche hasta el amanecer. William solía involucrarse en estos conflictos y buscar soluciones, pero durante el último año se ha ido distanciando de una manera dolorosa. Mientras tanto, Jared se ha volcado por completo a la relación, intentando con todas sus fuerzas romper el muro de silencio de William y urgirlo a que se interese.

Jared se da cuenta de que tiene una opción. Por fin puede tomarse las palabras de William al pie de la letra y aceptar su falta de voluntad para encontrar un camino a seguir, o puede seguir intentando arreglar su relación rota por sí solo. El miedo de Jared a la pérdida es tan fuerte que elige lo segundo. A partir de esa noche, se queda dormido con una pila de libros sobre relaciones en el buró. Le compra a William lujosos regalos y lo invita a cenas elegantes. En terapia, Jared habla de la historia familiar de William y de sus miedos a la intimidad con la esperanza de aprender a hacer que vuelva a preocuparse por él. A pesar de la fría distancia de William, Jared no expresa ninguna de sus frustraciones, intentando crear un ambiente perfectamente tranquilo en el que William aprenda a quererlo de nuevo.

Jared pasa dos largos meses intentando jugar a ser Dios, convencido de que sus métodos reavivarán el amor en el corazón de William. Pero cuando William finalmente pone fin a su relación para siempre, Jared se da cuenta de que su sensación de control ha sido una ilusión todo el tiempo.

Si alguien le hubiera preguntado a Jared qué había estado haciendo, la respuesta habría sido sencilla: «Estoy intentando salvar mi relación». Pero, en realidad, Jared estaba intentando controlar cosas que estaban fuera de su control: las acciones, los sentimientos y la voluntad de cambio de William.

COMPLACER A LOS DEMÁS ES UN CASO DE CONTROL ERRÓNEO

Atrapados en el patrón de complacer a los demás, nos desconectamos de nuestro propio sentido de agencia. En lugar de actuar desde nuestra esfera de poder, satisfaciendo nuestras necesidades, estableciendo límites claros sobre lo que aceptaremos y lo que no, y respetando nuestros propios límites, nos proyectamos fuera de nosotros mismos tratando de controlar situaciones y cambiar a los demás para que se conviertan en versiones de sí mismos que satisfagan nuestras necesidades.

Los intentos de controlar situaciones y personas suelen clasificarse en tres categorías.

1. *Microgestionar la experiencia que los demás tienen respecto a nosotros* mediante la complacencia: cambiamos de forma, ocultamos nuestros dolores y necesidades, y evitamos los conflictos para caer bien.
2. *Involucrarnos en exceso en las decisiones, acciones y relaciones* al ofrecer consejos no solicitados, intentar salvar a los demás de las consecuencias negativas de sus comportamientos, involucrarnos en los conflictos ajenos e impulsar a otros hacia nuestros cursos de acción preferidos.
3. *Ignorar los límites y fronteras de los demás* al hacer, repetidamente, las mismas peticiones que no son atendidas, negarnos a reconocer la falta de voluntad de los demás para cambiar y tratar de convencerlos de que tomen cursos de acción que ya han rechazado.

Aclarar nuestra esfera de control

Cuando lo analizas, cada uno de nosotros tiene control sobre:

- Nuestras acciones.
- Nuestras reacciones.

- Nuestros límites.
- Con quién iniciamos relaciones.
- Con quién mantenemos relaciones.
- Si sanamos o crecemos.
- Con quién pasamos nuestro tiempo y cuánto tiempo pasamos con ellos.
- Con quién nos comunicamos y con qué frecuencia lo hacemos.

No tenemos control sobre:

- Las acciones de los demás.
- Los límites de los demás.
- Las reacciones de los demás ante nuestros límites.
- Las emociones de los demás.
- Si los demás eligen sanar o crecer.
- Las relaciones de los demás.
- Las adicciones o compulsiones de los demás.

Muchas personas complacientes gastan una gran cantidad de energía tratando de controlar los elementos de la segunda lista, mientras descuidan los de la primera. Como Jared, en lugar de evaluar honestamente si las acciones, emociones o decisiones de los demás funcionan para nosotros, y establecer límites en consecuencia, tratamos de cambiar sus acciones, emociones y decisiones. Cuando tratamos de controlar a los demás de esta manera, no estamos viviendo dentro de nuestra esfera de poder.

Podemos intentar controlar las acciones de los demás ofreciendo consejos no solicitados; utilizando señales pasivo-agresivas para conseguir que satisfagan nuestras necesidades tácitas (como poner mala cara, suspirar de forma exagerada o ser sarcástico); o haciendo las mismas peticiones de forma repetida, aunque no hayan mostrado interés en cambiar.

Podemos intentar controlar las emociones de los demás fingiendo felicidad o entusiasmo para no «estropear el ambiente», permaneciendo en silencio en lugar de expresar nuestros dolores, tratando de «arreglar» las emociones difíciles de los demás, o siendo deshonestos sobre quiénes somos y lo que sentimos para ganarnos el afecto o la admiración de los demás.

Podemos intentar controlar los comportamientos poco saludables de los demás enviándoles recursos a pesar de su expreso desinterés; salvándolos una y otra vez de las consecuencias negativas de sus acciones; intentando convencerlos de que tienen un problema cuando ellos mismos no están dispuestos a reconocerlo; o amenazándolos con ultimátums que no tenemos intención de cumplir (por ejemplo, «Me iré si no dejas de beber» o «No puedo estar contigo si no trabajas en tus problemas de ira»).

Por último, podemos intentar controlar las relaciones de los demás desempeñando el papel de pacificador, intermediario o moderador, involucrándonos en conflictos que no tienen nada que ver con nosotros.

INFLUIR VS. CONTROLAR

Es normal querer tener cierto grado de influencia en nuestras relaciones con los demás, pero hay una diferencia entre influir y controlar.

Influir parece como si expresáramos nuestros pensamientos, opiniones y peticiones, *al tiempo que nos aseguramos* de respetar los límites y limitaciones de los demás; aceptamos el grado en que los demás están dispuestos a cambiar; y reconocemos que sus decisiones son suyas.

Controlar parece como empujar a los demás a cambiar a pesar de su falta de voluntad o desinterés; hacer que el resultado que nosotros queremos sea primordial para ellos incluso si ellos no quieren lo mismo; ocultar información importante sobre quiénes somos y qué necesitamos para influir en su toma de decisiones; y creer que lo que ellos decidan hacer en última instancia depende de nosotros.

Para evaluar si tus acciones están influyendo o controlando, puedes hacerte estas preguntas. Una respuesta afirmativa indica que tus acciones tienden al control: «¿Han expresado una falta de deseo de cambiar y sigo presionándolos para que cambien de todos modos? ¿Estoy tratando de cambiar sus acciones o emociones para no tener que enfrentar el hecho de que no pueden satisfacer mis necesidades? ¿Estoy "ayudando" de una manera que impide su autonomía o libre elección? ¿Me han pedido que deje de "ayudar" y "apoyar" de esta manera? ¿Estoy silenciando, suprimiendo o descuidando mis propios sentimientos, necesidades y deseos en el proceso de tratar de cambiarlos? ¿Creo que puedo determinar por mí mismo el resultado de esta situación?».

En mis talleres, los asistentes suelen preguntar: «Mi amiga sigue faltando al respeto a los límites que le pongo. ¿Cómo puedo hacer que se los tome en serio?», o «Mi padre lleva años tratándome mal. Le digo lo mucho que me duele, pero él sigue igual. ¿Cómo puedo hacer que pare?», o «Mi esposa tiene un problema con la bebida. Ella insiste en que va a buscar ayuda, pero nunca lo hace. Ya pasaron cinco años. ¿Cómo le hago para que vea lo grave que es su problema?».

En cada uno de los casos anteriores, la gente se pregunta: «¿Cómo puedo cambiar a otras personas?». La respuesta es: «No puedes». Podemos ofrecer sugerencias y hacer peticiones a los demás, pero si no están dispuestos, no podemos *hacer* que respeten nuestros límites. No podemos *hacer* que nos traten con amabilidad. No podemos *hacer* que busquen tratamiento para sus adicciones. Especialmente si hemos pasado toda la vida buscando refugio en la ilusión del control, enfrentarnos a los límites de nuestro poder puede ser doloroso, pero al renunciar a esta ilusión, podemos finalmente centrarnos en lo que podemos controlar: nosotros mismos.

Ejercicio: inventario de lo que está fuera de mi control

Teniendo en cuenta lo que hemos comentado hasta ahora, crea una lista de cosas que has intentado controlar, pero no puedes. Sé lo más específico posible.

El inventario de cosas fuera del control de Jared incluye: «No puedo controlar que William esté descontento en nuestra relación.

No puedo controlar si él se esfuerza por mejorar nuestra relación. No puedo controlar si él me da el amor y el cuidado que necesito. No puedo controlar si él está dispuesto a ir a terapia de pareja».

VIVIR DENTRO DE NUESTRA ESFERA DE CONTROL

Con el tiempo, nuestros numerosos intentos fallidos de controlar a los demás nos dejan exhaustos e indefensos. Necesitamos una nueva forma. Por suerte, hay un camino sencillo para recuperar nuestro poder: asumir la responsabilidad de las cosas que están bajo nuestro control y redirigir nuestra energía hacia ellas.

Asumimos la responsabilidad de nuestras *necesidades* reconociéndolas y tomando medidas para satisfacerlas; expresando nuestras necesidades directamente en lugar de esperar que los demás las adivinen; haciendo peticiones a los demás; respetando la validez de nuestras necesidades incluso cuando los demás no pueden satisfacerlas; siendo honestos con nosotros mismos sobre si nuestras relaciones satisfacen nuestras necesidades; y estableciendo límites dentro de ellas en consecuencia.

Asumimos la responsabilidad de nuestras *acciones* haciendo lo que queremos o necesitamos hacer en lugar de lo que otros esperan que hagamos, así como tomando medidas basadas en nuestros propios valores en lugar de en los juicios y sentimientos de culpa de los demás.

Asumimos la responsabilidad de nuestros propios *límites* reconociendo nuestras necesidades insatisfechas, estableciendo límites con nosotros mismos para dejar de dar demasiado, y dándonos espacio, distancia o tiempo en las relaciones que nos han demostrado que no satisfacen nuestras necesidades.

Asumimos la responsabilidad de nuestra *curación* buscando apoyo para nuestra salud mental, rompiendo el patrón de complacer a la gente, y reemplazando nuestro análisis excesivo de la indisponibilidad emocional, evasión o narcisismo de los demás con un análisis de por qué nos sentimos atraídos o nos quedamos en relaciones que no satisfacen nuestras necesidades fundamentales.

Por último, asumimos la responsabilidad de nuestras *relaciones* analizando el papel que desempeñamos en nuestras relaciones desequilibradas; siendo realistas con nosotros mismos sobre si nuestras relaciones satisfacen nuestras necesidades; negándonos a participar en conexiones unilaterales, desequilibradas o poco saludables; y estableciendo límites que nos permitan participar en relaciones en la medida en que nos sintamos seguros y cómodos.

Ejercicio: inventario de lo que está en mi control

Para cada elemento de tu inventario de lo que está fuera de tu control, determina cómo *puedes* redirigir tu energía para centrarte en lo que puedes controlar: tus propias necesidades, acciones, límites, curación y relaciones.

Jared contrasta lo que no puede controlar con lo que sí puede. Escribe:

> No puedo controlar que William no esté contento en nuestra relación, pero sí puedo controlar cómo manejo mis propias emociones ante esta situación, y cómo busco apoyo de amigos y familiares durante este momento difícil.
>
> No puedo controlar que William no quiera trabajar en nuestra relación, pero sí puedo controlar si estoy dispuesto a seguir con él si este es el caso. También puedo controlar si utilizo mis sesiones de terapia para entender por qué estoy tan ansioso por continuar una relación con alguien que no está interesado en hacer que funcione.
>
> No puedo controlar que William no me dé el amor y el cuidado que necesito, pero sí puedo controlar si elijo quedarme con una pareja que no me da el amor y el cuidado que necesito.

No puedo controlar que William no esté interesado en la terapia de pareja, pero sí puedo controlar si voy a terapia para trabajar mi tendencia a complacer a los demás.

ENCUENTRA EL PODER A TRAVÉS DE LA ENTREGA

La autora Elizabeth Gilbert dijo: «Tienes miedo de rendirte porque no quieres perder el control, pero nunca tuviste el control. Todo lo que tenías era ansiedad». Al principio, la idea de ceder el control puede resultar aterradora, pero la verdad es que nunca tuvimos el control sobre las acciones y emociones de otras personas; solo pensábamos que lo teníamos. Al liberarnos de esta ilusión, nos enfrentamos a la realidad. Ya no estamos cegados por nuestros deseos o esperanzas desesperadas, y con ojos claros, comenzamos el proceso de aceptar lo que es. La comunidad de los 12 pasos lo expresa claramente en su «Oración de la serenidad»: «Dios, concédeme la serenidad para aceptar las cosas que no puedo cambiar, el valor para cambiar las cosas que sí puedo y la sabiduría para conocer la diferencia».

Una sensación de calma nos acompaña cuando empezamos a vivir dentro de nuestra esfera de control. Ya no sentimos la frustración que inevitablemente surge al tratar de controlar las cosas que no podemos. Dejamos las intrigas, soltamos los hilos de la marioneta y ya no intentamos resolver problemas imposibles. Nos damos cuenta de que no tenemos que esperar con ansiedad para ver si, quizá, esta vez, los demás decidan cambiar. Ya no rogamos a los demás que nos elijan. En cambio, por primera vez, nos elegimos a *nosotros mismos,* y podemos afirmar: «Tú vales la pena. Veo tus necesidades. Serán satisfechas». Así es como entramos en nuestro verdadero poder. Esta es la clave para romper el patrón de complacer a la gente y sentir que nuestra vida nos pertenece.

13

CÓMO LA OPRESIÓN NOS MANTIENE EN SILENCIO

Defender la voz y las necesidades propias puede ser especialmente difícil para aquellos que están privados de poder por fuerzas sociales opresivas. El racismo, el sexismo, la discriminación por discapacidad, la transfobia, la queerfobia y la pobreza crean condiciones en las que hablar por uno mismo conlleva el riesgo de discriminación, acoso o incluso violencia. Para las personas marginadas, establecer límites puede ser desde incómodo hasta francamente inseguro.

Una persona con recursos económicos limitados, por ejemplo, puede no tener la posibilidad de dejar un lugar de trabajo tóxico y buscar empleo en otro lugar. Una persona trans puede no sentirse segura al denunciar el acoso por temor a sufrir más acoso por parte de quienes ocupan puestos de autoridad. Una persona en un matrimonio abusivo puede no sentirse segura de establecer límites con su cónyuge por temor a represalias.

En casos como este, complacer a la gente es literalmente una estrategia de supervivencia: una forma de mantenerse a salvo frente a la desigualdad, la opresión y la posible violencia. Cuando guardar silencio es la única forma de mantenerse a salvo, el llamado a «ser uno mismo» y «establecer límites» puede sonar vacío. Los consejos bienintencionados destinados a empoderar pueden hacer justo lo contrario al ignorar las preocupaciones de seguridad de estos grupos.

En este capítulo exploraremos las diversas formas en que los grupos marginados son más propensos a enfrentarse a la presión de ser educados a toda costa, de soportar consecuencias negativas por ser ellos mismos, de ver cómo se ignoran sus límites en función de su identidad y de tener menos apoyo social cuando defienden sus intereses. También exploraremos estrategias a corto plazo para ayudar a mitigar la incomodidad frente a la opresión, así como estrategias a largo plazo para comenzar a erradicar los sistemas de opresión que causan esa incomodidad.

Este capítulo no busca resolver las injusticias mencionadas, ¡sería imposible que un solo libro lo lograra! Sin embargo, sí pretende ayudarnos a reconocer las formas en que las fuerzas sistémicas imponen patrones complacientes en nuestra vida. Al reconocer cómo nuestras identidades facilitan u obstaculizan nuestra misión de defendernos a nosotros mismos, ganamos no solo mayor autoconciencia, sino también mayor autocompasión.

LIMITACIONES FINANCIERAS

Cuando alguien no respeta nuestros límites, a veces nuestra única opción es hacer todo lo posible para alejarnos de su entorno. Sin embargo, las limitaciones económicas pueden dificultar o imposibilitar el abandono de ciertos entornos, como el trabajo o el hogar.

Ezra es un padre que mantiene a una familia de cinco miembros. Tiene estudios de secundaria, vive en una zona rural con pocas perspectivas de trabajo y lleva treinta años trabajando en la misma empresa. Cuando le asignan un nuevo jefe que es grosero y despectivo, se siente tentado a dejar su trabajo, pero hay pocos empleos cerca. No puede permitirse dejarlo, su familia depende de su sueldo mensual.

Henry y Leanna son un matrimonio con dos hijos, uno de los cuales nació con parálisis cerebral y requiere cuidados especiales en casa. Leanna mantiene económicamente a la familia mientras Henry cuida de sus hijos a tiempo completo. Henry no es feliz en su matrimonio y encuentra a Leanna fría y crítica, pero sabe que el divorcio, y vivir en dos hogares separados, haría casi imposible para él mantener la calidad de vida de sus hijos.

Las circunstancias financieras de Henry y Ezra los ponen en la posición de tener que elegir entre su calidad de vida y la seguridad financiera de su familia. Sin una red de seguridad financiera (en forma de activos, dinero en el banco, seguro médico o patrimonio familiar generacional), personas como Henry y Ezra tienen dificultades para hacer la transición libremente a nuevos lugares de trabajo o relaciones.

ABUSO

A veces, las personas que se encuentran en situaciones de abuso pueden poner límites abandonando la relación. Sin embargo, para muchas personas, esta no es una opción viable. Algunas personas dependen económicamente de sus agresores, lo que les hace casi imposible salir de la relación de forma segura. Otras, incluidas algunas con discapacidades, dependen de sus agresores para el cuidado y el apoyo físico. Otras comparten hijos con quienes las violentan y pueden no tener los recursos para mantener a su familia por sí mismas. Otras más, sobre todo quienes sufrieron abuso en la infancia, ni siquiera pueden reconocer el comportamiento de sus agresores como abuso.

Incluso en ausencia de limitaciones financieras o físicas, muchas personas quedan atrapadas en situaciones tóxicas por parte de maltratadores que las manipulan, intimidan, amenazan, engañan o les hacen daño físico. A menudo, establecer límites simplemente provoca más maltrato. En estos casos, evitar el conflicto, permanecer en silencio y apaciguar a tu agresor pueden ser formas de aumentar tus posibilidades de mantenerte a salvo (si estás en una relación abusiva, en México puedes llamar al 911, el número de emergencias a nivel nacional).

RACISMO

Los estereotipos raciales crean condiciones en las que los sentimientos, las necesidades y las quejas de las personas son desestimados debido a su raza. Para los hombres negros, cualquier demostración de frustración o irritación conlleva la amenaza de ser etiquetado como un «hombre negro enojado», un estereotipo tan común que se ha convertido en un tema recurrente en nuestra cultura. Las mujeres negras también suelen ser caracterizadas como intrínsecamente agresivas; las investigaciones muestran que cuando una mujer blanca se enoja, es más probable que su ira se atribuya a una situación que lo provocó; pero cuando una mujer negra se enoja, es más probable que su ira se considere un rasgo fundamental de su personalidad. Mientras tanto, las mujeres latinas suelen ser objeto del estereotipo de la latina picante, que las pinta como temperamentales, volátiles y demasiado emocionales. Estos son solo algunos ejemplos de prejuicios raciales que limitan a las personas de color a ventanas dolorosamente estrechas de autoexpresión «apropiada».

En el lugar de trabajo, estas ventanas son aún más estrechas. Las personas de color a menudo se enfrentan a la presión de cambiar de código: ajustar su ropa, cabello, habla y comportamiento naturales para encajar mejor con sus colegas blancos. El cambio de código puede disminuir la probabilidad de estereotipos y aumentar la probabilidad de avance profesional, pero tiene un alto costo: las investigaciones muestran que el cambio de código crónico conduce al agotamiento, a un menor rendimiento en el lugar de trabajo y a la fatiga emocional. Para las personas de color, en particular las que se encuentran en comunidades, lugares de trabajo o sistemas políticos predominantemente blancos, la expresión auténtica de uno mismo a menudo tiene un costo en términos de seguridad emocional, física o financiera.

SEXISMO

Las mujeres que se atreven a hablar y a poner límites a menudo son bombardeadas con un arsenal de estereotipos sexistas: son mandonas, maliciosas, demasiado emocionales, poco femeninas, hipersensibles, necesitadas, empalagosas, exigentes o quejosas. Estos insultos están diseñados para hacer que las mujeres sientan que son demasiado en algún sentido (o en todos), y su única respuesta adecuada sea ser más complacientes, receptivas y silenciosas; en otras palabras, menos ellas mismas.

En el lugar de trabajo, el sexismo sistematizado hace que sea aún más difícil para las mujeres expresar sus opiniones y defenderse a sí mismas. Las investigaciones demuestran que las mujeres son mucho más propensas que los hombres a ser interrumpidas y a que sus colegas masculinos cuestionen sus juicios. Mientras tanto, las mujeres racializadas, las mujeres LGBTQ+ y las mujeres con discapacidades son mucho más propensas que las cisheteronormadas a que se cuestione o se menosprecie su competencia. Las mujeres que abordan estas desigualdades, o que siguen diciendo lo que piensan, suelen ser objeto de represalias; por ejemplo, las que denuncian el acoso sexual en el trabajo tienen menos probabilidades de ser ascendidas y más probabilidades de que sus colegas las perciban como menos morales, cálidas y hábiles socialmente. Cuando la defensa de uno mismo en el lugar de trabajo tiene un costo tan alto, no es de extrañar que muchas mujeres opten por permanecer en silencio.

Estos dobles raseros sexistas se extienden del lugar de trabajo al hogar. Las investigaciones muestran que las mujeres soportan más carga mental que sus parejas masculinas y familiares: el trabajo de anticipar necesidades, identificar opciones para satisfacerlas, tomar decisiones y supervisar el progreso. Cuando las mujeres piden a sus parejas masculinas que se hagan cargo, se las suele tachar de «quejosas» y criticar por ser exigentes. De esta manera, muchas mujeres deben elegir entre asumir en silencio una carga desigual o ser castigadas por exigir justicia. Soraya Chemaly escribe en *Rabia somos todas:*

> Las chicas que se oponen a la desigualdad o la injusticia suelen ser objeto de burlas y mofas. A las mujeres adultas se las describe como «hipersensibles» o «exageradas». [...] La anticipación de respuestas negativas por parte de las mujeres es la razón por la

que tantas guardan silencio sobre lo que necesitan, quieren y sienten.

Imagínate lo diferente que sería el mundo si a las niñas se les enseñara a poner límites con la misma frecuencia con la que se les enseña a ser educadas.

GÉNERO, SEXUALIDAD Y ESTIGMA EN LAS RELACIONES

Para las personas LGBTQ+ y no monógamas, los prejuicios y la amenaza de violencia suponen un potente elemento disuasorio para la autoexpresión. Desde 2020, la discriminación contra las personas LGBTQ+ se ha disparado. Dentro del sistema judicial estadounidense se están desmantelando las protecciones contra la discriminación LGBTQ+ mientras se proponen nuevos proyectos de ley que legalizan la discriminación, prohíben el matrimonio entre personas del mismo sexo y la atención médica que salva vidas. Un asombroso 70% de los estadounidenses LGBTQ+ reportan haber sufrido discriminación. El 75% de las personas trans informa haber padecido algún tipo de discriminación en el lugar de trabajo, como la negativa a ser contratadas, el acoso, las violaciones de su privacidad y la violencia física. Para las personas LGBTQ+, la auténtica autoexpresión no es un derecho, sino un privilegio. Cuando los riesgos incluyen la pérdida del empleo, el acoso verbal o la violencia física, elegir que los demás se sientan cómodos a tu costa puede parecer el curso de acción más seguro, o el único.

Mientras tanto, las personas que participan en relaciones no monógamas, como el poliamor, las relaciones abiertas y el intercambio de parejas, se enfrentan a un estigma social que les impide expresar de forma auténtica su orientación relacional. A pesar de la creciente popularidad de las relaciones no monógamas en los últimos años (un estudio de 2016 reveló que aproximadamente uno de cada cinco estadounidenses ha participado en una), las investigaciones muestran que las personas no monógamas se enfrentan de manera regular a la intolerancia social, al ostracismo por parte de amigos, familiares y grupos sociales, e incluso a la pérdida de empleo al revelar su condición de no monógamas. Para evitar daños, las personas no monógamas eligen de forma consciente no corregir a otras personas que asumen erróneamente que son monógamas, o se refieren a sus múltiples parejas como «amistades» para garantizar su seguridad.

NEURODISCRIMINACIÓN

La neurodiscriminación es el trato injusto hacia las personas neurodivergentes: aquellas cuyos cerebros procesan, aprenden o se comportan de manera diferente a lo que se considera «normal». *Neurodivergente* es un término general que abarca desde el trastorno del espectro autista hasta el TDAH.

Para mantener sus trabajos, relaciones sociales y posiciones en la comunidad, las personas neurodivergentes a menudo sienten la presión de enmascararse: ocultar aspectos de sí mismas y adaptarse a formas neurotípicas de interacción. Las personas neurodivergentes pueden enmascararse socialmente interactuando con los demás de formas que no les resultan naturales, como hacer contacto visual, imitar el lenguaje corporal de los demás o fingir que entienden una conversación; enmascarar el comportamiento resistiéndose al impulso de inquietarse o estimularse; o compensar en exceso dedicando más tiempo a las tareas para ocultar el hecho de que tienen dificultades. Lo más importante es que el enmascaramiento a menudo implica reprimir las propias necesidades y preferencias para asegurar la pertenencia social.

En un estudio de 2017 sobre los efectos del enmascaramiento, un participante explicó: «¡Es agotador! Siento la necesidad de buscar la soledad para poder ser yo mismo y no tener que pensar en cómo me perciben los demás». Otro escribió: «Estoy triste porque siento que no me relaciono realmente con otras personas. Se vuelve muy solitario porque incluso cuando estoy con otras personas siento que solo estoy interpretando un papel». A lo largo de los años, los efectos secundarios de enmascarar pueden incluir ansiedad, depresión, cansancio, estrés y un mayor riesgo de suicidio. Sin embargo, para muchas personas neurodivergentes, enmascarar es el precio que hay que pagar para encajar en un mundo que fue diseñado para personas neurotípicas y que se adapta a ellas.

COLECTIVISMO

Como vimos en el capítulo 1, las culturas colectivistas como China, Corea e India tienden a enfatizar la conformidad, la armonía social y la lealtad, alentando a sus miembros a priorizar las necesidades del grupo sobre las del individuo. En las culturas colectivistas, aquellos que defienden sus necesidades o establecen límites, los cuales pueden ser perjudiciales para el grupo en general, corren el riesgo de enfrentar el juicio y el desprecio de sus compañeros y familias. En las culturas colectivistas, la decisión de tomar distancia de un padre autoritario, por ejemplo, no se considera un límite: a menudo se ve como una rebelión contra la familia y una insurrección contra las normas culturales.

Aquellos que emigran de culturas colectivistas a individualistas, o aquellos que fueron criados por inmigrantes de primera generación, a menudo luchan por conciliar los valores de su cultura de origen con los de su nueva cultura. Mientras que las culturas individualistas promueven el yo, la autonomía y los límites, las culturas colectivistas promueven la comunidad, la unión y el sacrificio. Las presiones contrapuestas de honrar al yo y honrar al grupo pueden hacer que la agencia sea especialmente difícil.

ENCONTRAR SOLUCIONES

Aunque no podemos solucionar por cuenta propia estos problemas sistémicos, el cambio puede comenzar con la concientización individual. Para cada una de las categorías enumeradas podemos preguntarnos lo siguiente:

- ¿De qué forma mis identidades (de raza, género, orientación sexual, etc.) modifican los parámetros que uso para proteger mis necesidades y establecer límites con los demás? ¿Me siento cómodo con la forma en que los afectan?
- ¿Cómo se han desestimado mis sentimientos, necesidades o límites en función de mis identidades?
- ¿De qué manera me he enfrentado a juicios o discriminación por tener necesidades que son atípicas, según los estándares de mi cultura?
- ¿Qué mensajes he recibido de mi cultura sobre los límites, específicamente sobre mi capacidad para alejarme o distanciarme de las personas que me tratan mal?
- ¿De qué manera he pasado por alto, desestimado o juzgado, consciente o inconscientemente, las necesidades, los deseos o los límites de los demás en función de sus identidades?

Al reflexionar sobre estas preguntas, desarrollamos una mayor comprensión de cómo los sistemas opresivos han impactado en nuestros intentos de defender nuestra voz y nuestras necesidades, y comenzamos a ver cómo, sin siquiera darnos cuenta, podemos estar perpetuando esos mismos sistemas para otros.

A veces, las circunstancias opresivas no dejan a las personas más remedio que priorizar la seguridad. En tales casos, las soluciones son dobles: podemos considerar estrategias a corto plazo para mitigar las molestias y estrategias a largo plazo para erradicar los sistemas de opresión que las posibilitan.

Aliviar el malestar a corto plazo

Cuando no es posible abandonar una circunstancia tóxica, o defendernos por miedo a represalias, podemos cuidarnos buscando formas de hacer más llevadero el momento presente. Ante circunstancias injustas, podemos responder primero con estrategias de afrontamiento que reduzcan nuestro malestar tanto como sea posible. Estas estrategias varían según el contexto.

CUANDO NO PODEMOS ABANDONAR UN LUGAR DE TRABAJO TÓXICO

Si estamos obligados a trabajar en un lugar de trabajo poco saludable, podemos aliviar nuestro malestar al:

- Solicitar ayuda a nuestros compañeros.
- Solicitar un traslado de equipo, de gerente o de ubicación.
- Delegar tareas o responsabilidades a otros miembros del personal.
- Disminuir el grado en que hablamos de asuntos personales en el trabajo.
- Hablar de nuestras circunstancias y obtener apoyo emocional de compañeros de confianza.
- Pedir apoyo o recursos adicionales a recursos humanos.
- Si es posible, establecer límites para no responder asuntos relacionados con el trabajo fuera del horario laboral.
- Presentar una queja anónima ante la institución de asuntos laborales en nuestra localidad si nuestro lugar de trabajo presenta condiciones inseguras o insalubres.

CUANDO NO PODEMOS ABANDONAR UNA RELACIÓN TÓXICA

Si estamos atados a un familiar, cónyuge u otra relación, podemos aliviar nuestra incomodidad al:

- Atender nuestras necesidades físicas básicas.
- Practicar respiración profunda, ejercicios de estabilización, exploración corporal u otras técnicas para calmar nuestro sistema nervioso.
- Usar la técnica de la roca gris (ver capítulo 10) para mitigar conversaciones desagradables o conflictivas.
- Si es posible, disminuir la duración/frecuencia de nuestras interacciones.
- Buscar apoyo de un terapeuta, consejero o trabajador social.

CUANDO NECESITAMOS LIBERAR EL ESTRÉS

Incluso cuando no podemos escapar inmediatamente de nuestras circunstancias perjudiciales, podemos tomar medidas para reducir el impacto del estrés en nuestro cuerpo y mente. Como explican Emily y Amelia Nagoski en su libro *Hiperagotadas,* cuando experimentamos un acontecimiento desafiante, llamado *factor estresante*, esto provoca una reacción física interna: el estrés. Cuando no podemos escapar completamente de un factor estresante, las investigaciones demuestran que podemos reducir el impacto del estrés realizando algún tipo de actividad física, respirando profundamente, riendo, llorando, participando en alguna forma de expresión creativa como la pintura o la danza, o teniendo una interacción social positiva con un amigo o familiar. Estas acciones no «arreglarán» nuestra situación *per se*, pero nos darán momentos de respiro para recuperar nuestro equilibrio emocional y físico.

CUANDO NECESITAMOS APOYO SOCIAL

Cuando nos enfrentamos a circunstancias injustas, podemos obtener un sentido de comunidad y solidaridad buscando apoyo social. Podemos llamar a un amigo de confianza o a un ser querido para hablar;

comentar nuestra situación con un terapeuta, consejero o trabajador social; unirnos a un grupo de apoyo presencial o virtual; integrarnos a un programa de 12 pasos como Al-Anon, Hijos Adultos de Alcohólicos o Codependientes Anónimos; utilizar las redes sociales para encontrar historias personales y apoyo de personas en circunstancias similares; o escribir en nuestro diario cuando los apoyos sociales no estén disponibles de inmediato.

Luchar por la justicia social a largo plazo

La organizadora comunitaria Nakita Valerio dijo: «Gritar "cuidado personal" a las personas que realmente necesitan "cuidado comunitario" es como les fallamos». No podemos «cuidarnos a nosotros mismos» o «establecer límites» para salir de circunstancias opresivas. Las soluciones individuales a corto plazo son curitas que proporcionan un alivio rápido en situaciones dolorosas, pero, para crear entornos que permitan a los grupos marginados defenderse a sí mismos de forma segura, como comunidad debemos cambiar los sistemas de opresión que recompensan a los grupos marginados por su silencio. No existe una hoja de ruta única para erradicar el sexismo, la homofobia, la desigualdad económica y otras formas de opresión, pero sí hay medidas tangibles que podemos tomar para combatir estas fuerzas en nuestras comunidades.

A nivel *político,* podemos apoyar económicamente a organizaciones de defensa nacionales, estatales y locales que combaten las opresiones sistémicas; votar por funcionarios que se propongan abordar el sexismo, el racismo, la homofobia y la desigualdad de ingresos; concientizar sobre cuestiones que afectan a las mujeres, las personas LGBTQ+, las personas de color y otros grupos marginados; enviar correos electrónicos o llamar a nuestros representantes gubernamentales en apoyo a iniciativas de justicia social; y participar en actividades de organización cívica como mítines, protestas, bancos de llamadas, esfuerzos para que la gente salga a votar y campañas de envío de cartas.

En nuestras comunidades podemos ofrecernos como voluntarios para iniciativas de servicio directo como bancos de alimentos, colectas de ropa o líneas de ayuda para víctimas de violencia doméstica; donar directamente alimentos, artículos para el hogar o cuidado de niños a miembros de la comunidad necesitados; asegurarnos de que los planes de estudio de nuestras escuelas locales aborden la opresión y la injusticia sistémicas; apoyar los esfuerzos liderados por jóvenes para combatir la desigualdad en escuelas primarias, secundarias y universidades; y abordar la discriminación en nuestros grupos cívicos, asociaciones de padres y maestros, y centros comunitarios.

En nuestros lugares de trabajo podemos asegurarnos de que haya formas para que los empleados envíen comentarios anónimos sobre sus experiencias de estigma, acoso o discriminación laboral; participar en esfuerzos de defensa de las horas extras remuneradas, la licencia parental remunerada, la igualdad de remuneración y las promociones justas; y apoyar los esfuerzos para mejorar la representación de todos los géneros, edades, razas, niveles de capacidad y orientaciones sexuales en todo el lugar de trabajo.

COMPLACER A LOS DEMÁS COMO ESTRATEGIA DE SUPERVIVENCIA

Como afirmamos en el capítulo 1, aunque complacer a los demás puede tener muchos orígenes y expresiones, un tema los une a todos: la búsqueda de la seguridad. Cuando el mundo ha animado a las personas que se ven, piensan o aman como tú, a permanecer en silencio y ser sumisas, es mucho más difícil defenderse con confianza y seguridad. No podemos hablar de romper el patrón de complacer a los demás sin reconocer que este trabajo es drásticamente diferente, y mucho más peligroso, para los miembros de grupos marginados.

III

CUÍDATE

14

CAMINAR A TRAVÉS DEL FUEGO

> Que tengas el valor de sentarte con la incomodidad
> como si fuera un amanecer, no una muerte.
>
> K. J. Ramsey

Cuando rompemos el patrón de complacer a los demás, aprender a defendernos por nosotros mismos es solo la mitad del trabajo. La otra mitad es aprender a afrontar y calmar las emociones difíciles que surgen antes, durante y después. En la parte III, normalizaremos los dolores que conlleva, y aprenderemos a afrontarlos con valentía y autocompasión.

A veces, hacer peticiones significa enfrentarse al miedo de que los demás no satisfagan nuestras necesidades. En ocasiones, establecer límites significa sentirse culpable por herir los sentimientos de los demás. A veces, liberar nuestras ilusiones de control significa rendirse ante el dolor de que algunas personas no cambien. Estos son los dolores de crecimiento que acompañan a nuestra curación, y por incómodos que sean a corto plazo, son los fuegos por los que debemos pasar en nuestro camino hacia una vida más brillante, más fuerte y más segura. Nuestro trabajo no es evitarlos, eso sería imposible, sino calmarnos haciendo y practicar la autocompasión en medio de ellos. Podemos confiar en que atravesaremos estos fuegos —de culpa, miedo, dolor e ira—, y saldremos fuertes y transformados.

En este capítulo exploraremos cómo aceptar los dolores que implica el cambio; hablaremos de cómo entender nuestro malestar como un requisito previo y temporal para nuestra curación; por último, aprenderemos a construir una visión inspirada del futuro que nos apoye al entrar en esta nueva etapa de nuestra vida.

ACOGER NUESTROS CRECIENTES DOLORES

Aprender a defendernos no necesariamente hace que nuestra vida esté libre de dificultades, tan solo obtenemos nuevos desafíos en lugar de los antiguos. Pero estos nuevos desafíos son preferibles porque provienen de un lugar de amor propio, respeto propio y poder, y en todo momento, nuestras necesidades son honradas en lugar de descuidadas.

Los dolores que implican estos cambios pueden ser desorientadores porque muchos de nosotros esperamos que la curación sea un proceso lineal. Esperamos que el crecimiento nos traiga felicidad, fuerza y determinación, no tristeza, fragilidad y miedo. Vemos publicaciones optimistas en las redes sociales que nos animan a ser fuertes, establecer límites y decir nuestra verdad, pero hay muchas menos que reconozcan las dificultades de hacerlo. Ten la seguridad de que ninguna persona que se esfuerza por agradar a los demás escapa a los dolores del crecimiento. Todos nos enfrentamos a estas molestias de una forma u otra.

Podemos sentir *miedo* al reunir el valor para expresar nuestras necesidades, preguntarnos cómo responderán los demás a nuestras peticiones, preocuparnos de herir los sentimientos de los demás con nuestros límites y preguntarnos cuál de nuestras relaciones apoyará esta nueva y empoderada versión de nosotros mismos.

Podemos sentirnos *culpables* al priorizar nuestras necesidades, al decir a los demás cómo nos hacen sentir sus acciones, al establecer límites para proteger nuestra salud y bienestar, al crear distancia y espacio en las relaciones con las personas que nos maltratan, al romper relaciones que ya no nos satisfacen y al dejar de intentar salvar a los demás de las consecuencias de sus acciones.

Podemos sentir *enojo* al reconocer las formas en que nos hemos empequeñecido para la comodidad de los demás, cuando la gente ignora nuestras necesidades y límites, y cuando empezamos a comprender cómo los sistemas de opresión mantienen nuestras voces en silencio (véase el capítulo 13).

Podemos enfrentarnos al *duelo* al liberarnos de la ilusión de que los demás cambiarán con solo pedirlo lo suficiente, al crear distancia en las relaciones con los seres queridos que nos hacen daño, al dejar las relaciones con parejas y amigos que no pueden ser de la manera que necesitamos y al aceptar la dolorosa realidad de que ciertas relaciones han seguido su curso.

Por último, podemos enfrentarnos a la *soledad* y la *incertidumbre* al dejar relaciones poco saludables, pero aún no tener relaciones más saludables que las reemplacen; al separarnos de viejos círculos sociales, comunidades y lugares de trabajo que no son buenos para nosotros; al buscar nuevas conexiones con personas que nos honren y respeten en su totalidad; y al preguntarnos si alguna vez encontraremos a nuestra gente.

Ante estas dificultades, lo que más importa es cómo nos relacionamos con nuestra incomodidad. En general, interpretamos como una señal de que hemos hecho algo malo cuando sentimos culpa. De forma habitual, interpretamos como una advertencia de que no debemos seguir con nuestro plan de acción cuando sentimos miedo. Pero cuando se trata de los dolores que implica romper el patrón de complacer a la gente, debemos interpretar nuestras incomodidades de una manera nueva. No significa que hayamos hecho algo mal, significa que estamos haciendo algo bien.

CONTAR UNA NUEVA HISTORIA DE DOLOR

Las historias que nos contamos sobre nuestras emociones difíciles son importantes. Cuando empecé a poner límites, me sentía muy culpable. Años de desempeñar el papel de cuidadora emocional de mis amigos y familiares habían pasado factura a mi salud mental y, con la esperanza de cuidarme mejor, empecé a poner límites a mi disponibilidad para los problemas de los demás.

Después de meses reuniendo el valor, finalmente le dije a un miembro de mi familia que ya no estaba dispuesta a verme involucrada en sus problemas matrimoniales. Le dije a un amigo que ya no estaba disponible para llamadas telefónicas de horas en las que procesaba su tóxica relación con su novia. Otra amistad se había vuelto tan desequilibrada —tan de dar y no recibir— que la terminé por completo.

Por muy compasivamente que estableciera estos límites, por muy segura que estuviera de que eran adecuados para mí, la culpa me aplastaba después de implementarlos. Mi mente daba vueltas con una historia como esta: «No puedo creer que acabo de hacer eso. Si es lo correcto, ¿por qué me siento tan mal del estómago? Claro, esa relación ha sido una fuente de dolor para mí durante un tiempo, pero ¿por qué me siento tan culpable? No puedo soportarlo. Soy una persona horrible. Debería retractarme de todo...»; y así sucesivamente. Todavía no había aprendido que no era la emoción en sí, sino *mi interpretación* de la emoción, la que me causaba tanto dolor.

Las investigaciones demuestran que la forma en que interpretamos nuestras emociones afecta directamente a nuestra experiencia de ellas. Las personas que juzgan sus emociones como «malas» o «equivocadas» experimentan esas emociones de forma más negativa, mientras que las personas que aceptan sus emociones experimentan menos dolor en general. Cuando nos contamos a nosotros mismos una historia de que nuestros sentimientos son «malos», «incontrolables» y «signos de maldad», somos más propensos a exacerbar nuestro malestar, a retirar nuestros límites y a volver a situaciones poco saludables.

Al cambiar las historias que nos contamos sobre nuestras emociones difíciles, podemos normalizar nuestros dolores, mitigar nuestro malestar y sentar las bases para un valiente camino hacia adelante. Nuestras nuevas historias pueden incluir lo siguiente.

«Este dolor significa que estoy fortaleciendo mi capacidad para defenderme a mí mismo»

Cuando nos duele después de un entrenamiento duro, no interpretamos el dolor como una señal de que no deberíamos haber hecho ejercicio. En cambio, lo vemos como una indicación de que estamos ganando fuerza. El dolor no es agradable, pero vale la pena porque sabemos que nos estamos haciendo más fuertes. La culpa y el miedo que sentimos cuando defendemos nuestras necesidades son similares: aunque incómodos en el presente, son una señal de que estamos fortaleciendo nuestro músculo de autodefensa para el futuro. Cuanto más fuertes nos hagamos con la práctica, menos incómodos nos sentiremos.

«Este dolor significa que estoy rompiendo un ciclo que ha durado generaciones»

Un rompedor de ciclos es alguien que reconoce un patrón de comportamiento disfuncional, tóxico o abusivo en su familia y se compromete a ponerle fin. Como exploramos en el capítulo 1, muchos de nosotros podemos rastrear las raíces de nuestra complacencia hasta nuestra infancia, y si miramos de cerca lo suficiente, es muy posible que encontremos que estos comportamientos se han transmitido de generación en generación.

En estos casos, romper el patrón no solo detiene un ciclo de comportamiento disfuncional interno, sino que lo detiene dentro de nuestro linaje. Nos atrevemos a creer en una forma de ser nueva y saludable, que pocas veces —o quizá nunca— nos ha sido modelada.

«Este dolor significa que por fin me estoy poniendo en primer lugar después de años de que me dijeran que no debía hacerlo»

A lo largo de nuestra vida muchos hemos recibido mensajes, como declaraciones explícitas o en el trato, de que ponernos en primer lugar es inaceptable. Ahora, es como si los fantasmas de nuestro pasado estuvieran luchando contra nuestra nueva y clara convicción de que merecemos algo mejor. Los dolores que sentimos son los ecos agonizantes de esa vieja creencia fundamental. Holly Whitaker, en su libro *Quit Like a Woman,* observa que «decir "no" a la gente que quiere que digas "sí", y mantener tus límites con quien está acostumbrado a que no tengas ninguno, te hará sentir fatal, como una muerte. Y es una especie de muerte: la muerte de la parte de ti que piensa que tienes que violarte a ti misma para ser amada».

EJERCICIO: MANTENER EL RUMBO CON VISIÓN

A medida que nos enfrentamos a los problemas que implica cambiar, necesitamos un recordatorio de por qué este arduo trabajo valdrá la pena al final. Ayuda imaginar cómo será nuestra vida y cómo se sentirá nuestro corazón cuando dejemos de complacer a la gente de una vez por todas.

Primera parte: el antes

En tu diario, dedica una página a describir tu vida en «el antes»: el tiempo anterior a que empezaras a romper el patrón de complacer a la gente. Asegúrate de enumerar los resentimientos que tuviste; el agotamiento, el cansancio y la sensación de agobio que experimentaste; cómo te sentiste al no tener voz en tus relaciones; cómo tu conexión contigo mismo sufrió por la traición y la falta de confianza en ti mismo; y las tres o cinco experiencias más dolorosas que tuviste como resultado de complacer a los demás.

Segunda parte: el después

Imagina que han pasado cinco años desde que rompiste con el patrón de complacer a la gente. Tus dolores son puntos distantes en el espejo retrovisor y estás cosechando los frutos de tus esfuerzos. Tu vida es más colorida y alegre de lo que nunca creíste posible.

Dedica una página de tu diario a describir cómo es este nuevo capítulo de tu vida *como si ya estuvieras en él.* Asegúrate de describir cómo ha cambiado tu relación contigo mismo, cómo te sientes día a día, las nuevas y estimulantes formas en las que eliges pasar tu tiempo, los sueños y deseos que persigues, las relaciones mutuas y recíprocas que has construido, y cómo sirves de modelo para tus hijos, amigos o comunidad.

Tercera parte: el contraste

Cuando hayas terminado las partes uno y dos, tómate diez minutos para comparar el antes y el después, prestando mucha atención a lo marcadamente diferentes que son estas versiones de ti.

Este ejercicio nos recuerda que no podemos dejar que los dolores del cambio nos cieguen ante los dolores de permanecer igual. Antes, nuestro dolor era un callejón sin salida: nos llevaba a complacer a la gente, a tener más resentimientos y a aislarnos más, pero los dolores que sentimos ahora nos están llevando a una vida más sana, feliz y vibrante. No estamos aquí porque sea fácil; estamos aquí porque vale la pena.

En los siguientes capítulos exploraremos cómo dar un nuevo significado a nuestro miedo, culpa, ira, soledad, dolor e incertidumbre. Discutiremos cómo usar estas emociones complicadas para calmarnos y mantener el rumbo cuando las cosas se pongan difíciles. En última instancia, examinaremos que estas emociones desafiantes no son obstáculos que *bloquean* nuestro camino hacia la curación, sino señales que nos aseguran que estamos avanzando en la dirección correcta.

15

ENFRENTAR EL MIEDO, LA CULPA Y LA IRA

Elige la gran aventura de ser valiente
y tener miedo al mismo tiempo.

—Brené Brown

En este capítulo exploraremos los dolores que causan el miedo, la culpa y la ira, normalizaremos su presencia en nuestro viaje de curación y discutiremos estrategias de afrontamiento que podemos usar para consolarnos mientras buscamos la paz y la confianza que nos esperan.

ACEPTACIÓN RADICAL

Para empezar, podemos preparar nuestros esfuerzos para el éxito sentando primero las bases de la aceptación radical. Tara Brach, psicóloga y profesora budista, define la aceptación radical como «reconocer claramente lo que está sucediendo dentro de nosotros y considerar lo que vemos con un corazón abierto, amable y amoroso».

La aceptación radical contrasta con la forma en que solemos afrontar nuestro dolor. Muchos de nosotros levantamos defensas feroces contra nuestros sentimientos desafiantes, haciendo todo lo posible por intelectualizarlos, superarlos, enterrarlos o ignorarlos, *cualquier cosa* menos sentirlos directamente. Estas defensas adquieren una cualidad frenética cuando intentamos superar lo ineludible. Como monstruos en el clóset, nuestros sentimientos difíciles se hinchan y expanden en nuestra periferia y, a menudo, terminamos exacerbando las mismas emociones de las que estamos tratando de escapar.

Cuando practicamos la aceptación radical nos detenemos a reconocer nuestra culpa, miedo, ira y dolor con compasión en lugar de juzgarnos a nosotros mismos. Esta presencia atenta transforma nuestra incomodidad, de un feroz oponente, a un compañero molesto, pero inevitable en nuestro viaje.

El primer paso de la aceptación radical es simplemente notar y nombrar lo que estamos sintiendo. A partir de aquí podemos saber cómo se siente la emoción en nuestro cuerpo: ¿Dónde experimentamos la sensación? ¿Se nos oprime el pecho o se nos acelera el corazón? ¿Nuestra respiración es superficial? ¿Se nos retuerce el estómago? Podemos notar con suavidad estas sensaciones poniéndonos la mano en el corazón y ofreciéndonos algunas palabras de ternura: «Está bien», «Te tengo» o «Estás a salvo».

Por último, la aceptación radical nos invita a permitir que nuestra realidad emocional actual esté ahí, *tal como es,* sin cambiarla. Podemos verbalizar nuestra aceptación diciendo algo como: «Acojo este miedo porque sé que estoy a salvo», «La culpa es una reacción natural a la hora de ponerme como prioridad, es normal», o «Así es como están las cosas ahora mismo y lo acepto».

La aceptación radical no hace que nuestros sentimientos desaparezcan, pero sí ofrece una base más tranquila y sólida sobre la que podemos actuar. Ahora que no estamos dando vueltas en círculos tratando de escapar de nuestras emociones, podemos tomar decisiones intencionadas sobre cómo calmarlas.

DEL MIEDO A LA RESOLUCIÓN

Romper el patrón de complacer a la gente resulta perturbador. Nos adentramos en un territorio desconocido, por lo que es muy normal tener un poco de miedo. Podemos temer que no le gustemos a los demás si nos defendemos, que nuestros límites perjudiquen a las personas que amamos, que la gente nos juzgue si somos honestos sobre lo que necesitamos, que nuestras relaciones se vuelvan tensas después de establecer límites, o que acabemos solos si establecemos estándares más altos sobre cómo nos tratan.

Estos miedos son totalmente naturales a medida que cambiamos los roles que desempeñamos en nuestras relaciones. Ya sea que le pidamos a nuestro compañero de departamento que lave sus platos sucios o que nos distanciemos de un padre abusivo, estamos transformando nuestra antigua pasividad en asertividad.

Para ilustrar el camino del miedo a la resolución, veremos la historia de Danica. Danica ha sido amiga íntima de Ula desde la infancia. Después de la escuela se mantuvieron en contacto cuando fueron a la universidad en diferentes partes del país: Danica en Austin, Texas, y Ula en Seattle, Washington. Ahora, con veintitantos años, se llaman por teléfono al menos una vez al mes para ponerse al día.

Un día, Ula sorprende a Danica con una noticia: se muda a Austin por un traslado laboral. Danica está encantada y, cuando Ula llega a la ciudad unas semanas después, la ayuda a desempacar las maletas y a instalarse. Esa noche, salen a cenar y se quedan bebiendo hasta medianoche. Están encantadas de estar de nuevo en la misma ciudad.

A medida que pasan las semanas, Danica, maestra de escuela, pasa las tardes y los fines de semana presentándole a Ula sus puestos de tacos y tiendas de segunda mano favoritos. Van a tomar margaritas los viernes por la noche y café helado los domingos por la mañana. Los amigos de Danica invitan alegremente a Ula a sus fiestas y comidas, dándole una cálida bienvenida. Las dos pasan la mayoría de los días juntas cada semana.

Con el tiempo, Danica empieza a darse cuenta de que se siente desequilibrada. Su trabajo de profesora es exigente y anhela tener algunas noches a la semana para estar sola y relajarse. Tiene otras amigas con las que le gustaría pasar tiempo a solas, pero ha desarrollado la rutina de pasar todo su tiempo libre con Ula.

Danica quiere hablar con Ula sobre reducir el tiempo que pasan juntas para poder tener más equilibrio, pero tiene miedo de herir sus sentimientos. Ula aún no ha hecho amigos en Austin y Danica no quiere que se sienta abandonada.

Recuerda el dolor de permanecer igual

Cuando tenemos miedo, el corazón se acelera, el pecho se tensa y nuestra visión se estrecha. Olvidamos por un momento que más allá de nuestro miedo a corto plazo se encuentra nuestra libertad a largo plazo. Alejar la vista para ver el panorama general, tanto los beneficios de cambiar *como* los dolores de permanecer igual, nos ayuda a ganar perspectiva. En mis talleres, los participantes suelen decir que este es el ejercicio más impactante para superar el miedo.

COMIENZA CON LOS BENEFICIOS DEL CAMBIO

Primero, aléjate para imaginar los *beneficios a largo plazo* de tomar esta acción. Dentro de un año, ¿cómo habrás cambiado para mejor? ¿Cómo se habrá enriquecido tu vida? ¿Cómo pasarás tu tiempo de maneras más agradables? ¿Cómo te sentirás más en paz en tus relaciones? Cierra los ojos e imagina esta vida futura.

Una vez que hayas completado tu visión, repite el mismo proceso, pero esta vez imagina que son cinco años. Luego, una vez que completes esa primera ronda, repítelo, pero esta vez piensa que han pasado diez años. ¿Cómo notas que los beneficios de romper el patrón de complacer a los demás se intensifican y se expanden con el tiempo?

AHORA, IMAGINA LOS PROBLEMAS DE MANTENERTE IGUAL

Ahora, imagina que obedeces al miedo y no te defiendes. Toma distancia y visualiza los inconvenientes a largo plazo de esta decisión dentro de un año. ¿Cómo será tu vida? ¿Cómo se habrá visto afectada tu salud mental y física? ¿Cómo se habrán cargado de resentimiento tus relaciones? Ahora, al igual que hiciste antes, imagina tu vida cinco años después y luego diez años después. Con cada salto en el tiempo, observa cómo se magnifican los inconvenientes.

Alejarte de esta manera hace que el dolor de *no* cambiar sea muy claro. Cuando sucumbimos al miedo podemos obtener un respiro momentáneo, pero con el tiempo, esa incomodidad se agrava exponencialmente.

En primer lugar, Danica imagina los beneficios de reducir su tiempo con Ula. Dentro de un año, siente una sensación de calma al volver a tener algunas noches a la semana para ella. También se ha vuelto a conectar felizmente con los amigos de los que se había distanciado en los últimos meses. Cuando se aleja más, cinco años, diez años, se da cuenta de que esta sensación de calma y equilibrio no hace más que aumentar.

Cuando Danica imagina cómo sería si nunca hubiera retrocedido en el tiempo con Ula, tiene una reacción negativa visceral. Dentro de un año, se habrá desconectado por completo de sus otros amigos, y estará agotada y resentida por haber tenido tan poco tiempo para sí misma. Al cabo de cinco y diez años, el resentimiento y el agobio no harán más que empeorar y ella llegará a detestar a Ula en el proceso.

Para Danica, este ejercicio deja muy clara su necesidad de cambio: hablar con Ula será difícil, pero los efectos secundarios de no hablar con ella serían peores.

Recuerda tu razón más profunda

Como comentamos en el capítulo 1, nuestra razón más profunda es la más importante y emotiva para romper el patrón de complacer a los demás. Es un bálsamo que apaga el fuego de nuestros miedos cuando estamos angustiados, lo que nos permite ver más allá de nuestra incomodidad a corto plazo e imaginar un futuro más pacífico, empoderado y expansivo. Ante el miedo, mantén cerca tu razón más profunda. Escríbela y ponla en un lugar visible como recordatorio para mantener el rumbo.

Canaliza un modelo a seguir

Cuando nos enfrentamos al miedo, canalizar un modelo a seguir nos ayuda a acceder a nuevas formas de responder a situaciones difíciles. Piensa en esto: ¿quién es una persona —viva o fallecida, real o ficticia— que sabría enfrentar bien este miedo?, ¿quién posee la valentía, el coraje o la firmeza que quieres encarnar?

La próxima vez que te enfrentes al miedo, visualiza a tu modelo a seguir por completo: su rostro, su vestido, su voz, su actitud. Pregúntate: «¿Qué haría en esta situación?». Tómate un tiempo para imaginar, de principio a fin, cómo respondería tu modelo a seguir. ¿Qué haría? ¿Cómo se mantendría firme en su decisión? ¿Cómo podría usar la incomodidad para calmarse? En la medida de tus posibilidades, sigue sus pasos.

Cuando Danica piensa en quién le gustaría tomar como modelo a seguir para su conversación con Ula, se imagina a su amiga Callie. Callie es audaz, franca y no se anda con rodeos, pero también expresa su amor de una manera igualmente sincera. Como Callie es tan transparente, Danica siempre sabe exactamente en qué situación se encuentra con ella; confía en que Callie sea honesta y clara, incluso cuando es difícil. Como resultado, Danica siente que Callie es una de las personas más dignas de confianza que conoce.

Danica reflexiona sobre cómo Callie manejaría esta conversación. Sin duda, sería clara y directa. Conociéndola, probablemente diría algo sencillo como: «Ula, ahora que ya estás instalada, necesito asegurarme de que estoy dedicando tiempo a mí misma y también a mis otros amigos. ¿Quieres que planeemos reunirnos una vez cada semana o cada dos semanas?».

Danica tiene dificultades con este tipo de límites, así que imaginar el enfoque directo de Callie le da un punto de partida útil.

Al día siguiente, cuando Danica deja a Ula después de pasar la tarde de compras, Ula le pregunta si le gustaría salir a tomar algo la noche siguiente. Danica se imagina a Callie e intenta reflejar su amabilidad directa mientras responde:

—Ahora que ya estás instalada, me doy cuenta de que necesito dedicar algo de tiempo a mí misma y a mis otros amigos también.

Mañana por la noche no puedo, pero ¿quieres que nos veamos para tomar algo la semana que viene y que intentemos vernos una vez cada semana o cada dos semanas?

Para sorpresa de Danica, Ula se muestra completamente receptiva.

—¡Por supuesto! Has sido muy generosa ayudándome a aclimatarme, y sé que tienes tus asuntos y personas con quienes estar. La semana que viene está perfecto.

Danica se siente aliviada; la aceptación de Ula es como un regalo inesperado.

—¡Perfecto! —responde sonriendo—. Suena bien. ¡La semana que viene nos vemos!

Sé un modelo a seguir

Aunque romper el patrón de complacer a la gente es un viaje que hacemos de forma independiente, puede provocar un profundo efecto dominó en nuestras relaciones y comunidades. Nuestras acciones pueden inspirar a otros a hablar, romper viejos patrones y buscar con valentía nuevas formas de vida. Hay que recordar que ser modelos a seguir puede fortalecer nuestra determinación. Cuando te enfrentes al miedo, puedes mantener el rumbo preguntándote: «¿Para quién soy un modelo a seguir?».

Quizá estemos dando ejemplo a nuestros hijos. Los niños no solo absorben lo que les enseñamos verbalmente, sino que observan nuestro comportamiento para aprender a hablar consigo mismos, qué es aceptable y qué tipo de relaciones merecen. De la misma manera que los cuidadores pueden transmitir hábitos de autosacrificio y pasividad, también pueden transmitir respeto por uno mismo, asertividad y confianza.

Quizá seamos un modelo a seguir para los miembros de nuestra comunidad o lugar de trabajo. Al ser el cambio que deseamos ver en estos espacios, trazamos un rumbo que otros podrían seguir en el futuro y, a veces, nuestras acciones transforman por completo la cultura del grupo. Alternativamente, quizá seamos un modelo a seguir para otros miembros de nuestros grupos de identidad, abriendo nuevos caminos para las personas que comparten nuestros orígenes.

La mujer que se impone ante su esposo es un modelo a seguir para otras mujeres que desean romper la fortaleza del patriarcado en sus matrimonios. El adolescente trans que aboga por políticas de inclusión de género en su escuela es un modelo a seguir para todos los jóvenes trans que desean cambiar los sistemas opresivos.

Recordar para quién somos un modelo a seguir no elimina nuestro miedo, pero recordar a aquellos a quienes inspiramos puede hacer que valga la pena.

Recuerda que la vida es corta

Nuestro tiempo en este planeta es breve. Tenemos una oportunidad para aprovechar al máximo nuestra vida y no queremos que el miedo nos detenga. Bronnie Ware, enfermera de cuidados paliativos, pasó su carrera cuidando a pacientes terminales durante sus últimas 12 semanas de vida. En el tiempo que pasó con ellos, les preguntó: «¿Te arrepientes de algo? ¿Harías algo de manera diferente si tuvieras la oportunidad?». Después de hablar con miles de pacientes, el arrepentimiento más común que escuchó fue: «Ojalá hubiera tenido el valor de vivir una vida fiel a mí mismo, no la vida que otros esperaban de mí». ¿Qué podría ser un incentivo más poderoso para seguir adelante a pesar de nuestro miedo? Cuando estemos en nuestro lecho de muerte, haciendo un balance de cómo vivimos, queremos estar orgullosos de nuestras elecciones. Un día, este momento presente de miedo podría ser un recuerdo que evocamos y decimos: «Eso fue aterrador, pero me alegro mucho de haberlo hecho».

DE LA CULPA A LA CONFIANZA

La culpa es una emoción difícil para todos, pero para quienes rompemos el patrón de complacencia es muy angustiante. Hemos pasado nuestra vida haciendo todo lo posible para evitar molestar a los demás. Ahora que estamos priorizando nuestras necesidades, ocasionalmente necesitamos dejar de priorizar las de nuestras parejas, amigos y familiares, y lidiar con su decepción en consecuencia.

Podemos sentirnos culpables por poner límites a amigos y seres queridos, terminar relaciones desequilibradas, pedir más a los demás, romper patrones de sobrecarga o poner límites a nuestro tiempo, energía y espacio.

Aliviar nuestra culpa no consiste en fingir que otras personas estarán felices con nuestras nuevas elecciones, sino en recordar que priorizarnos a nosotros mismos no solo es aceptable, sino también necesario si queremos relaciones verdaderamente íntimas y saludables.

Para ilustrar cómo podemos pasar de la culpa a la confianza utilizaremos el caso de Jeanine. Jeanine y Kyle se conocieron en la fiesta de cumpleaños de un amigo común. Tuvieron química de inmediato y desde entonces han tenido seis citas.

Al principio, Jeanine disfrutó de su tiempo juntos; Kyle era atractivo, encantador y sabía exactamente cómo hacerla reír; pero cuanto más se conocen, menos quiere tener una relación con él. Ella es muy decidida y a él le falta sentido de la orientación: no está contento con su trabajo sin futuro, pero no ha hecho ningún esfuerzo por encontrar uno nuevo. La comunidad también es importante para ella, pero él no parece tener muchos amigos, ni siquiera conocidos. Para Jeanine, la chispa inicial ya se apagó.

En su séptima cita ella se arma de valor para darle la noticia. Le dice con delicadeza:

—Kyle, he disfrutado mucho conociéndote, pero siento que no somos una buena pareja. Estoy dispuesta a que sigamos siendo amigos, pero no me interesa continuar nuestra relación romántica.

Kyle está a punto de llorar.

—¡Pensaba que las cosas iban muy bien! —exclama—. ¿Qué hice mal?

Jeanine siente su tristeza como una puñalada, odia decepcionarlo de esta manera. Le explica que él no hizo nada malo, simplemente sus estilos de vida no son compatibles. La conversación termina abruptamente y, cuando ella llega a casa, la consume la culpa por herir los sentimientos de Kyle.

Recuerda que cada *no* es también un *sí*

Cuando empezamos a establecer límites, es común centrarnos en todas las cosas a las que estamos diciendo que no. Sin embargo, cada *no* que decimos es un *sí* simultáneo y rotundo a algo aún más importante: normalmente, nuestras necesidades, deseos o sentido de respeto, todo lo cual ha sido descuidado durante demasiado tiempo.

Cuando te sientas culpable por decir que no, establecer un límite o crear distancia en una relación, plantéate lo siguiente: al ver por ti de esta manera, ¿a qué dijiste que sí?

Jeanine reflexiona: «Cuando digo que no a salir con Kyle, digo que sí a la posibilidad de encontrar a alguien que se adapte mejor a mí, me atraiga y me interese. Cuando digo que no a salir con alguien por culpa y obligación, digo que sí a salir con alguien más por interés, curiosidad y emoción genuinos. Cuando digo que no a una relación con alguien que carece de empuje y de sentido de comunidad, digo que sí a la posibilidad de encontrar una pareja que comparta mis valores e intereses».

Empatiza contigo mismo

La psicóloga Marolyn Wells escribe que, dado que la empatía es el antídoto natural contra la vergüenza, las personas que se preocupan por agradar a los demás deben aprender a empatizar consigo mismas y no con los demás cuando experimentan situaciones que activan sentimientos de culpa y vergüenza. Cuando empatizamos con nosotros mismos, resistimos la tentación de centrarnos demasiado en el dolor o la frustración de los demás y, en su lugar, prestamos mucha atención a nuestra experiencia vital: por qué tomamos esta decisión, cómo nos sentimos en nuestro cuerpo y qué necesitamos en este momento.

Cuando nos sorprendamos rumiando sobre los sentimientos heridos de los demás, podemos reflexionar: «¿Qué interacciones dolorosas, hirientes o desagradables nos llevaron a defendernos de esta manera? ¿Cómo ponernos como prioridad fue una demostración de respeto por nosotros mismos? ¿Cómo protege este límite nuestras necesidades? ¿Cómo mejorará nuestra vida a largo plazo si tomamos esta medida?».

En las horas posteriores a su última cita con Kyle, Jeanine está preocupada. No deja de pensar en la expresión de sorpresa de su rostro cuando le dio la noticia. Se imagina que está muy molesto con ella y la idea le deja un nudo en el estómago.

A medida que su culpa resurge con fuerza, decide dejar de vivir en los sentimientos de Kyle y practica la empatía consigo misma. Recuerda intencionadamente su decepción cuando le preguntó a Kyle sobre sus sueños para el futuro y él se encogió de hombros con desinterés. Se recuerda a sí misma que romper con Kyle es la única manera de satisfacer su deseo de una pareja ambiciosa y con vocación de servicio. Decepcionar a Kyle es incómodo a corto plazo, pero es la única forma de conseguir lo que necesita a largo plazo.

Considera los beneficios ocultos para la otra persona

La culpa es como un foco de atención; nos dirige a todo lo que hemos hecho mal, dejando poco espacio para considerar otras posibilidades: a saber, cómo nuestro límite podría ayudar a la persona a la que tememos haber herido. Ganamos perspectiva al considerar la siguiente pregunta: ¿Cómo podría beneficiarse de nuestro límite a corto o largo plazo?

Estas son algunas formas comunes en las que también estaríamos beneficiando a otros:

- Ahora que le dije lo que necesito, le resultará más fácil satisfacer mis necesidades.
- Ahora que le dije lo que necesito, no sentirá la presión de adivinar lo que necesito y no tendré resentimiento hacia él/ella cuando se equivoque.
- Ahora que señalé su comportamiento problemático, puede cambiarlo y mejorar sus relaciones conmigo y con los demás.
- Ahora que le dije cómo me siento realmente, ya no necesita estar confundido por mi inconsistencia y evasión.

- Ahora que no estoy resolviendo sus problemas por él/ella, puede ser más independiente.
- Ahora que fui sincero sobre mis límites, tenemos la oportunidad de desarrollar una relación más sostenible.
- Ahora que reconocí que esta relación no es adecuada para mí, él/ella puede encontrar amigos/parejas que sean más adecuados y quieran sinceramente su compañía.

Al menos, beneficiamos a los demás cuando aportamos honestidad y transparencia a nuestras relaciones en lugar de mentir, engañar o actuar para crear una ilusión de armonía.

Jeanine se centró tanto en cómo su decisión lastimó a Kyle que no pensó en cómo él podría beneficiarse. Se da cuenta de que, si hubieran seguido saliendo, habría pasado su relación deseando en silencio que él fuera diferente. Kyle merece una pareja que lo aprecie por lo que es y, ahora que se separaron, tiene el espacio para encontrar eso. Cuanto más lo piensa, más se da cuenta de que lo cruel habría sido mantener su relación por puro sentimiento de culpa, impidiendo que *ambos* encontraran relaciones satisfactorias en otros lugares.

Habla con alguien que te anime

Cuando la culpa nos invade por completo, el apoyo social puede recordarnos nuestra bondad y afirmarnos que estamos donde debemos estar. No hay que avergonzarse de necesitar que un amigo, un terapeuta o un grupo de apoyo nos levante el ánimo para atravesar las aguas de la culpa.

Puedes contarle a un confidente que estás tratando de romper el patrón de complacencia y preguntarle si estaría dispuesto a platicar sobre ello de vez en cuando. Quizá tengas algunos amigos que también estén trabajando en la autodefensa con los que puedas iniciar un grupo para compartir sus respectivas victorias. Después de hacer peticiones difíciles o establecer límites desafiantes, ponte en contacto con tu grupo o persona de apoyo para celebrarlo.

Muévete

Como vimos en el capítulo 13, cuando nos enfrentamos a un acontecimiento externo desafiante, es decir, un factor estresante, tenemos una reacción física interna llamada estrés. El estrés hace que nuestro corazón se acelere, nuestro pecho se apriete y nuestra respiración se acorte; es común experimentar tanto la incomodidad física del estrés como la emocional de la culpa. Las investigaciones demuestran que el ejercicio físico es la herramienta más eficaz para eliminar el estrés de nuestro cuerpo.

Jeanine decide salir a correr y, con cada paso, sus cavilaciones sobre Kyle se alejan más y más. Cuando termina su circuito de cinco kilómetros, se siente de nuevo conectada con su cuerpo. Su culpa no ha desaparecido por completo, pero ahora es un pequeño punto en la periferia de su paisaje emocional.

DE LA IRA DESTRUCTIVA A LA IRA CREATIVA

Cuanto más nos ponemos como prioridad, más advertimos lo pequeños que solíamos hacernos en presencia de los demás. Empezamos a comprender lo mucho que nos afectaba cuando nos castigaban o nos avergonzaban por expresar nuestras necesidades en el pasado. Cambiamos demasiadas veces nuestra comodidad por aquellos que no tenían en cuenta nuestros intereses.

A menudo, un tsunami de ira acompaña esta toma de conciencia. Podemos sentir ira hacia los cuidadores cuya negligencia, abuso, inmadurez emocional, adicciones o problemas de salud mental contribuyeron al desarrollo de nuestro patrón de complacencia; hacia las personas que desestimaron o se burlaron de nuestros sentimientos; hacia las parejas que calificaron nuestras necesidades razonables como «excesivas»; hacia los lugares de trabajo e instituciones que explotaron nuestra falta de límites; hacia los sistemas de opresión que nos obligaron a guardar silencio para mantenernos a salvo; o, incluso, hacia nosotros mismos por permanecer demasiado tiempo en situaciones tóxicas.

Al principio, la ira puede sentirse como una fuerza destructiva: urgente, devastadora y vengativa. Pero incluso cuando la ira es el combustible que alimenta nuestro motor, seguimos siendo nosotros los que estamos al volante: seguimos decidiendo a dónde vamos. Los estudios demuestran que la ira es un poderoso motor para el cambio; suele ir acompañada de un esfuerzo por eliminar obstáculos, rectificar injusticias y crear mejores condiciones para nosotros mismos y para los demás. Mientras que la ansiedad y la tristeza nos hacen sentir pequeños y temerosos, la ira nos hace sentir apasionados, feroces y comprometidos. En última instancia, la ira puede impulsarnos hacia una nueva forma de vivir.

A medida que sanamos, debemos honrar nuestra ira. Es sagrada, ardiente y purificadora: es la justa indignación de nuestro yo más íntimo que cobra vida. Debemos dejar que nos transforme en una nueva versión de nosotros que no se conforme con menos. Honrar nuestra ira no significa gritarle a los demás, tratarlos mal o buscar venganza (¡aunque a veces podemos sentir la tentación de hacerlo!). En su lugar, podemos aprovechar su energía para abogar por un mejor trato para nosotros mismos y para los demás. Podemos preguntarnos: «¿Cómo canalizar la energía de nuestra ira no para destruir, sino para crecer, crear y generar?».

Podemos usarla como motivación para establecer los límites necesarios, dejar relaciones tóxicas, ayudar a personas que se enfrentan a las mismas dificultades que nosotros, comenzar una rutina física (correr, levantar pesas, bailar, hacer yoga, estirar) que nos conecte con nuestra fuerza o crear una obra de arte que exprese nuestra historia.

Un año después de empezar a romper el patrón de complacer a la gente, me invadió una ira tremenda. En terapia, había empezado a reescribir viejas historias de mi pasado; poco a poco estaba cambiando mis creencias de «soy demasiado» y «soy demasiado sensible» a «soy digna de amor tal como soy» y «ser sensible al maltrato es normal y saludable».

Este cambio de creencias despertó una ira inesperada contra quienes habían minimizado mis necesidades en el pasado. Estaba furiosa con los miembros de mi familia que habían dicho que me ponía demasiado tensa debido a sus crueles comentarios. Estaba enojada con mis exparejas que habían dicho que era «demasiado necesitada» por exigir un mínimo de coherencia y afecto en mis relaciones. Estaba molesta con los amigos que me habían utilizado como caja de resonancia de sus problemas sin mostrar apenas curiosidad a cambio. Sobre todo, estaba furiosa *conmigo misma* por creer que debía empequeñecerme y ser menos obstinada para ser digna del amor de los demás.

Mi ira ardía como un incendio dentro de mí. Necesitaba canalizarla, así que empecé a escribir poesía en un blog. Bajo un seudónimo, escribí versos mordaces sobre mis discusiones con mis ex, sobre la forma en que el sexismo silencia las voces de las mujeres, sobre el dolor desgarrador de sentir que debía ser menos. Mi intención era que mi blog fuera un espacio de catarsis personal, pero con cada nueva entrada que compartía, extraños me agradecían en los comentarios. Decían que podían identificarse, que ellos también habían pasado por eso y que mi poesía les daba voz a frustraciones que nunca antes habían expresado.

Encontrar catarsis para mi ira de esta manera fue sanador. Me ayudó a sentirme menos sola en mis experiencias. No podía deshacer mi pasado, pero a través de mi poesía, podía ofrecer compañía y afirmación a las personas que pasaban por algo similar.

A VECES, SOLO ES HORRIBLE

Aunque las herramientas que se presentan aquí pueden ayudarnos a calmar los dolores del miedo, la culpa y la ira, no existe una fórmula mágica que alivie por completo nuestras emociones difíciles. A veces, no hay una solución rápida. A veces, solo es horrible.

Sorprendentemente, podemos encontrar algo de alivio en este reconocimiento. A veces, no hay nada más que *hacer,* solo tenemos que aceptar radicalmente el hecho de que romper el patrón es difícil. Podemos consolarnos con el hecho de que este malestar no durará para siempre. Sí, hay temporadas en nuestra vida que nos agravian y nos desafían, y también hay temporadas que nos nutren, reponen energías y nos restauran. Podemos confiar en que, con cada verdad dicha y cada límite establecido, nos acercamos a una temporada de fuerza y respeto por nosotros mismos.

16

DEJAR RELACIONES ATRÁS

Las personas en recuperación del patrón de complacencia superan las relaciones más a menudo que la mayoría porque están dejando a un lado los comportamientos de autodesprecio que posibilitaron esas relaciones en primer lugar.

A medida que empezamos a ocupar más espacio, las relaciones que antes encajaban perfectamente empiezan a resultar limitantes. Podemos descubrir que a nuestra pareja no le importa escuchar nuestras necesidades y que nos prefería cuando éramos deferentes. Notamos que nuestros amigos no saben cómo dar cabida a nuestras emociones, solo saben cómo interactuar con nosotros cuando desempeñamos el papel de su consultor o terapeuta. Comenzamos a ver el carácter destructivo de ciertos patrones en nuestra familia y sentimos la necesidad de distanciarnos de nuestros padres, hermanos u otros parientes.

En algunas de estas relaciones, puede simplemente tratarse de un desajuste: no se sienten alineadas con lo que nos estamos convirtiendo a medida que avanzamos hacia nuestro poder. Otras son activamente perjudiciales y nuestro nuevo compromiso con ponernos como prioridad requiere que las terminemos. Mostramos un gran valor cuando nos damos permiso para dejar atrás relaciones que no son saludables, que nos hacen sentir crónicamente invisibles y desconocidos, y que son perjudiciales para nuestra salud y bienestar.

En este capítulo exploraremos herramientas para navegar por estas difíciles transiciones. Hablaremos de cómo cambiar nuestras relaciones para que se adapten mejor a nuestras necesidades o, cuando eso no es posible, cómo salir de ellas por completo.

LA HISTORIA DE MAL

Mal, de 45 años, se mudó a Nueva York hace tres años después de un doloroso divorcio. Ansiosa por encontrar una comunidad, hizo arreglos para reunirse con la amiga de una amiga, Jodi, una publicista, y desde entonces, las dos se ven para tomar algo cada dos semanas.

Desde el principio, Mal se dio cuenta de que Jodi era un personaje. Podía ser divertida, pero también mordaz, sin miedo a hacer comentarios hirientes sobre sus clientes entre sorbo y sorbo de su martini. Al principio, Mal se sintió atraída por la personalidad desbordante de Jodi y su interminable repertorio de historias entretenidas, pero cuanto más tiempo pasan juntas, más se da cuenta de lo mala oyente que es Jodi. Cada vez que Mal ofrece información sobre su vida, Jodi rápidamente vuelve a centrar la conversación en sí misma. Con el paso de los años, Mal ha empezado a sentirse más invisible, y más resentida, con cada interacción.

Un viernes, Mal recibe un mensaje de texto de Jodi: «¿Tomamos algo en la noche?». Mal acepta, pero a medida que avanza la jornada laboral, empieza a buscar excusas para cancelar sus planes. «Podría decir que me duele la cabeza», piensa. «O podría decir que toda la oficina se intoxicó después de comer. O tal vez podría decirle que mi gato se cayó de la escalera de incendios y tengo que llevarlo al veterinario».

A medida que sus inventos se vuelven más extravagantes, Mal se interrumpe a sí misma: «Eres una mujer de 45 años, por el amor de Dios. Deja ya las prácticas de secundaria. Es hora de decirle a Jodi cómo te sientes realmente».

Esa noche, Mal llega al bar nerviosa. Pide un coctel y espera a que Jodi entre por la puerta, resplandeciente, con un ajustado vestido azul.

—No vas a *creer* lo que acaba de pasar —exclama Jodi tirando su bolsa en la barra. Hace una señal al mesero mientras se lanza a relatar de forma dramática una llamada telefónica que tuvo con un cliente infame.

Mal asiente distraídamente. Cuando Jodi hace una pausa para darle un sorbo a su bebida, aprovecha la oportunidad.

—En realidad, esperaba hablar contigo sobre algo —dice Mal. Respira hondo para calmar sus nervios y continúa—: Jodi, he estado sintiendo que las cosas entre nosotras están desequilibradas. Me gusta escuchar tus historias, pero cuando es mi turno de compartir, no prestas mucha atención. Por lo general, vuelves la conversación hacia ti misma. —Mal da un sorbo a su bebida y se aclara la garganta—. La verdad es que tiendo a sentirme invisible cuando estamos juntas y no quiero eso. Me encantaría que pudiéramos tener conversaciones más equilibradas.

Jodi la mira fijamente y le da un largo sorbo a su bebida. Pasan unos segundos. De repente, estalla en carcajadas.

—Mal, ¿de qué estás *hablando*? —ríe—. Cariño, me contaste todo sobre tu exesposo que es un asco, de tu trabajo aburrido, de tus gatos... —Jodi pone los ojos en blanco—. Quiero decir... Es todo un poco deprimente, ¿no?

Mal le devuelve la mirada, sin decir nada.

—Trabajo con gente famosa, ¿ok? Mis historias son divertidísimas. E interesantes. Queremos reírnos, no sentir lástima, ¿no crees? —Jodi le hace una señal al mesero para que le traiga otra copa—. De todas formas, eso me recuerda que quería contarte lo que pasó la semana pasada —continúa Jodi, acercándose a ella con aire de complicidad—. ¿Te enteraste de que...?

La velada transcurre en una nebulosa y Jodi habla a un millón por hora mientras Mal se queda allí, atónita. Después de despedirse, Mal regresa a su departamento, asombrada de que alguien pueda ser tan desconsiderado. Se pregunta: «Me siento muy herida por su reacción, pero tal vez estoy siendo demasiado sensible. Quizá tenga razón, a lo mejor el problema es que soy demasiado deprimente».

HACER UNA EVALUACIÓN DE LA RELACIÓN

Al igual que Mal, cuando nos sentimos insatisfechos por primera vez en una relación, podemos dudar de nosotros mismos o negar la gravedad de la desconexión que estamos sintiendo. Podemos intentar ignorar nuestros instintos de que esta relación (en su forma actual) no es adecuada, descartar nuestros sentimientos como signos de que somos «demasiado sensibles», «demasiado exigentes» o «no lo suficientemente interesantes» e incluso distraernos de nuestra insatisfacción metiéndonos de lleno en nuestro trabajo, proyectos personales u otras relaciones. Las siguientes reflexiones pueden ayudarnos a hacer una evaluación de la relación con ojos claros mientras decidimos cómo proceder.

¿Qué cambios se han producido desde que comenzó esta relación?

Por lo general, dejamos atrás relaciones porque cambiamos, ellos cambian o nuestras circunstancias cambian. Identificar estos cambios específicos nos ayuda a poner en contexto lo que sentimos cuando estamos superando una relación.

Considera: desde que comenzó el vínculo, ¿cómo he cambiado?, ¿cómo han cambiado ellos?, y ¿cómo han cambiado nuestras circunstancias?

Como vemos a través de esta reflexión, dejar atrás una relación no tiene por qué implicar culpa o reproche. Muchos vínculos simplemente llegan a su fin porque los acontecimientos a lo largo del tiempo han llevado a un desajuste en las necesidades, los deseos o los valores.

Mal reflexiona sobre estas preguntas. Primero piensa en cómo ha cambiado: «Bueno, estoy intentando dejar de complacer a la gente, así que he empezado a prestar más atención a mis necesidades. También he intentado imponerme más. He trabajado mucho en sanar tras mi divorcio y ese proceso me ha hecho más consciente de las relaciones en las que no se me respeta».

Cuando Mal piensa en cómo ha cambiado Jodi, no se le ocurre nada concreto. En cuanto a los cambios en las circunstancias de la vida, Mal señala que lleva tres años viviendo en Nueva York. Al principio, cuando era una desconocida en la ciudad, buscaba con desesperación amistad donde pudiera encontrarla. Ahora tiene un grupo de amigos y un sentido de comunidad, lo que le permite ser más exigente con las relaciones que realmente le funcionan.

Estos cambios ponen en contexto los sentimientos de descontento de Mal. Su frustración con Jodi no es solo una casualidad; es una culminación comprensible de los cambios que han ocurrido en los últimos tres años.

¿Qué patrones crónicos no me funcionan?

¿Qué comportamientos repetidos, diferencias o conflictos están haciendo de tu relación una fuente de estrés? Todas las relaciones incluyen errores y heridas momentáneas, pero cuando un comportamiento doloroso se convierte en un patrón, puede ser una señal de un desajuste más profundo.

Quizá rara vez te muestran afecto, tal vez sus conversaciones son siempre desequilibradas, a lo mejor siempre están intentando cambiarte, no puedes darles todo el apoyo que necesitan o no asumen su responsabilidad en los conflictos; es posible que sus necesidades de unión y separación no coincidan, quizá ya no puedes tolerar que beban tanto o tal vez tu vida sexual es insatisfactoria.

Para cada patrón, considera tu necesidad subyacente insatisfecha. ¿Esta relación te deja con ganas de más conexión?, ¿reciprocidad?, ¿independencia?, ¿afecto?

Mal considera el patrón que no le funciona: «Jodi monopoliza nuestras conversaciones y me siento invisible cuando pasamos tiempo juntas». Debajo de este patrón, Mal identifica que sus necesidades insatisfechas son el equilibrio, la reciprocidad, ser escuchada e importarle al otro.

¿Qué me dice mi cuerpo?

Nuestros cuerpos son una fuente de sabiduría intuitiva que a menudo se pasa por alto. La forma en que reaccionan nuestros cuerpos en presencia de otras personas puede ofrecernos información clave sobre lo seguros, respetados y cómodos que nos sentimos con ellos. Incluso cuando nuestras mentes descartan nuestras frustraciones como «no es para tanto», nuestras sensaciones físicas pueden contar una historia más honesta.

Cuando pasamos tiempo con la persona en cuestión, nos comunicamos con ella o incluso pensamos en ella, podemos hacer un autoexamen: «¿Qué percibo en mi cuerpo en este momento? ¿Noto un pecho o un corazón acelerado?, ¿falta de aliento?, ¿tensión en el estómago?, ¿entumecimiento? ¿Salgo de los encuentros con esta persona sintiéndome con energía o agotado?».

Mal no ha prestado mucha atención a su cuerpo durante el tiempo que ha pasado con Jodi. Se sienta en la mesa de la cocina, cierra los ojos e imagina que Jodi está sentada a su lado, contando otra larga historia sobre un cliente. Mientras Mal ve cómo se desarrolla esta película mental, nota una presión en el pecho y un dolor sordo le zumba en la sien. De repente, recuerda que, después de la mayoría de las noches que sale con Jodi, se mete en la cama inmediatamente, agotada como lo está después de un largo día de trabajo.

Mal se siente validada al notar cómo su cuerpo expresó su descontento. No se trata solo de una sensibilidad pasajera en su mente, es una reacción de todo el cuerpo que indica que algo anda mal en su relación.

¿Comuniqué mis necesidades de forma explícita?

Muchas personas que se esfuerzan por agradar a los demás tienen un historial de rupturas de relaciones sin comunicar primero sus necesidades porque la idea de expresarlas les resulta demasiado incómoda.

La verdad es que, aunque pensemos que la otra persona debería saber lo que necesitamos, nunca sabremos si puede satisfacer nuestras necesidades a menos que se lo pidamos directamente (la excepción a esta regla es la violencia o el abuso, nunca deberías tener que pedirle a alguien que no te haga daño de esta manera). Cuando dejamos que nuestros resentimientos tácitos se agraven y, en última instancia, nos alejen, no damos a la relación la oportunidad de convertirse en todo lo que puede ser.

Mal está orgullosa de sí misma por pedir más equilibrio después de tres años de resentimiento latente. La respuesta de Jodi fue desagradable, pero al menos Mal sabe que hizo lo que pudo para dar a conocer sus necesidades.

Mientras Mal contempla sus respuestas a estas cuatro preguntas, tiene una sensación de claridad. El patrón es obvio: su cuerpo ha hablado, sus necesidades no están cubiertas y Jodi no hizo ningún esfuerzo por mostrar compasión después de su sincera petición. Mal se siente convencida de que algo tiene que cambiar.

P. D.: no siempre tiene que ser «tóxico»

En última instancia, somos los únicos que podemos determinar una razón «suficientemente buena» para dejar una relación. Esta decisión depende en gran medida de nuestra historia, valores y capacidad para mantener varias relaciones a la vez. Cuando dejamos una relación que no es tóxica ni perjudicial, sino que simplemente no es adecuada, es posible que otras personas no entiendan o aprueben nuestra decisión, pero no son ellos los que viven nuestra vida.

PLANIFICAR TU PRÓXIMO PASO

Una vez que hayamos afirmado que la relación no satisface nuestras necesidades, es hora de decidir cómo seguiremos adelante. En algunos casos, pequeños ajustes en una relación serán suficientes para hacerla manejable. Otras veces, la única opción viable es terminar la conexión por completo.

Comenzar con pequeños cambios: el enfoque del tablero de sonido

Si has ido a un concierto, es posible que hayas notado a un ingeniero de sonido, de pie en la parte trasera de la sala, haciendo ajustes en el tablero de sonido. Un tablero de sonido suele tener cientos de perillas y controles deslizantes, cada uno correspondiente a una función distinta (teclados, voces, agudos, graves, etc.). Cuando se ajusta correctamente, el ingeniero puede crear un equilibrio sonoro perfecto.

El tablero de sonido es una metáfora útil de cómo podemos hacer pequeños ajustes en varios aspectos de una relación para que el vínculo se sienta más sostenible. Una vez que hemos hecho una petición a alguien y no pasa nada, no podemos hacer que cambie, pero podemos preguntarnos: «¿Qué tan cerca estoy dispuesto a estar de alguien que no puede o no quiere satisfacer esta necesidad?».

Al cambiar nuestro grado de intimidad y conexión, ajustando y modificando ciertos controles deslizantes en el tablero de sonido, podemos encontrar un nuevo equilibrio que nos parezca viable. Podríamos ajustar:

- La frecuencia con la que pasamos tiempo juntos (una vez al año, una vez al mes, una vez a la semana).
- El tiempo que pasamos juntos cuando nos vemos (treinta minutos, dos horas, todo el fin de semana).
- Los medios con los que nos comunicamos (mensaje de texto, llamada telefónica, videollamada).
- Los temas de los que hablamos (política, religión, familia, trabajo).
- Nuestros compromisos (compartir casa, compartir negocio, compartir mascotas).
- Cuánto compartimos (de nuestro tiempo, de nuestra energía, de nuestro dinero).
- Las expectativas que tenemos de la relación.

Podemos ajustar tantos de estos componentes como necesitemos para que la relación se sienta sostenible.

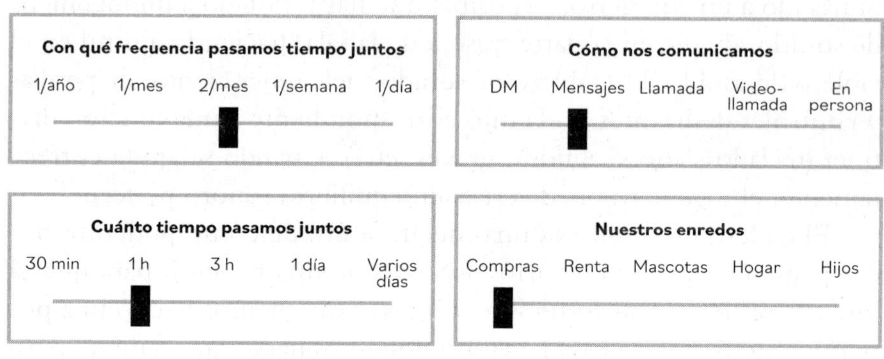

La relación de Olivia con su amigo Tito se ha vuelto muy tensa. Tito ha estado luchando con su salud mental durante años y, aunque Olivia está feliz de apoyarlo lo mejor que puede, él quiere pasar mucho más tiempo juntos de lo que Olivia puede soportar. Ella no quiere terminar su relación por completo, quiere a Tito y disfruta de su compañía, aunque en pequeñas dosis, así que para que la relación sea más manejable, establece dos límites: le dice que solo pueden verse una vez cada dos semanas y que solo se siente cómoda usando mensajes de texto para coordinar planes, no para ponerse al día.

Ahora que se ven con menos frecuencia y que ella no está inundada de mensajes en el inter, Olivia tiene más margen para sus emociones cuando están juntos. También se da cuenta de que, como por fin está respetando sus limitaciones, ya no le guarda rencor.

SE NECESITAN DOS

Al establecer pequeños límites en torno a cómo nos relacionamos con los demás, podemos abrir nuestras relaciones a niveles de comodidad y libertad que nunca creímos posibles, y practicar la afirmación de nuestras necesidades en el proceso. Por supuesto, todas las relaciones requieren la participación de ambas personas. Una vez que hayamos hecho estos ajustes, la otra persona puede decidir si esta nueva formación también satisface sus necesidades. Si nuestros nuevos límites no satisfacen sus necesidades, la relación puede dejar de ser viable. Si el enfoque del tablero de sonido no funciona o si la otra parte no es receptiva, podemos seguir adelante sabiendo que le dimos a esta relación una oportunidad significativa de mejorar.

Romper los lazos con el enfoque del interruptor de luz

A diferencia de un tablero de sonido, un interruptor de luz tiene dos posiciones: encendido y apagado. Cuando utilizamos el enfoque del interruptor de luz, nos desvinculamos por completo de una relación. Este enfoque funciona mejor cuando hay daño o maltrato activo, cuando *ninguna* versión del vínculo te haría sentir cómodo, o cuando el comportamiento de la otra persona te hace sentir constantemente inseguro o incómodo y no se ha presentado ningún intento de cambiarlo a pesar de tus peticiones.

Al terminar una relación por completo, podemos optar por evitar la confusión de la otra parte comunicando directamente nuestra partida. Podríamos decir algo como: «Lo he pensado mucho y he llegado a la conclusión de que esta relación ya no es adecuada para mí», «La forma en que hemos estado interactuando no me parece sostenible y, por desgracia, no puedo continuar esta relación», o «Me preocupo por ti como persona, pero nuestras circunstancias han cambiado mucho a lo largo de los años y no creo que seamos compatibles ya».

Dos semanas después de su encuentro en el bar, Mal está escribiendo en su escritorio cuando recibe un mensaje de texto de Jodi: «¿Tomamos algo hoy en la noche?».

Resentida, Mal no responde. Unos días después, otro mensaje de texto: «Amiga, ¿dónde estás? ¿Tomamos algo hoy?». Mal se queda mirando fijamente su teléfono. Se da cuenta de que no tiene ningún deseo de mantener una amistad casual con alguien tan egocéntrico. El proceso de sanación por el que pasó Mal después de su divorcio fue doloroso, pero transformador: le enseñó que la vida es demasiado corta para participar en relaciones tan desequilibradas. Decide utilizar el enfoque del interruptor de la luz para desvincularse de Jodi.

Mal se toma unos momentos para pensar y luego redacta una respuesta al mensaje de Jodi. Escribe: «Jodi, lo he pensado mucho y esta amistad ya no me conviene. La forma en que desestimaste mis preocupaciones mientras tomábamos una copa confirmó que nuestro vínculo es demasiado desequilibrado para que me sienta cómoda. Gracias por el tiempo que compartimos, te deseo lo mejor». Su corazón se acelera cuando pulsa enviar.

TRANSICIÓN CON INTEGRIDAD

Dejar atrás una relación es un proceso cargado de emociones. Cuando empezamos a reconocer las formas en que hemos sido maltratados, rechazados o ignorados, es común sentir ira, frustración y resentimiento. Por muy legítimos que sean estos sentimientos, es importante que manejemos las transiciones de nuestras relaciones con la mayor integridad posible. Al proceder de manera reflexiva y sensata, nos aseguramos de no arrepentirnos más adelante de haber estallado en ira, haber tratado mal a alguien o haber caído al nivel irrespetuoso con otra persona.

Ya sea que usemos el enfoque del tablero de sonido o el del interruptor de luz, podemos tomar ciertas medidas para asegurarnos de que estamos actuando con integridad. Podríamos considerar: ¿Tener una conversación directa sobre la transición parece lo correcto? ¿Debería tener lugar esta conversación en persona, por teléfono o por correo electrónico? ¿Qué tan detallada será la explicación que les demos? ¿Qué tan dispuestos estamos a procesar nuestra decisión con ellos si tienen preguntas?

Darnos un momento para reflexionar ahora nos ayuda a tener la menor cantidad posible de dudas sobre cómo manejar la transición más adelante.

TRANSFORMAR LA CULPA EN COMPASIÓN

Incluso si estamos seguros de que nuestra decisión de hacer la transición en una relación fue la correcta, es normal sentir culpa después, sobre todo si la otra persona expresa dolor, ira o tristeza. Cuando nos invadan estas molestias podemos utilizar las herramientas que se indican a continuación, así como las estrategias descritas en el capítulo 15, para mantenernos fuertes y transformar nuestras dolencias en compasión por nosotros.

Reconocer los daños de permanecer en la misma situación

Tendemos a centrarnos en el daño que puede hacer a los demás alejarnos de las relaciones, pero olvidamos que permanecer en ellas, aunque sean desequilibradas, también puede dañar a los demás. Cuando nos obligamos a permanecer en relaciones que ya no nos funcionan, nuestra insatisfacción se manifiesta de forma desagradable. Podemos evitar sus llamadas, mensajes o textos; comunicarnos con frialdad o de forma pasivo-agresiva; desahogarnos con otras personas; enfocarnos excesivamente en sus cualidades negativas; distanciarnos o encerrarnos en nosotros mismos; enojarnos con ellos sin razón aparente; o empezar a perder la compasión por sus dificultades.

Estos comportamientos pueden ser hirientes y molestos. Podemos darle la vuelta al guion e imaginar: «¿Y si alguien se sintiera incómodo o infeliz en su relación conmigo? ¿De verdad querría que continuara en la relación si lo único que le mantiene allí es un sentimiento de obligación, culpa o lástima? ¿De verdad querría que pasara tiempo conmigo si se pasara cada minuto deseando estar en otro sitio?».

Al darle la vuelta al guion, podemos ver que permanecer en una relación que ya no nos conviene no es un acto de bondad: es deshonesto y condescendiente.

Mal considera todas las formas en que ha reaccionado a su relación con Jodi: la ira y el resentimiento, el deseo frecuente de fingir estar enferma y cancelar planes, las noches de rumiaciones frustradas, los violentos dolores de cabeza después de pasar tiempo juntas, la forma en que se queja del egocentrismo de Jodi con sus otras amigas. Mal se pregunta: «¿Cómo me sentiría si supiera que una amiga está teniendo la misma reacción negativa hacia mí, pero se mantiene conectada únicamente por culpa?».

La idea le revuelve el estómago; sabe que se enojaría con esa amiga por ser deshonesta y hacerle perder el tiempo en un vínculo que no era genuino. Esta nueva perspectiva ayuda a Mal a darse cuenta de que, aunque terminar la amistad puede haber herido a Jodi al principio, a largo plazo, le abre espacio para construir relaciones con personas que realmente quieren pasar tiempo con ella, no solo con personas que fingen conexión por miedo a hablar.

Desafía el pensamiento de todo o nada

Cuando los demás reaccionan negativamente a nuestros límites, podemos interiorizar sus juicios sobre nosotros. Podemos decirnos a nosotros mismos: «No debería molestarme tanto por esto», «Soy demasiado sensible», «Soy un mal amigo», «Soy muy egoísta» o «Soy pésimo para mantener relaciones».

Como ilustran los ejemplos anteriores, nuestros juicios negativos tienden a adoptar la forma de un pensamiento de todo o nada. Al desafiar estos pensamientos en blanco y negro, podemos ver la situación, y a nosotros mismos, de una manera más matizada. Podemos cuestionar cada juicio negativo recopilando una lista de pruebas tangibles que lo refuten u ofrezcan más contexto (estas pruebas pueden extraerse de tantas relaciones como queramos, no solo de la relación que estamos dejando atrás).

Por ejemplo: si estamos contando una historia negativa de que somos «muy egoístas», podríamos recordar que compartimos generosamente nuestro tiempo, energía emocional, comida y recursos con nuestros seres queridos; que mostramos nuestro cariño a nuestros amigos estando atentos y siendo curiosos en nuestras conversaciones con ellos; y que compramos a los miembros de nuestra familia regalos generosos para sus cumpleaños y días festivos. Si estamos contando una historia y nos damos cuenta de que somos «demasiado sensibles», podemos recordar que podemos aceptar una broma, sobre todo cuando la persona que la hace es alguien que nos trata bien; que podemos tolerar con elegancia el desequilibrio en las relaciones si es de corta duración; y que solo somos sensibles a situaciones en las que nos sentimos maltratados porque es saludable ser sensible al maltrato.

Al cuestionar nuestros juicios en blanco y negro con pruebas matizadas, obtenemos una imagen más clara y precisa de nosotros mismos y de nuestras reacciones.

Recuerda cómo la relación apagó tu luz

Ante la culpa, podemos afirmar que esta fue la decisión correcta recordando las muchas formas en que esta conexión nos lastimó, nos redujo o apagó nuestra luz. Podemos reflexionar: «¿Qué partes de nosotros mismos se ocultaron en esta relación? ¿Qué tuvimos que sacrificar para mantener este vínculo? ¿Y si no *hubiéramos* terminado esta relación y hubiera continuado como de costumbre durante un año, cinco años o diez años? ¿Cuáles habrían sido los efectos negativos a largo plazo?».

Mal decide escribir un diario sobre la primera pregunta: «¿Qué partes de mí estaban ocultas en esta relación?».

> Me sentía pequeña en mi amistad con Jodi. Mis otras amigas me dicen que soy divertida y extrovertida, pero con Jodi, me empequeñecía hasta convertirme en una sombra de mí misma. Nunca escuchaba lo que tenía que decir, así que llegué a creer que no era una persona muy interesante. Tengo muchas ideas sobre el mundo, sobre las personas y sobre las relaciones, de las que nunca pude hablar con ella. En nuestras conversaciones tenía tan poco espacio que sentía que no tenía voz en absoluto. Empecé a dudar de mi inteligencia, de mi propio sentido del humor y de mí misma. Al final, yo solo era un par de oídos para que ella hablara.

Mal deja la pluma, satisfecha con su respuesta. Al reflexionar sobre lo que escribió, siente tristeza; en retrospectiva, queda claro cuánto afectó esta amistad a su autoestima. Siente que algo *tenía* que cambiar: seguir adelante con la relación simplemente no era una opción.

Considera las lecciones aprendidas

No todas las relaciones están destinadas a durar para siempre. Algunas son meramente instructivas y entran brevemente en nuestra vida para ayudarnos a crecer. Ver nuestras relaciones como instructivas les da sentido, propósito y utilidad; incluso si terminaron, desempeñaron un papel importante en nuestra vida.

Para resumir las lecciones que aprendimos, podríamos considerar: ¿Qué nos enseñó la relación que necesitamos para ser verdaderamente felices y estar satisfechos? ¿Qué señales de alerta debemos tener en cuenta en futuras relaciones? ¿Qué pensábamos que era un *deseo* que, a raíz de esta relación, concluimos que en realidad era una *necesidad?* ¿Cuáles de las necesidades que minimizamos queremos enfatizar en futuras relaciones?

BIENVENIDO LO NUEVO

En última instancia, dejar atrás relaciones no consiste solo en dejar ir los vínculos desequilibrados, sino en abrir un espacio para que se formen conexiones más nuevas y saludables. Cuando estamos atrapados en relaciones infelices, nosotros, como Mal, estamos plagados de resentimiento, distraídos por la ansiedad y afligidos por el juicio propio. Luchamos por reunir la energía, el deseo y la confianza en nosotros mismos que necesitamos para formar nuevas y enriquecedoras conexiones con otras personas.

Pero al alejarnos de estas relaciones, ganamos el espacio, y la tranquilidad, para encontrar conexiones más solidarias. Nos demostramos a nosotros mismos a través de nuestras acciones que merecemos las relaciones equilibradas, recíprocas y respetuosas que buscamos; y ya no nos conformaremos con menos.

17

PERMITIR EL DUELO, LAS TRANSICIONES Y LOS NUEVOS COMIENZOS

> Ser nosotros mismos nos lleva al exilio de muchos otros y, sin embargo, cumplir con lo que otros quieren nos lleva al exilio de nosotros mismos. Es una tensión atormentadora y hay que soportarla, pero la elección es clara.
>
> Clarissa Pinkola Estés, *Mujeres que corren con lobos*

A medida que rompemos el patrón de complacer a la gente, los cambios que hacemos en nuestras perspectivas y nuestros comportamientos conducen a cambios en nuestras relaciones, lugares de trabajo y comunidades. Podemos encontrarnos pasando por una ruptura o un divorcio, dejando una amistad o una comunidad, dando un giro a nuestra carrera, replanteándonos una fe o liberándonos de un antiguo sistema de creencias. A veces, elegimos estos finales; otras, se nos imponen. De cualquier manera, son desorientadores y suelen dejarnos afligidos y desvinculados.

Pero para la persona complaciente en recuperación, estos finales y transiciones ofrecen un regalo inesperado: la oportunidad de priorizarnos a nosotros mismos y construir nuevos vínculos sobre cimientos sólidos y respetuosos. En este capítulo, exploraremos las muchas formas que adopta el duelo a medida que superamos las viejas relaciones; normalizaremos la soledad característica del periodo entre el momento en que establecemos estándares más altos y el momento en que nuestra vida se llena de personas que los cumplen; y discutiremos herramientas prácticas para hacer frente a los desafíos que acompañan a los finales y a las transiciones.

LA HISTORIA DE MINA

Mina y su esposo, Gavin, llevan 18 años casados. Cuando se conocieron, ella se sintió atraída por su carisma y determinación, y él se sintió atraído por su amabilidad y empatía. Ambos pasaron innumerables noches soñando despiertos con su futuro, imaginando los lugares a los que viajarían y el hogar que crearían.

Dieciocho años después, todo ha cambiado. Tienen dos hijos: Christopher, de 17 años, y Eliza, de 14. Poco después del nacimiento de Christopher, Mina y Gavin empezaron a tener problemas. Con los niños, Mina se sentía más ansiosa que nunca; le aterraba pensar que dos pequeños seres dependían por completo de ella, pero cuando intentaba compartir sus sentimientos con Gavin, buscando compañerismo y apoyo, él se cerraba. Él también estaba estresado, decía, y criar a los niños era más de lo que había esperado.

Con el paso de los años se sembraron más semillas de resentimiento entre ellos. Hace seis años, el padre de Gavin falleció, y la pérdida lo sumió en una profunda depresión de la que nunca logró recuperarse. Ya de por sí distante, se volvió lacónico e intransigente. Empezó a beber con mayor frecuencia, y su consumo aumentaba día tras día.

Al principio, Mina intentó apoyarlo en su duelo. Le cocinaba sus platillos favoritos, le ofrecía masajes y se interesaba por el estado de su corazón. A veces, durante uno o dos días, volvía a sentirse conectada con él: él salía del oscuro espacio en el que se encontraba y compartían un día de risas y tranquilidad, pero luego, como un reloj, volvía a tomar la botella y se encerraba en sí mismo. Cuando ella le sugería que considerara ir a terapia, él salía de la habitación y no le hablaba durante horas.

Durante los últimos seis años, Mina ha intentado no reconocer lo sola y amargada que se ha vuelto. Los recuerdos de sus primeros días con Gavin son demasiado dolorosos para evocarlos. Innumerables veces le ha pedido que la ayude más con los niños, que beba menos, que le muestre algún tipo *de* afecto. A veces, él se pone a la defensiva y la ignora por completo; otras, hace un esfuerzo aparente durante uno o dos días antes de volver a sus costumbres. Al principio, ella se aferró desesperadamente a estos destellos de esperanza, pensando: «¡Así es! ¡Por fin me está escuchando!». Pero después de tantas salidas en falso, está empezando a aceptar la dolorosa realidad de que él no está cambiando.

A medida que la bebida de Gavin sigue empeorando, Mina empieza a aceptar el hecho de que este matrimonio no es un entorno saludable para ella ni para sus hijos. Después de meses de noches en vela, se arma de valor para decirle a Gavin que quiere el divorcio. La conversación es aún más difícil de lo que esperaba; por primera vez en meses, ve una emoción genuina en su rostro. No le ruega que se quede ni le pide que lo intente de nuevo; escucha en silencio y, cuando ella ha dicho lo que tenía que decir, sale de la habitación.

Los siguientes cuatro meses transcurren en una vorágine de logística y dolor. Gavin se muda; Mina contrata a un abogado, habla con sus hijos, y da la noticia a su familia y amigos. Sabe que está tomando la decisión correcta, pero eso no la hace menos dolorosa.

EL DUELO ES COMPLICADO

Tendemos a relegar el duelo al ámbito de la muerte, pero puede aplicarse a cualquier pérdida o final: divorcio, distanciamiento, dejar un lugar de trabajo o una comunidad, la desafiliación religiosa, la desaparición de una amistad y más. Incluso cuando sabemos que no son saludables para nosotros, podemos sentir una extraña combinación de pérdida, orgullo, tristeza, determinación, desesperación y alivio. Podemos sentirnos satisfechos con nuestra decisión un día y llenarnos de recuerdos nostálgicos al día siguiente. En lugar de exigir lealtad a un solo sentimiento, podemos reconocer que estas emociones encontradas son completamente naturales y acompañarnos con suavidad a través de todas ellas.

Compañeros comunes del duelo

Cuando tomamos la valiente decisión de dejar una relación o una comunidad, nuestro dolor puede verse agravado por las reacciones negativas de los demás ante nuestra decisión. Podemos encontrarnos con lo siguiente.

EL DOLOR DE ROMPER EL CICLO

En familias, grupos de amigos y comunidades disfuncionales, la persona que establece límites en torno al comportamiento perjudicial suele ser considerada la disfuncional. Cuando finalmente establecemos límites en torno a la adicción de un miembro de la familia, el abuso de una pareja o los patrones tóxicos de una comunidad, podemos descubrir que somos el chivo expiatorio del problema. Al abordar de frente la dinámica dañina, ponemos la disfunción en el centro de atención, y otros miembros del grupo no siempre están preparados o dispuestos a afrontarla. Si no lo están, pueden trasladar su incomodidad a nosotros, culpándonos por agitar las aguas en lugar de mantener la paz.

EL DOLOR DE LOS JUICIOS DE LOS DEMÁS

La decisión de abandonar una relación o una comunidad es muy personal. A menudo es el resultado de cientos de noches sin dormir, de conversaciones íntimas y llenas de lágrimas con confidentes de confianza, y de intentos desesperados por hacer que lo inviable sea viable. Por esta razón, puede resultar doloroso en particular cuando otros, sobre todo personas de confianza, como familiares o amigos, no apoyan los límites que hemos establecido.

Pueden decir que estamos «exagerando» cuando nos distanciamos de un padre abusivo, o que «no nos estamos esforzando lo suficiente» cuando finalmente ponemos fin a un matrimonio insatisfactorio.

Estos juicios pueden abrir una lenta y goteante fuente de dudas sobre uno mismo: «¿Tienen razón? ¿Exageré? ¿Soy una persona terrible? ¿Cometí un gran error?».

En estos momentos, es importante que recordemos que otras personas no experimentan la realidad de nuestras relaciones de la misma manera que nosotros. Pueden ver el lado público (las fotos en Instagram, las amplias sonrisas en las reuniones sociales), pero a puerta cerrada, somos los únicos que sabemos cómo estas relaciones afectaron nuestra autoestima y nuestra salud mental.

DOLOR POR NUESTRO YO PASADO

A veces, no podemos reconocer la gravedad de nuestro sufrimiento hasta que nos distanciamos de nuestras viejas circunstancias. En ocasiones, necesitamos dejar una relación para ver cómo nos ha perjudicado. A veces, no nos damos cuenta de lo difícil que la hemos pasado hasta que, años después, compartimos nuestra historia con un amigo y vemos nuestro dolor reflejado en sus ojos.

Tomar la valiente decisión de dejar una relación o una comunidad puede desencadenar una ola de dolor por nuestro yo pasado. Finalmente, liberados del ciclo tóxico, podemos hacer una pausa, respirar y hacer una evaluación de nuestras circunstancias. En esta amplitud desconocida, podemos sentir un profundo dolor por la versión de nosotros que soportó esa toxicidad durante tanto tiempo.

El dolor por nuestro yo pasado, aunque doloroso, es de hecho un signo de profunda curación. Puede que sea la primera vez que nos permitimos sentir de verdad, con el corazón libre, cuánto hemos sufrido. Este dolor es una afirmación de que nuestro yo pasado merecía algo mejor. No podemos cambiar nuestro pasado, pero podemos usar nuestro dolor para solidificar nuestro compromiso de no volver a caer en complacer a la gente.

AFRONTAR EL DUELO

Si pasamos la vida evitando el duelo, nos quedaremos atrapados en relaciones, comunidades y entornos que nos hacen daño. Por dolorosos que sean, los fuegos del duelo son necesarios para abrazar el comienzo de nuestra sanación: esta valiente incursión en el siguiente capítulo de nuestra vida. Las siguientes herramientas pueden ayudarnos a calmar nuestro dolor.

Un día a la vez

Cuando nadamos en el negro océano del dolor, puede ser tentador buscar soluciones rápidas a este último. Podemos leer un sinfín de artículos, rebuscar en libros de autoayuda, digerir horas de pódcast: cualquier cosa para que desaparezca, y rápido.

Pero no hay una solución rápida. Deja de pensar que tienes que esforzarte más para encontrar una solución a este dolor. Puedes consolarte con el hecho de que sentir tu dolor es el único «trabajo» que debes hacer, y no tienes que sentirlo todo de una vez. Cuando el dolor sea demasiado, puedes tomar prestado un adagio de la comunidad de los 12 pasos y recordar: solo tienes que ir un día a la vez. Cuando un día se te haga demasiado, piensa que es una hora, o un minuto, a la vez.

Después de que Gavin se mudó, Mina ordena la casa mientras los niños están en la escuela. Entra en su recámara y ve la mitad del clóset y el buró vacíos. Esto la golpea como un puñetazo en el estómago: «Dios mío, realmente se acabó». Cae de rodillas en una ola de dolor. Los recuerdos la inundan sin que ella lo desee: sus primeras citas con Gavin, cuando todo parecía posible; los raros y buenos días en los que ellos y los niños se sentaban alrededor de la mesa de la cocina, riendo.

Solloza, dejando que la pena la inunde. «¿Cómo voy a superar esto?», piensa. «¿Cuándo terminará este dolor?».

Cuando su mente se pierde en el futuro, se anima a vivir un día a la vez. Hoy, eso significa ordenar, recoger a Eliza del entrenamiento de sóftbol, preparar la cena y hacer lo que sea necesario para sentirse bien en la noche, ya sea un baño caliente, ver la televisión sin pensar en nada o llamar a un amigo para llorar un rato. Respira hondo. Centrarse solo en el presente hace que el dolor sea un poco más llevadero.

Recuerda lo que has ganado

En medio del dolor, nuestra atención se centra directamente en todo lo que hemos perdido. Es fácil olvidar que, a través de esta transición, también hemos ganado algo: a nosotros mismos.

Piensa: ¿Qué más ganaste con esta decisión?, ¿un sentido de agencia sobre tu propia vida?, ¿un sentido más profundo de autoestima o confianza en ti mismo?, ¿bienestar mental o físico?, ¿la posibilidad de formar vínculos más saludables y recíprocos?

La siguiente vez que Mina se encuentra perdida en sus ensoñaciones, reviviendo sus buenos recuerdos con Gavin, se pregunta: «¿Qué gané con esta decisión?».

Reflexiona sobre sus últimos años, recordando lo vacía que se sentía con su matrimonio. Su relación con Gavin era una fuente constante de dolor y estrés; pasaba la mayor parte de los días preocupada por cuánto bebía, lo poco que había hecho en la casa y su mal genio al hablar con los niños. Se da cuenta de que, en su ausencia, ciertamente siente dolor, pero debajo de él, también siente una paz mental desconocida. Ya no está preocupada por sus acciones o decisiones: solo tiene que pensar en sí misma y en los niños.

El matrimonio de Mina también la hizo sentir no deseada. No pudo evitar interpretar la distancia y el desinterés de Gavin como algo malo en ella. Muchas veces a lo largo de los años, pensó para sí misma: «Si fuera más guapa, mantendría su atención. Si fuera más interesante, le importaría lo que tuviera que decir». Estos pensamientos negativos se repetían en su mente. Ahora se da cuenta de que elegir no conformarse con la distancia, el desinterés y el desequilibrio fue un poderoso acto de respeto por sí misma. Es doloroso, sí, pero también extrañamente empoderador: al alejarse de su matrimonio, se demostró a sí misma que, sí, se merece algo mejor. Todavía es demasiado pronto para que Mina se plantee tener citas, pero reconoce que solo dejando a Gavin podría estar disponible para, tal vez algún día, volver a encontrar el amor verdadero.

Realiza un ritual de duelo

Cuando nos encontramos afectados por el duelo en nuestro proceso de recuperación, podemos honrar el significado de nuestra pérdida reservando tiempo para un ritual. Los rituales de duelo nos ayudan a normalizarlo, sistematizarlo y atravesarlo, y las investigaciones demuestran que reducen su potencia.

Podemos honrar nuestra pérdida encendiendo una vela con dedicatoria a lo que ha terminado; escribiendo lo que estamos liberando en un pedazo de papel y arrojándolo al fuego; reuniendo fotos que representen nuestra pérdida; haciendo una peregrinación a un lugar que tuvo un significado especial en la relación; escribiendo un discurso para el capítulo que se está terminando en nuestra vida; u ofreciendo un momento de silencio en meditación u oración.

Documenta los ires y venires

Como las mareas en la orilla del mar, nuestro dolor tiene sus altibajos. Podemos llorar con nuestro café matutino, pero encontrar alivio en nuestros pasos a la hora del almuerzo. En la cena podemos sentirnos de nuevo melancólicos, pero una hora más tarde reírnos con nuestra comedia favorita. Los ires y venires de nuestro dolor nos ayudan a recordar que es posible sentirnos de otra manera: mejor.

Saborea estos ires y venires. Observa tu ligereza, tu perspectiva optimista y tu capacidad para pensar positivamente en el futuro. Escribe una carta o graba un video corto para tu yo futuro que puedas revisar cuando necesites un recordatorio de que estos momentos más brillantes, de hecho, son posibles.

Un día, Mina y Christopher recogen a Eliza de su entrenamiento de sóftbol. Es una cálida tarde de mayo y, por primera vez en todo el año, las luciérnagas parpadean sobre los campos. Eliza pregunta si pueden parar a comprar helado de camino a casa y, aunque Mina ha intentado ser frugal desde la separación, piensa: «Qué más da. Todos lo necesitamos».

Mientras esperan en la fila fuera de la heladería, Eliza está de buen humor, saltando sobre sus dedos de los pies mientras describe un jonrón que bateó en el entrenamiento. Mina escucha con una sonrisa, disfrutando del tono del cielo rosado que se desvanece. Se sorprende al darse cuenta de que, en este momento, está realmente feliz. Envuelve a sus hijos con sus brazos y ambos gimotean, mortificados por la muestra pública de afecto de su madre.

—Mamá, por favor —Eliza hace una mueca—, aquí hay niñas de mi escuela.

Mina se ríe, sin inmutarse.

Más tarde esa noche, documenta el día. Anota todos los detalles que recuerda: el cielo rosado, el brillo de la risa de Eliza, la sonrisa incómoda de Christopher, las luciérnagas. Mina cierra su entrada con «Sé que habrá días difíciles. Pero la próxima vez que esté en medio del dolor, recordaré que la felicidad como esta es posible». Cierra su diario y se promete a sí misma volver a esta entrada cuando necesite un estímulo.

REPLANTEAR LOS FINALES

A menudo, las mejores cosas de nuestra vida nacen de los finales. Piensa en algo de lo que te sientas orgulloso o feliz hoy, y luego piensa en los muchos capítulos que tuvieron que terminar para que eso fuera posible.

Quizá necesitabas experimentar esa dolorosa ruptura para encontrar al amor de tu vida. Quizá necesitabas que te despidieran de tu antiguo trabajo para descubrir tu actual y más satisfactoria carrera. O tal vez necesitabas dejar tu antiguo círculo social para encontrar a los amigos que realmente eran adecuados para ti. En ese momento, algunos de estos finales pueden haber parecido insoportables, pero en retrospectiva, está claro que fueron necesarios para que llegaras a donde estás ahora.

Las pérdidas a las que nos enfrentamos al romper el patrón de complacer a la gente son las mismas: hitos dolorosos, pero esenciales. Holly Whitaker, que escribe con frecuencia sobre el espacio entre finales y nuevos comienzos, explica:

> En algún momento queda claro que lo que consideramos un giro equivocado, un error, un retroceso o un periodo de inercia no fue una especie de desviación del camino, sino, en realidad, una parte indispensable del mismo, y a veces la más importante. Pero nunca es así cuando estás todo apretujado contra él. Nunca vivimos los fuegos infernales de una transición asombrosa y pensamos que se supone que tiene que suceder; solo pensamos eso de las cosas agradables y deseadas.

¿Y si esta transición y el dolor que la acompaña tienen que suceder? ¿Y si este momento de ansiedad e incomodidad es exactamente donde debemos estar ahora?

BIENVENIDO AL VALLE

Cuando empezamos a establecer estándares más altos para nuestras relaciones, hay un periodo entre el momento en que establecemos esos estándares y el momento en que nuestra vida se llena de personas que los cumplen. Yo llamo a este limbo el Valle.

El Valle es el espacio liminal que se encuentra entre el pasado y el futuro; entre nuestro antiguo yo y nuestro nuevo yo; entre lo familiar y lo incierto. Podemos encontrarnos en el Valle a medida que cambiamos:

- **Nuestras relaciones:** «Solía estar conectado con ellos, pero ahora estoy solo».
- **Nuestras comunidades:** «Solía ser miembro de ese grupo, pero ahora no sé a dónde pertenezco».

- **Nuestra carrera:** «Solía tener ese trabajo, pero ahora no sé cuál es mi vocación».
- **Nuestras creencias/sistemas de creencias:** «Solía tener esas creencias, pero ahora no sé en qué creo».

Uno de los aspectos más difíciles del Valle es la soledad que sentimos cuando los viejos vínculos terminan y aún no se han formado nuevas y más saludables relaciones. Dado que hemos basado gran parte de nuestra identidad en otras personas (ayudar a los demás, complacer a los demás, obtener la validación de los demás), podemos sentirnos incómodos, incompletos o sin propósito durante estos momentos de desconexión. Es posible que nos sintamos como si estuviéramos en una incómoda primera cita con un extraño y, en cierto modo, lo estamos: el extraño es el yo que hemos descuidado durante mucho tiempo.

Durante estas noches oscuras del alma solitaria, podemos empezar a dudar de nuestra autodefensa. Podemos preguntarnos si estamos siendo «demasiado exigentes» al exigir reciprocidad, respeto y amabilidad en nuestras relaciones (no lo estamos). Podemos preguntarnos: «¿Debería haberme conformado con menos?» (¡No!).

Debemos recordar que, si incumplimos nuestras normas, nos encontraremos continuamente en relaciones que nos decepcionarán. La soledad que sentimos ahora es un requisito previo para experimentar la alegría y la reciprocidad que buscamos en nuestros vínculos con los demás. A medida que rompemos el patrón de complacer a los demás, dejamos de lanzarnos a una relación con cualquiera que muestre el más mínimo interés en nosotros. Ya no permitimos que nuestra hambre de validación nos impulse a conformarnos con migajas de atención. Ahora sabemos esperar un verdadero festín.

De vuelta a Mina

Han pasado seis meses desde que Gavin se mudó. Aunque Mina cree que ya superó la peor parte del dolor, ahora se siente sola y desamparada. No sabe dónde —o con quién— encaja.

Mina y Gavin se mantienen en contacto por los niños, pero cuando hablan, mantienen una distancia cordial. Solía ser cercana a la hermana y la madre de Gavin, pero desde la separación, ellas también se han distanciado; Mina sabe que desearían que ella se hubiera esforzado más para que la relación funcionara. Incluso las amistades de Mina han estado en constante cambio; muchos de sus amigos eran parejas que conoció durante su matrimonio y, desde la separación, puede decir que sienten presión para elegir un bando.

Mina siente que casi todos los aspectos de su vida están en transición. No puede deshacerse de la sensación de que está esperando que comience su nueva vida, pero hasta ahora, todo lo que tiene son vestigios de su pasado.

HERRAMIENTAS PARA APROVECHAR AL MÁXIMO EL MOMENTO

Aunque esperamos con ansias salir del Valle, este momento contiene regalos importantes que no podemos encontrar en ningún otro lugar. Solo aquí podemos ver nuevas posibilidades con ojos despejados, así como priorizarnos descaradamente de formas que antes no podíamos. A continuación, cuatro herramientas para ayudarnos a aprovechar al máximo este momento.

Dale un propósito a tu tiempo aquí

Como comentamos en el capítulo 15, las historias que nos contamos sobre nuestras emociones difíciles afectan a la intensidad con las que sentimos. Juzgar nuestro malestar o soledad en el Valle como «algo malo» o «una señal de que estaremos solos para siempre» solo nos hace daño innecesariamente.

En su lugar, podemos darle un propósito a nuestro tiempo aquí. Podemos considerar que nuestro tiempo en el Valle es una oportunidad para profundizar en nuestra relación con nosotros mismos después de años de descuido; una oportunidad para encontrar sentido a un nuevo pasatiempo o pasión; una oportunidad para priorizar nuestro propio bienestar físico, salud mental o actividades creativas; o incluso una invitación a explorar nuestra vida espiritual con soledad e intención. En última instancia, podemos cambiar nuestra percepción: pasar del confinamiento de una época de desconexión con los demás a una época de reconexión con uno mismo.

En el caso de Mina, los últimos 17 años se han caracterizado por el cuidado de Gavin y sus hijos, y le gusta la idea de utilizar el Valle para profundizar en su relación consigo misma y recuperar la confianza. Hace años que no tiene tiempo —ni energía— para darles prioridad a sus deseos o necesidades, por lo que la idea la hace sonreír. Hay tantas cosas para las que deseó tener tiempo durante su matrimonio. El piano que compró cuando Eliza era un bebé seguía intacto en la sala; el certificado de regalo para masajes que recibió el Día de la Madre del año pasado esperaba, sin usar, en su cartera; algunos viejos amigos de la universidad se habían puesto en contacto para verse, pero nunca tuvo tiempo.

«Es tu turno», se dice Mina. Busca en su calendario un día para usar su certificado de regalo y toma el teléfono para enviar un mensaje a su amiga de la universidad.

Destila tus lecciones aprendidas

Nuestro tiempo en el Valle nos permite mirar hacia atrás, con ojos penetrantes y perspicaces, a las relaciones que hemos superado. Este es un excelente punto de vista desde el cual hacer balance: evaluar lo que funcionó, lo que no funcionó y lo que aprendimos de nuestra experiencia. Los comportamientos que antes aceptábamos como normales pueden parecer ahora intolerables. Las ideas que aceptábamos como verdades pueden parecer ahora endebles e irrelevantes. Incluso podemos sentirnos asombrados por nuestros viejos patrones al reconocer, por primera vez, cómo nos minimizamos a nosotros mismos por el bien de la comodidad de los demás.

Estas ideas no serían posibles sin la nueva perspectiva del Valle. Aquí podríamos explorar: ¿Cuáles son algunas cosas que normalizamos entonces y que ahora vemos como inaceptables o poco saludables? ¿De qué manera nos hicimos chiquitos para hacer que la relación funcionara? ¿Cómo nos impidió esa experiencia ser nosotros mismos en todo nuestro esplendor? ¿Qué nos enseñó esa experiencia sobre lo que necesitamos de las relaciones futuras?; y sabiendo lo que sabemos ahora, ¿de qué patrones de abandono debemos protegernos al buscar nuevas relaciones?

Apostar por nuevos límites y resultados

En el Valle, podemos establecer nuevos resultados. Al estar desvinculados de las presiones de nuestra antigua situación, es momento de establecer nuevos límites sin preocuparnos por las reacciones negativas de los demás. Una ventaja de nuestra soledad es que nos ofrece un pizarrón en blanco para diseñar nuestra vida en nuestros propios términos.

Para descubrir estos nuevos límites, podríamos preguntarnos: ¿Cómo nos sobrecargamos en la situación anterior? ¿Qué aspectos de nuestra vida descuidamos *entonces* que no queremos volver a descuidar? ¿A qué dijimos *sí* que queremos decir que *no* en el futuro? ¿Cuáles son nuestros nuevos límites: comportamientos o patrones que ya no toleraremos en absoluto?

Después de unos meses en el Valle, Mina siente que está lista para empezar a tener citas. La idea la emociona y la asusta al mismo tiempo; quiere conocer a alguien nuevo, pero su matrimonio fue tan doloroso que tiene miedo a repetir viejos patrones.

Se toma un tiempo con su diario para reflexionar sobre sus nuevos límites y cuestiones fundamentales para futuras parejas románticas. Escribe: «Que no beba en exceso. Que me muestre afecto verbal y físico libremente. Que cuide activamente de su salud mental. Que sea capaz y esté dispuesto a tener conversaciones sobre emociones: las mías y las suyas».

Entonces Mina considera cómo se ha sobrecargado de formas que ya no quiere. Escribe: «En futuras relaciones, no seré la única que tome la iniciativa para coordinar las citas nocturnas y el tiempo juntos. Necesito reciprocidad. No asumiré toda la responsabilidad de las tareas domésticas y el cuidado de los niños; deben compartirse. No me disculparé por mis parejas si son groseros o beligerantes en público.

Son adultos y son responsables de las consecuencias de sus acciones. Tampoco seré la única que recoja los pedazos después de cada discusión. Necesito una pareja que sea capaz y esté dispuesta a reparar después de los desacuerdos».

Al revisar sus respuestas, Mina siente una sensación de seguridad, como si por primera vez se estuviera cuidando a sí misma.

Prioriza la delicadeza

A pesar de todas las lecciones que ofrece, el Valle no es el lugar más fácil para estar. Sus incertidumbres pueden poner a prueba el cuerpo y el corazón, y es importante que seamos delicados con nosotros mismos mientras estamos aquí.

Pasar tiempo en el Valle provoca automáticamente una transformación interior, por lo que no tenemos que «trabajar» para lograr el cambio. De hecho, cuidarnos con delicadeza y cariño puede suponer un cambio tan grande con respecto a nuestras viejas costumbres que la delicadeza en sí misma es la transformación interior. Mientras estés en el Valle, piensa en cómo podrías relajar tus expectativas sobre ti mismo, cómo dedicar tiempo suficiente al descanso y la relajación, así como pasar tiempo en la naturaleza o saborear el cuidado y el apoyo que te brindan tus seres queridos.

Unas semanas después de empezar a tener citas, Mina está sentada en casa un viernes por la noche. Sus dos hijos están fuera y, en medio del silencio, se siente inquieta. Está orgullosa de la vida que está construyendo: ha tenido algunas citas prometedoras, ha conectado con un par de viejos amigos y ha pasado mucho tiempo tocando el piano, pero a veces todavía es difícil. Piensa en cómo pasar la noche. Se plantea leer un libro de autoayuda, pero, sinceramente, está cansada de tratarse a sí misma como un proyecto de superación personal. Simplemente está cansada.

En el silencio, dice:

—Esto es difícil —su voz resuena en la cocina vacía que la rodea. Envalentonada, repite—: ¡Esto es difícil!

Algo en reconocer sus dificultades la hace sentir validada. «Esta noche mi único trabajo es cuidarme a mí misma», decide para sus adentros. Llama a su mejor amiga, Reese, que vive a unos cuantos kilómetros de distancia. Reese contesta al primer timbre.

—Oye —espeta Mina—, estoy teniendo la peor noche de viernes y me siento fatal. ¿Quieres beber vino conmigo y hablar de *The Bachelor?*

Reese se ríe y acepta. Una hora después, Mina está en piyama y pantuflas, con una copa de vino en la mano, riéndose de algo que dijo Reese. Mina sabe que no estará en el Valle para siempre, y momentos alegres como este son suficientes para seguir adelante.

NUEVOS COMIENZOS SOBRE BASES SANAS

A medida que abrimos nuestros corazones a nuevos comienzos, podemos recordar que no siempre surgen con fanfarria; a veces, se presentan de la manera más fortuita. William Bridges, autor del libro *Transiciones*, escribe:

> Piensa en los importantes comienzos de tu propio pasado. Te encontraste con un viejo amigo al que no veías desde hacía años y te habló de un puesto de trabajo en su empresa que había quedado libre esa misma mañana. Conociste a tu futuro cónyuge en una fiesta a la que realmente no querías ir y a la que casi faltas. Aprendiste a tocar la guitarra mientras te recuperabas del sarampión, y estudiaste francés porque la clase de español empezaba a las ocho de la mañana y odiabas levantarte temprano. La lección de todas estas experiencias es que cuando estamos listos para empezar de nuevo, encontraremos pronto una oportunidad.

Las nuevas amistades, relaciones románticas, carreras, comunidades y sistemas de creencias pueden entrar en nuestra vida de forma sutil. Pueden aparecer en un encuentro casual, un folleto en el tablón de anuncios de la comunidad o en la sonrisa de un extraño, y qué gratificante es construir nuevas y sólidas conexiones sobre esta base de confianza y respeto por uno mismo, ganados con tanto esfuerzo.

IV

ENRIQUÉCETE

18

NO HAY NOSOTROS SIN MÍ

En la parte IV exploraremos las muchas formas en que nuestra vida se enriquece cuando dejamos de complacer a la gente. Uno de los mayores regalos de romper este patrón es poder formar relaciones genuinamente íntimas con los demás. Cuando complacíamos a los otros, vivíamos detrás de una máscara: nunca les dábamos la oportunidad de conocernos de verdad. Silenciábamos nuestras opiniones, evitábamos los conflictos y abandonábamos nuestras necesidades con la esperanza de que nuestros esfuerzos nos proporcionaran amor, felicidad y pertenencia. Pero, en realidad, la complacencia nos impedía tener intimidad. Por mucho que la gente adorara nuestra máscara, nos perseguía constantemente la sensación de que, en el fondo, éramos invisibles y desconocidos.

La palabra *intimidad* se deriva de la raíz latina *intimus,* que significa «más recóndito». Abrirnos a la intimidad requiere dejar que nuestro yo más íntimo sea conocido por otro. Requiere que compartamos lo más recóndito de nuestras pasiones y nuestros sueños. Exige que seamos honestos sobre lo que sentimos y necesitamos, incluso cuando es difícil. En última instancia, aceptar la invitación a la intimidad significa aportar *más* de uno mismo a nuestras relaciones después de años de aportar *menos.*

En este capítulo exploraremos tres claves para cultivar una verdadera intimidad en nuestras relaciones. Desmentiremos el mito de que hacerse pequeño es la clave para atraer relaciones; desafiaremos la idea de que debemos evitar el conflicto a toda costa; y disiparemos la noción de que el compromiso siempre es una buena idea.

OCUPAR ESPACIO ATRAE LAS RELACIONES ADECUADAS

Durante los dos últimos años, Ciara se ha esforzado por romper el patrón de complacer a la gente. Ha sido un reto, pero uno gratificante; se siente mucho más cómoda haciendo peticiones y estableciendo límites que nunca antes había establecido. Cuando quedó claro que su pareja, Chad, no podía satisfacer sus necesidades emocionales, puso fin a su relación. Eso fue hace seis meses y ahora está lista para tener citas.

Como tantas personas que se esfuerzan por agradar, Ciara tiene un historial de relaciones románticas insatisfactorias. Cuando salía con alguien, se esforzaba por ser lo más complaciente y discreta posible. Escuchaba en silencio mientras los hombres hablaban de sus trabajos, sus aficiones y sus amigos. Cuando sus citas le lanzaban preguntas, ella las desviaba de forma cohibida: «Oh, mi trabajo es aburrido, no vale la pena hablar de ello. En fin, ¿qué sueles hacer los fines de semana?».

Ciara colmaba de elogios a los hombres con los que salía, fingía interés en sus aficiones y hablaba poco de sus sentimientos, necesidades y sueños. Como resultado, las parejas que atraía eran habladoras, carismáticas y dominantes. Disfrutaban de tener una pareja que les dedicaba toda su atención y exigía muy poco a cambio.

Ciara siempre empezó a sentirse eclipsada en estas relaciones. Como muchas personas complacientes, anhelaba parejas que quisieran conocerla, que valoraran la reciprocidad, que se interesaran tanto por ella como ella por ellos. En retrospectiva, Ciara ahora puede ver cómo hacerse pequeña para encontrar el amor tuvo el efecto contrario: atrajo relaciones con personas que no podían amarla de la manera que ella necesitaba.

Hacerse pequeño atrae las relaciones equivocadas

Cuando éramos jóvenes, muchos de nosotros recibimos recompensas (en forma de seguridad, afecto, gratitud o cuidado) por suprimir nuestras necesidades, ocultar nuestros sentimientos y fusionar nuestros intereses con los de los demás. Con el tiempo, llegamos a creer que la autosupresión era la clave para conseguir conexión. Confiamos en estas viejas estrategias a medida que construíamos nuevas relaciones con posibles amigos y parejas y, en cierto modo, nuestros métodos tuvieron éxito. Hacer el papel de víctima sí que nos permitió establecer vínculos nuevos, pero, por lo general, no eran los que necesitábamos.

Tómate un momento para reflexionar sobre las veces que reprimiste tus necesidades y sentimientos para ganarte el afecto de los demás. ¿Tus esfuerzos te llevaron a tener amigos y parejas que te hicieron sentir visto, comprendido y apreciado? ¿Finalmente conseguiste las relaciones recíprocas que habías estado esperando? O, como Ciara, ¿te dejó sintiéndote invisible?, ¿resentido?, ¿atrapado en relaciones en las que todo era dar y no recibir, pensando: «Si supieran lo que realmente siento y necesito, no se quedarían conmigo»?

Nuestros historiales de relaciones son prueba de que hacerse pequeño atrae las relaciones equivocadas. Las personas que atraemos cuando nunca ocupamos espacio con nuestras voces se sienten *encantadas* por nuestra falta de voz. Las personas que atraemos cuando no tenemos límites se sienten *encantadas* por nuestra falta de límites. Irónicamente, reducir nuestras necesidades para ser amables a menudo nos lleva directamente a los brazos de personas que no pueden, o no quieren, amarnos plenamente.

Cuando cambiamos la forma en que nos presentamos, dándonos a conocer desde el principio, podemos encontrar amigos y parejas que nos acepten tal como somos.

Somos personas, no espejos

Una de las formas más comunes en que las personas complacientes se empequeñecen es convirtiéndose en espejos en sus relaciones. En lugar de ponernos de lleno en la mesa (deseos, necesidades, historias, opiniones y todo), simplemente reflejamos lo que otros quieren, necesitan y creen. Adaptamos nuestros intereses a los de los demás, alineamos nuestros sueños con los de los demás y, poco a poco, nos eclipsamos por completo en las personalidades de los demás. La psicoterapeuta Esther Perel afirma que la intimidad real no puede provenir de este tipo de fusión; solo puede provenir de la interacción entre uno mismo y el otro. Escribe en *Mating in Captivity*:

> Nuestra necesidad de unión existe junto a nuestra necesidad de separación. Una no existe sin la otra. Con demasiada distancia, no puede haber conexión, pero demasiada fusión erradica la separación de dos individuos distintos. Entonces no hay nada más que trascender, ningún puente por el que caminar, nadie a quien visitar al otro lado, ningún otro mundo interno al que entrar. Cuando las personas se fusionan, cuando dos se convierten en uno, la conexión ya no puede ocurrir. *No hay nadie con quien conectar.*

A medida que rompemos el patrón de complacer a la gente, empezamos a comprender que construir conexiones íntimas requiere que aportemos nuestro yo individualizado y auténtico a nuestras relaciones. Así que, a medida que formamos nuevas conexiones con amigos y parejas, ocupamos espacio con nuestras historias. Expresamos nuestras opiniones. Compartimos nuestros propios intereses. Empezamos a ocupar el 50% de nuestras relaciones que nos pertenecen por derecho.

De la misma manera que hacerse pequeño atraía a la gente a la que le gustábamos exactamente por eso, ocupar espacio atrae a la gente a la que le *gusta* que ocupemos espacio. Expresar nuestros sentimientos atrae a la gente a la que le *gusta* que expresemos nuestros sentimientos. Mostrar nuestra auténtica personalidad en nuestras relaciones atrae a la gente a la que le *gusta* nuestra auténtica personalidad.

Con el tiempo, este deslumbrante baile entre uno mismo y los demás permite que nuestras relaciones se vuelvan más expansivas, coloridas y vibrantes. Por primera vez, se sienten como relaciones, no solo como cámaras de eco.

No estamos destinados a ser compatibles con todo el mundo

Si a alguien no le gustamos cuando estamos siendo auténticos, eso no significa que no deberíamos serlo, solo significa que no somos compatibles, y no estamos destinados a ser compatibles con todo el mundo.

Antes, cuando tratábamos de agradarle a la gente, reaccionábamos ante el desinterés de los demás, pensando: «¿Cómo puedo reducir mis necesidades para gustarles?» o «¿Cómo puedo ocultar las partes de mí que no les gustan?». Ahora reaccionamos ante el desinterés de los demás con gratitud o, como mínimo, con aceptación. En última instancia, nos ahorraron el esfuerzo de construir una relación con alguien incapaz de dar cabida a nuestros sentimientos y necesidades.

Cuando liberamos el impulso de agradar a todo el mundo, finalmente nos damos permiso para ser auténticos, y solo así podemos encontrar a las personas que nos apreciarán por lo que *somos* en lugar de por lo que fingimos ser.

La historia de Ciara

Ciara promete dejar atrás el hecho de sentirse menospreciada mientras se embarca en este periodo de citas. Durante la cena, no solo hace preguntas, sino que también comparte cosas sobre sí misma. Habla de los pros y los contras de su trabajo en una organización sin ánimo de lucro, cuenta historias sobre sus amigos, se sincera sobre sus sueños de viajar por el mundo. Al principio resulta angustioso ocupar espacio de esta manera, pero también sienta bien.

Algunas personas muestran curiosidad e interés por lo que dice. Se ríen con ella, le hacen preguntas de seguimiento y comparten sus historias en respuesta. En estos momentos, Ciara siente que está construyendo conexiones genuinas; se está dejando ver y los demás se muestran entusiasmados por lo que ven. Desafortunadamente, algunas de sus citas son desdeñosas. Algunos parecen no poder empatizar con sus sentimientos; otros menosprecian sus intereses. Duele arriesgarse y ser rechazada, pero se recuerda a sí misma: «De todos modos, no habrían sido una buena pareja».

A medida que pasan las semanas, Ciara tiene una segunda cita, luego una tercera y luego una cuarta con Nathan. Él es carismático y amable, y a medida que se acercan, Ciara se da cuenta de lo extraño que se siente recibir tanto afecto y consideración.

Nathan invita a Ciara a ver a su banda tocar en un concierto. Unas semanas después, ella lo invita a ser su acompañante en la cena benéfica de la organización sin ánimo de lucro. Él se desenvuelve con confianza en una sala llena de desconocidos, y cuando vuelven a casa tomados de la mano, le susurra: «Ha sido un éxito. Estoy muy orgulloso de ti».

Seis meses después, Ciara y Nathan son una pareja feliz. Han conocido a los amigos del otro, han ido a sus restaurantes favoritos, se han sincerado sobre sus ansiedades y miedos. Su conexión es tan satisfactoria, tan amorosa, que Ciara tiene que resistirse a la incredulidad: «¿Puede una relación ser realmente tan buena?», se pregunta.

Sin embargo, un día sucede algo que hace que Ciara se pregunte si Nathan realmente se preocupa por ella tanto como dice.

LOS CONFLICTOS SON INEVITABLES EN LAS RELACIONES ÍNTIMAS

Cada verano, los amigos de la universidad de Nathan se reúnen para pasar un día haciendo *rafting* en el río y comer carne asada. Cuando Nathan le pide a Ciara que se una a ellos, ella se emociona; le ha oído mencionar este evento antes y agradece esta oportunidad de relacionarse con sus amigos.

Cuando se estacionan en la orilla del río, diez coches llenos de amigos de Nathan ya están allí, descargando su equipo e inflando las balsas. Nathan se abre camino entre el grupo, intercambiando saludos y abrazos, mientras Ciara espera torpemente a que se le presente.

Cuando queda claro que está enfrascado en una conversación, ella se presenta y empieza a bajar las cosas del coche por su cuenta.

Cuando llega el momento de navegar por el río, el grupo se reúne para planear cómo compartir las balsas. Nathan rodea con el brazo a su amigo Joe.

—Nosotros estaremos juntos —anuncia, dándole un puñetazo en el pecho a su amigo—. Será como cuando compartimos habitación en segundo año.

A medida que los miembros del grupo empiezan a emparejarse, Ciara se siente olvidada. No conoce a ninguno de los amigos de Nathan, desearía que él se esforzara más por incluirla. Acaba acompañando a dos mujeres, Lauren y Sage. Mientras flotan por el río, disfruta platicando con ellas y atesorando el sol en su piel, pero está preocupada.

El resto del día transcurre de la misma manera. Después del *rafting*, el grupo se instala en un sitio para pícnic para hacer una carne asada y una fogata. Nathan está inmerso en sus amigos, apenas ha hablado con Ciara en todo el día. Ella está molesta. «¿Por qué me invitó si no me iba a prestar atención?», se pregunta. «¿Acaso no me quiere aquí?».

Cuando la noche finalmente llega a su fin, todos regresan al estacionamiento. Mientras Nathan y Ciara manejan a casa, ella siente un tirón en el pecho.

—¡Qué día! —dice Nathan feliz, con las manos en el volante—. ¡Deberías haberlo visto: durante un momento Joe y yo nos dirigimos directo hacia unas rocas en el río! ¡Por poco nos caemos!

Ciara intenta esbozar su sonrisa más brillante.

—¿Ah, sí? —responde—. ¿Qué pasó?

Intenta concentrarse mientras él cuenta la historia. Llegan a su casa y entran por la puerta principal.

—Bueno, ¿qué te pareció? —le pregunta mientras se quita la chamarra—. Muy divertido, ¿verdad?

Ella no sabe qué decir. Está dolida, sí, pero tiene miedo de arruinar la velada. Además, nunca habían discutido antes, le preocupa que un desacuerdo pueda marcar el final de su floreciente relación.

Evitar el conflicto dificulta la intimidad

Pocas cosas aterrorizan más a la persona que intenta dejar de complacer a los demás que el conflicto. Históricamente lo hemos evitado a toda costa, censurando nuestros sentimientos, silenciando nuestras necesidades y reprimiendo nuestras quejas para mantener la paz. Hemos sacrificado nuestra integridad por la ilusión de una armonía perfecta y, con el tiempo, hemos pagado el precio. No solo nos sentíamos silenciados en nuestras relaciones, sino también dolorosamente *solos:* únicos habitantes de un mundo oculto de resentimientos tácitos. Para evitar conflictos, ocultamos partes de nosotros mismos y, al hacerlo, renunciábamos a la posibilidad de una verdadera intimidad.

El conflicto no solo es normal, sino también inevitable en nuestras relaciones íntimas. Seguramente heriremos los sentimientos de los demás, y los demás herirán los nuestros; somos seres humanos y los seres humanos cometemos errores. Ante estos inevitables errores, desajustes y diferencias, tenemos una opción. Podemos evitar el conflicto, permanecer en silencio y enterrar nuestras heridas bajo la superficie, o podemos hablar, ser honestos y confiar en que, *incluso cuando es difícil de escuchar,* aquellos que se preocupan por nosotros quieren oír lo que sentimos, lo que necesitamos y cómo nos duele.

Esto no significa que siempre estarán de acuerdo con nuestros sentimientos, que satisfarán todas nuestras necesidades o que responderán perfectamente a nuestras quejas, pero en las relaciones sanas, la gente prefiere la honestidad incómoda a la deshonestidad, porque la deshonestidad genera desconfianza y resentimientos que se agravan con el tiempo. Solo cuando somos honestos podemos evaluar, como equipo: «¿De qué forma podemos arreglar las cosas? ¿Cómo podemos llegar a un acuerdo? ¿Cómo podemos encontrar un terreno común? ¿Cómo podemos seguir adelante?». En las relaciones verdaderamente íntimas, la resolución de conflictos es un proceso colaborativo, no un proceso que una persona emprende en secreto y en silencio para mantener la paz.

Cómo se gestiona el conflicto es lo que marca la diferencia

Según un estudio del Instituto Gottman, la aparición de un conflicto no es lo que predice el éxito o el fracaso de una relación; lo que importa es cómo se gestiona. Ciertos métodos de gestión de conflictos son destructivos: exacerban el desacuerdo, reducen la probabilidad de resolución y amplifican la mala voluntad. Otros métodos son generativos: crean posibilidades de entendimiento mutuo y aumentan las posibilidades de encontrar puntos en común.

Según el Instituto Gottman, estos cuatro comportamientos, conocidos como los Cuatro Jinetes, exacerban el conflicto e incluso predicen el divorcio temprano entre las parejas casadas:

- **Crítica:** Expresar sentimientos negativos sobre el carácter o la personalidad de la persona en lugar de referirse a un comportamiento o acontecimiento específico (por ejemplo, «Eres muy flojo», en lugar de «Me molesta que no me hayas ayudado a preparar la fiesta»).
- **Desprecio:** Expresar descontento desde una posición de falta de respeto y superioridad sobre el otro, a menudo en forma de sarcasmo, cinismo, poner los ojos en blanco o burla (por ejemplo, «Así que inflar unos cuantos globos fue todo lo que pudiste hacer, ¿eh? Debería haber sabido que no esperaría nada más de ti»).
- **Actitud defensiva:** Adoptar una postura de víctima para revertir la culpa (por ejemplo, «¿Por qué siempre me estás regañando? No hago nada bien»).
- **Evasión:** Retraerse para evitar el conflicto y transmitir desaprobación (por ejemplo, en medio de una discusión una persona mira su teléfono, evita el contacto visual y permanece en silencio).

Muchas personas complacientes en recuperación están familiarizadas con los Cuatro Jinetes porque este es el único modelo de conflicto que han conocido. Muchos de nosotros fuimos testigos de críticas, desprecio, actitud defensiva y evasivas en nuestras familias de origen, y llegamos a esperar estos comportamientos de nuestras parejas y amigos en la edad adulta. No es de extrañar que llegáramos a creer que debemos evitar el conflicto a toda costa.

Ahora, a medida que construimos relaciones más sanas, empezamos a comprender que el conflicto puede ser una oportunidad para que ambas personas escuchen las preocupaciones de la otra, asuman la responsabilidad del daño causado y reconstruyan la confianza, lo que da a nuestras relaciones la oportunidad de volverse resilientes a través de la discusión, la negociación y la reparación. Un conflicto que termina en reparación puede ser profundamente sanador: una enseñanza visceral de que no necesitamos abandonarnos a nosotros mismos para ser amados.

Cómo responden los demás al conflicto es información importante para nosotros

¿Qué pasa cuando el conflicto no se gestiona bien? ¿Qué pasa cuando los demás se dedican a criticar, despreciar, menospreciar o juzgar? ¿Qué pasa cuando los demás utilizan el conflicto para herir aún más nuestros sentimientos o derribarnos?

Cuando los demás reaccionan negativamente ante un conflicto, no significa que no debamos habernos expresado, significa que hemos recopilado información importante sobre dónde podemos necesitar nuevos límites y cuán compatible es esta relación a largo plazo. El conflicto nos ayuda a saber si pueden respetar nuestras necesidades y sentimientos, incluso cuando difieren de los suyos; si pueden aceptar la responsabilidad de los daños que causan; si pueden trabajar con nosotros para llegar a un compromiso (más sobre esto en breve); y si pueden disculparse y admitir sus errores. Recopilar esta información nos permite evaluar si su forma de manejar los conflictos es compatible con nuestras necesidades y límites.

DE VUELTA A CIARA

Ciara sabe que si no comparte sus sentimientos con Nathan, se agravarán y se convertirán en resentimientos. Se quita la chamarra.

—Me encantó conocer a tus amigos —comienza—. Son muy simpáticos y divertidos. —«Ahora viene *lo difícil*», piensa—. Pero quiero ser sincera contigo: me siento un poco herida.

Nathan hace una pausa mientras se quita los zapatos. Voltea hacia Ciara.

—¿Te hice daño? —pregunta con expresión preocupada—. ¿Por qué?

Ella junta las manos.

—Porque me sentí excluida —explica—. Ojalá me hubieras presentado, o invitado a unirme a tu balsa, o me hubieras prestado atención durante la carne asada. No conocía a nadie allí y me sentí incómoda. Me hizo preguntarme si deseabas que no hubiera ido.

Nathan permanece en silencio con expresión de dolor. Ciara contiene la respiración. «¿Es esta la parte en la que me llama demasiado sensible?», se preocupa.

Finalmente, Nathan deja escapar un suspiro.

—Ciara —dice—, ni siquiera me di cuenta. Ven aquí. —Él abre los brazos y ella se acerca a su abrazo, con el corazón palpitante—. Lo siento. Para que conste, tenía muchas ganas de que estuvieras allí. Estaba tan emocionado de ver a mis viejos amigos que me olvidé de todo lo demás.

—Gracias —dice Ciara con voz queda.

Él la aprieta con fuerza.

—Me siento como un idiota —dice—. ¿Por qué no me lo dijiste antes? Si hubiera sabido que te sentías así, habría hecho más para ayudarte a sentirte incluida.

Ella hace una mueca y se aparta.

—En realidad no hubo oportunidad de hablar contigo a solas —explica, apenada—. Además, es vergonzoso tener que pedirle más atención a tu novio delante de sus amigos, ¿sabes?

—Sí, lo entiendo —admite—. ¿Qué te parece esto? En el futuro, me esforzaré *mucho más* para ayudarte a sentirte incluida. Pero, además, ya me conoces, soy muy extrovertido y a veces me distraigo.

Ella asiente. Es cierto, su carisma y su naturaleza sociable son parte de lo que la atrajo de él en primer lugar.

—Si alguna vez vuelves a sentirte excluida cuando estemos en público, ¿me lo dirás? —pregunta Nathan—. No tiene por qué ser una gran conversación, puedes simplemente acercarte y ponerme el brazo alrededor, o susurrar algo como «necesito más amor ahora» en mi oído.

Está bromeando, en parte. Ella se ríe y pone los ojos en blanco.

—Está bien —acepta—. Sí. Puedo hacerlo.

Él la aprieta con fuerza y ella se relaja en sus brazos, invadida por el alivio. Ciara está agradecida con Nathan por ser tan receptivo a sus sentimientos, y se siente agradecida consigo misma por haber dicho algo. Ahora que han superado con éxito una conversación difícil, se siente aún más cerca de él que antes.

Después de este primer conflicto, Ciara y Nathan continúan profundizando su intimidad. Hay algunos baches en el camino, pero en su mayor parte continúan respetando los sentimientos del otro y acomodando las necesidades del otro lo mejor que pueden.

Ahora, después de dos años juntos, Ciara y Nathan han llegado a otro momento difícil en su relación. Acaban de mudarse juntos y la convivencia ha suscitado nuevas preocupaciones sobre cómo pasan su tiempo. El trabajo de Ciara en la organización sin ánimo de lucro es socialmente exigente; cada día tiene una agenda repleta de reuniones, y cuando llega a casa está cansada. Su velada ideal es relajarse con Nathan mientras ven la televisión. Mientras tanto, Nathan trabaja desde casa como ingeniero de datos. Se sienta frente a su computadora ejecutando códigos complejos todo el día, y cuando llegan las cinco, está ansioso por socializar. En su velada ideal, saldrían a cenar juntos, asistirían a un concierto o disfrutarían de una noche de fiesta con amigos.

Antes de mudarse juntos, estas diferencias no eran un problema; normalmente solo pasaban los fines de semana juntos. Ahora que están conviviendo, también quieren salir durante las noches entre semana, pero sus necesidades incompatibles hacen que hacerlo sea un desafío.

SABER CUÁNDO COMPROMETERSE

En el pasado, Ciara habría complacido en exceso las preferencias de Nathan y con el tiempo habría terminado agotada. Ahora sabe que necesita un camino diferente.

Todas las relaciones requieren compromiso

No hay dos personas que compartan idénticas necesidades, deseos, valores o sueños. Si queremos mantener nuestras relaciones a pesar de las inevitables diferencias y desajustes, debemos ser capaces de identificar: «¿Con qué estoy dispuesto a comprometerme y con qué no?».

Antes de que empezáramos a romper el patrón de complacer a la gente, todo estaba abierto a compromiso: nuestras necesidades eran maleables, nuestros deseos prescindibles y nuestros valores discutibles. Estábamos dispuestos a deformarnos en cualquier forma que nuestras relaciones exigieran de nosotros: cualquier cosa para mantener el afecto de los demás. Ahora entendemos que esto no conduce a relaciones satisfactorias o recíprocas a largo plazo (de hecho, las investigaciones muestran que comprometerse en exceso de esta manera se asocia con mayores tasas de depresión y ansiedad). Ahora todavía podemos comprometernos, pero solo bajo ciertas condiciones.

Podemos practicar el respeto por nosotros mismos en nuestras relaciones solo haciendo concesiones cuando nuestra seguridad física o emocional no está en riesgo; cuando ambas personas son capaces y están dispuestas a trabajar juntas para encontrar un compromiso; cuando ambos exploran múltiples estrategias para satisfacer sus necesidades; y cuando nuestras necesidades básicas, necesidades que son fundamentales para nuestro bienestar, valores y objetivos de vida, no se sacrifican en el proceso.

1. Nuestra seguridad física o emocional no está en riesgo

Cualquier relación que nos haga comprometer nuestra seguridad no es una que se pueda mantener de manera saludable. Los requisitos básicos e innegociables para la seguridad física y emocional incluyen, entre otros: que no nos hagan daño físico; que no se burlen de nosotros, ni nos humillen o nos degraden; que no nos regañen, intimiden ni amenacen; que no critiquen nuestra apariencia; que respeten nuestros límites sexuales y no ejerzan ningún tipo de coacción; que sepan disculparse y asumir la responsabilidad de sus errores; que actúen dentro de los límites del acuerdo de la relación (por ejemplo, no mantener relaciones sexuales con otras personas si hemos pactado una relación monógama); y que cumplan sus promesas y mantengan sus compromisos la mayor parte del tiempo.

2. Ambos son capaces y están dispuestos a trabajar juntos para llegar a un compromiso

Después de años de dar demasiado, debemos tener cuidado con las relaciones en las que somos los únicos que nos adaptamos a las necesidades, preferencias o límites del otro. Después de todo, el compromiso no es compromiso si somos los únicos que nos comprometemos. Hacer adaptaciones de forma crónica para mantener una relación mientras se recibe poca o ninguna reciprocidad es una receta para el resentimiento.

Cuando existe una discrepancia en las necesidades, un compromiso exitoso requiere colaboración, apertura mental y respeto mutuo. Ambos deben ser capaces y estar dispuestos a preguntarse: «¿Cómo podemos, juntos, encontrar una solución que satisfaga nuestras necesidades?». El psicoterapeuta John Gottman escribe: «El compromiso nunca se siente perfecto. Todos ganan algo y todos pierden algo. Lo importante es sentirse comprendido, respetado y honrado».

En los compromisos saludables, ambas personas reconocen la legitimidad de las necesidades de la otra, incluso si no pueden satisfacerlas. Los dos tratan de comprender la posición del otro y reconocen los costos y beneficios de cada camino a seguir. Cuando una persona finalmente transige en una necesidad o deseo, la otra persona reconoce su decisión y muestra su agradecimiento por ello.

El compromiso que surge del esfuerzo colaborativo es distinto del que resulta del rechazo o menosprecio de una persona hacia las necesidades de la otra. En este último caso, el compromiso proviene de la vergüenza, la timidez y el miedo a la pérdida. Es decir, no es más que apaciguamiento.

Ciara y Nathan comprenden la importancia de las necesidades del otro. Él no la avergüenza por necesitar tiempo para relajarse después de un largo día; ella no minimiza su deseo de participar en actividades sociales. No comparten los deseos del otro, pero pueden entenderlos. Este entendimiento mutuo les permite buscar soluciones juntos.

3. Las personas exploran múltiples estrategias para satisfacer sus necesidades

Cuando nuestras necesidades no coinciden, podemos trabajar para llegar a un acuerdo explorando las estrategias que las satisfarían lo *suficiente*. En este proceso, reconocemos que no obtendremos exactamente lo que queremos de la manera exacta que queremos, pero también establecemos límites para asegurarnos de que el compromiso no nos lleve más allá de nuestros límites.

Cuando Ciara se pregunta «¿Qué estrategias podrían satisfacer suficientemente mi necesidad de descanso?», se le ocurren las siguientes: «Si tengo la mayoría de las noches de la semana para relajarme en casa, tendré suficiente energía para salir los jueves o viernes con Nathan. Cuando salimos después del trabajo, me gusta cenar o tomar el postre a solas, pero tengo que reservar las salidas más exigentes socialmente (como las fiestas con amigos) para los fines de semana. Algunas noches, puedo quedarme en casa y relajarme mientras Nathan sale».

Cuando Nathan se pregunta «¿Qué estrategias podrían satisfacer suficientemente mi necesidad de estimulación?», se le ocurren las siguientes: «Si tengo pensado quedarme en casa con Ciara, puedo ir a correr después del trabajo para salir un rato de casa. Estoy dispuesto a pasar dos noches a la semana en casa si tengo los otros días para salir. Las noches que nos quedemos en casa, hacer algo activo, como jugar a un juego de mesa o cocinar juntos, me ayudará a sentirme involucrado. Y algunas noches, saldré con amigos mientras Ciara se queda en casa».

4. No se sacrifica una necesidad básica en el proceso

Algunas de nuestras necesidades son sagradas, no se pueden comprometer. Todo el mundo comparte ciertas necesidades básicas, como las necesidades de seguridad no negociables mencionadas en la página 58. Otras necesidades básicas varían de una persona a otra.

Para algunas personas, vivir en la misma ciudad que su pareja es una necesidad básica. Una relación a distancia se sentiría demasiado desconectada, no ofrecería suficiente unión e intimidad. Mientras tanto, otros pueden *desear* vivir en la misma ciudad que su pareja, pero estarían abiertos a una relación a distancia si las circunstancias (por ejemplo, un semestre en el extranjero o un traslado laboral) lo requirieran. No sería su ideal, pero tampoco sería devastador.

En última instancia, cada uno de nosotros debe determinar si algo es una necesidad básica o una necesidad que puede comprometerse. Responder «sí» a cualquiera de las siguientes preguntas puede indicar que algo es una necesidad básica: ¿Comprometerme con esto afectaría fundamentalmente mi salud o bienestar? ¿Comprometerme con esto me impediría alcanzar mis metas o sueños de la vida? ¿Comprometerme con esto me pondría en oposición a mis valores? ¿El hecho de ceder en esto me llevaría a resentirme con la otra persona a largo plazo?

DE VUELTA A CIARA

Ciara y Nathan se sientan y comparan las estrategias que han ideado. Ambos están dispuestos a hacer pequeños compromisos sobre el número de noches que se quedan o salen; ambos están dispuestos a ajustar la manera en que pasan su tiempo juntos.

Al final, llegan a un acuerdo. Una vez a la semana, planearán una noche de cita y saldrán a cenar, a tomar algo o a disfrutar un postre. Dos veces a la semana, pasarán la noche juntos en casa, jugando a un juego de mesa o viendo la televisión. Otras dos veces a la semana, pasarán la noche separados: Nathan saldrá con amigos y Ciara se quedará en casa y se relajará.

Este compromiso les permite satisfacer de forma adecuada sus necesidades individuales sin dejar de pasar tiempo de calidad juntos. Aunque ambos desearían que el otro quisiera lo mismo que ellos, comprenden el razonamiento del otro, respetan sus necesidades y aprecian sus concesiones.

SIENTE EL MIEDO, PERO HAZLO DE TODAS FORMAS

La intimidad no es para los débiles de corazón. Después de años viviendo detrás de la máscara de complacer a los demás, dejarnos conocer de verdad puede ser desalentador, pero este es el único camino hacia una conexión genuina y duradera. Vimos cómo eran nuestras relaciones cuando redujimos nuestras necesidades; vimos cómo reprimir nuestros sentimientos para mantener la paz nos hacía resentirnos; vimos cómo nuestro bienestar se erosionaba cuando nos comprometíamos demasiado en las cosas que eran importantes para nosotros.

Como muestra la historia de Ciara, la intimidad puede ser a la vez una experiencia frágil e infinitamente gratificante. Al entregarnos por completo a nuestras relaciones —conflictos, compromisos y todo—, comenzamos a reconocer que no necesitamos abandonarnos a nosotros mismos para ser amados.

19

EL PATRÓN DE COMPLACER A LOS DEMÁS Y EL SEXO

Para construir relaciones íntimas a nivel emocional, debemos expresar nuestros deseos, establecer límites y hablar cuando algo no funciona. Estas mismas lecciones se aplican a la construcción de relaciones íntimas satisfactorias a nivel físico.

El sexo nos ofrece la oportunidad de compartir las partes más íntimas de nosotros mismos con otra persona. Dada la vulnerabilidad que puede suponer, podemos seguir complaciendo a la gente en lo que respecta al sexo incluso después de haber roto con éxito el patrón en otras áreas de nuestra vida. Complacer sexualmente a los demás a menudo se manifiesta en consentir a tener relaciones sexuales que no queremos tener; en dificultad para recibir placer e incluso fingir el orgasmo; y en no hablar de lo que preferimos en estas situaciones. En este capítulo, exploraremos los orígenes de estos patrones, y discutiremos una amplia gama de herramientas para establecer una conexión fuerte y auténtica con nuestros propios deseos.

Dado que complacer a la gente sexualmente a menudo está envuelto en un velo de vergüenza y silencio, este capítulo se basa en gran medida en entrevistas a personas de todos los géneros y sexualidades. Mi esperanza es que sus historias confirmen lo común que es este patrón y te ayuden a sentirte menos solo en tus experiencias.*

* Ten en cuenta que este capítulo aborda temas relacionados con el trauma sexual.

DECIR *SÍ* CUANDO NUESTRO CUERPO DICE *NO*

Muchas personas complacientes tienen un historial de *relaciones sexuales consensuadas no deseadas:* relaciones sexuales no deseadas resultantes de un consentimiento libremente otorgado, no de coacción, presión, amenazas o sentimiento de culpa (las relaciones sexuales que surgen de la coacción o la presión entran en la categoría de agresión sexual, que está fuera del alcance de este capítulo. Aquí, exploraremos situaciones que surgen de un consentimiento libremente otorgado).

Las personas complacientes pueden tener relaciones sexuales consensuadas no deseadas porque quieren agradar, obtener la aprobación de los demás o sentirse conectadas de alguna manera. Como exploraremos en breve, consentir relaciones sexuales no deseadas también puede ser una respuesta a traumas pasados o expectativas de género. En estos casos, no es necesariamente obvio para nuestras parejas que no estamos disfrutando. Después de todo, las personas complacientes se encuentran entre las que mejor se desenvuelven en el mundo. Nos hemos vuelto hábiles para sentir de una manera, pero actuar de otra.

Dominique, de 42 años, compartió su historia conmigo: «Estoy con mi esposo desde que tenía 17 años. He perdido la cuenta de las veces que he accedido a tener sexo con él cuando no quería», explica. «Después de cierto tiempo en una relación, se espera. A veces pasaba días intentando mentalizarme y entrar en ambiente. El acto se convirtió más en un "deber" que había de finalizar lo antes posible. Cada vez deseaba que terminara pronto y me recordaba a mí misma que al menos pasaría un tiempo antes de empezar a sentirme culpable por sentir como una obligación volver a tener sexo con él».

Las interacciones como la de Dominique son comunes. Una esposa no está de humor para el sexo, pero sigue el proceso porque es noche de cita. Una estudiante universitaria se acuesta con un amigo en su dormitorio porque se siente incómoda pidiéndole que se vaya. Una persona joven que está enamorada acepta tener relaciones sexuales antes de lo normal para asegurarse el afecto de la otra persona.

Kali, de 32 años, ofrece su experiencia: «Tenía una relación en la que ya llevaba un buen tiempo, pero con la que no me sentía conectada emocionalmente. Mi interés por el sexo desapareció, pero sentía que era mi deber de novia hacerlo. Pensaba que era el único punto para conectar con él», dice. «Me volví cada vez más insensible y me desconecté cada vez más de mi cuerpo. Con el tiempo, dejé de considerar lo que quería. Perdí el deseo. Apagarme fue simplemente una sensación visceral. Me costó mucho tiempo recuperarme de eso».

Como muestra la historia de Kali, cuando consentimos libremente tener relaciones sexuales no deseadas, nuestros cuerpos no siempre entienden las razones de nuestra mente para hacerlo. En última instancia, están presentes para encuentros físicos no deseados, pero las repercusiones pueden variar: desde un remordimiento leve hasta un estrés postraumático en toda regla.

Trauma sexual sin agresor

En abril de 2022 compartí una publicación en Instagram sobre mi experiencia de sexo no deseado y consentido. Años antes, había tenido una cita con alguien con quien no quería acostarme, pero no pude encontrar el valor para decírselo. No me presionó, coaccionó ni me hizo sentir culpable de ninguna manera, pero, aun así, sonreí, fingí entusiasmo de manera convincente y pasé la noche en su cama.

Quizá tenía miedo de decepcionarlo o pensé que «no pasaría nada» si ignoraba mi desinterés y seguía la corriente. Pero, por desgracia, para mi cuerpo sí que *fue* importante. En las semanas, meses y años que siguieron, luché contra los *flashbacks,* los ataques de pánico y otros síntomas de trauma sexual. Me costaba entender mis reacciones, porque, en todos los sentidos, no había sido agredida: la única persona que traspasó mis límites fui yo. Pero, aun así, mi cuerpo se rebelaba, asustado y repelido.

En mi publicación de Instagram invité a mis seguidores a compartir sus historias, con curiosidad por saber si podían identificarse con mi experiencia. Me quedé impresionada cuando me inundaron cientos de comentarios y mensajes. Algunas personas informaron que se sentían arrepentidas, incómodas o avergonzadas después de consentir a tener sexo no deseado. Otros, como yo, informaron síntomas como recuerdos recurrentes, pensamientos intrusivos y ataques de pánico, algunos de los cuales persistieron décadas después del encuentro original.

Debido a que nuestras experiencias fueron *consentidas, pero no deseadas,* tuvimos problemas para encontrar un lenguaje que capturara con precisión nuestro dolor y confusión. No sentimos que hubiéramos sido agredidas: fuimos nosotras quienes accedimos, con entusiasmo, a la intimidad física, a menudo con cónyuges, parejas y amantes de toda la vida. Sin embargo, nuestros cuerpos contaban una historia de traición y sufrimiento.

Uno de los comentarios decía: «Tuve la misma experiencia y realmente me afectó mucho, pero no tenía forma de procesarlo. La gente quiere tener un villano al que señalar con el dedo, y si no hay villano, entonces el daño no se reconoce. El hombre con el que estaba no es un villano. Di mi consentimiento, pero eso no significa que no tenga un trauma por la experiencia».

Rara vez hablamos de sexo consensuado no deseado por varias razones. Nuestro silencio puede deberse al hecho de que nos sentimos avergonzados por traicionarnos a nosotros mismos de una manera tan visceral. Dominique, cuya historia abre esta sección, comparte: «No tenía el lenguaje para hablar de lo que estaba pasando. Me daba vergüenza. ¿Cómo podía decirle a alguien que nunca había querido tener sexo con mi propio esposo? Claramente, algo estaba mal conmigo».

También nos puede preocupar que hablar de sexo consensuado no deseado pueda poner en duda a quienes han sufrido agresiones sexuales. Chris Ash, víctima de un abuso sexual, que ha trabajado contra la violencia durante más de una década, explica:

> Tenemos miedo de introducir matices en las conversaciones sobre el daño sexual porque tememos que puedan usarse como arma contra las víctimas en los tribunales, en los medios de comunicación o por sus agresores. La agresión nunca es culpa de la víctima. Y al mismo tiempo, a veces ni siquiera entendemos nuestros propios límites sexuales. Y mucho menos los articulamos, sobre todo teniendo en cuenta la poca educación sexual a la que la mayoría de nosotros tuvimos acceso y los pocos

modelos que nuestra cultura ofrece sobre cómo negociar los límites sexuales.

Como sugiere Chris, nuestra cultura carece de lenguaje para describir el trauma sexual que resulta de un encuentro consentido en el que no hubo un agresor. Muchos de los que complacemos a la gente de esta manera tememos que hablar de ello tilde injustamente de agresores a nuestros cónyuges, amantes o parejas sexuales.

A pesar de este silencio generalizado, es importante reconocer que las relaciones sexuales consentidas no deseadas afectan a personas de todos los géneros y preferencias. Es común sobre todo entre aquellas que fueron educadas para creer que el sexo era su deber, es decir, mujeres criadas en culturas y religiones con normas de género tradicionales.

Puede resultar increíblemente frustrante y confuso dar consentimiento a una experiencia sexual que no queremos. Horas, días o años después, podemos mirar atrás y pensar: «¿Por qué hice eso?». Las investigaciones arrojan luz sobre algunas explicaciones convincentes.

Porque tenemos un historial de traumas

Algunas personas que sufren un trauma desarrollan la respuesta de adulación, una reacción al estrés en la que buscan seguridad al identificarse con los deseos, las necesidades y las exigencias de los demás. Cuando se enfrentan a una situación que les provoca ansiedad, como querer agradarle a alguien que les atrae o preocuparse por herir los sentimientos de alguien al no mostrar interés, una persona aduladora puede aceptar una intimidad que no le interesa.

Además, algunas personas que sufren abusos repetidos en su juventud desarrollan una indefensión aprendida, un estado en el que se sienten impotentes para cambiar sus circunstancias. Estas personas aprenden que su única forma de escapar está en su mente. Bessel van der Kolk, psiquiatra y experto en traumas, explica que las víctimas de abusos sexuales son «vulnerables a desarrollar una "estrategia de afrontamiento centrada en las emociones", en el que el objetivo es alterar el estado emocional propio en lugar de las circunstancias que dan lugar a esos estados». En vez de expresar desinterés por el sexo o establecer un límite, las personas con antecedentes de trauma pueden entrar en estados disociativos, alejándose mentalmente de situaciones en las que sus cuerpos siguen presentes.

La adulación no siempre es una reacción al peligro en el momento presente. Al igual que la complacencia en general, puede ser un mecanismo de supervivencia obsoleto que desarrollamos en respuesta al peligro en el pasado. Podemos estar interactuando con parejas sexuales cariñosas, amables y atentas con las que nos sentimos completamente seguros y, aun así, adular como reacción a traumas pasados.

Porque nos sentimos constreñidos por los roles de género y los guiones sexuales

Los guiones sexuales son creencias generalizadas sobre cómo los géneros «deberían» comportarse en situaciones sexuales. Los guiones sexuales occidentales describen a los hombres como siempre deseosos e iniciadores del sexo, mientras que a las mujeres las describen como más pasivas y sexualmente ambivalentes. Estos guiones pueden ser dolorosamente restrictivos y a menudo dejar fuera a las personas trans y no binarias; además, refuerzan la noción de que existe una ventana muy estrecha de comportamiento sexual aceptable.

«LOS HOMBRES SIEMPRE QUIEREN SEXO»

Ron, de 38 años, me contó:

> Hace dos años acompañé a una mujer a su casa después de nuestra tercera cita. Había mucha química entre nosotros, pero aún no habíamos dormido juntos. La acompañé hasta la puerta, le di un beso de buenas noches y me di la vuelta para irme cuando ella me agarró por la manga de la camisa y me preguntó: «¿No quieres entrar?».

> Me gusta tomarme las cosas con más calma en lo que respecta al sexo, pero sentía que, como hombre, debía desear acostarme con ella en la tercera cita. Había una presión subyacente, no por su parte, sino por la mía: me gustaba mucho esta chica y no quería que pensara que no estaba interesado. En lugar de decirle que prefería esperar, terminé haciéndolo, pero no me sentí bien después. Sentí que me había apresurado y me había esforzado más de lo que me hacía sentir cómodo.

La historia de Ron no es inusual. Un estudio de 1994 descubrió que los hombres heterosexuales que experimentaron contacto sexual no deseado expresaron preocupación por su heterosexualidad si se resistían al avance. Un estudio de 2019 realizado con 87 chicos de secundaria, preparatoria y universidad reveló que más de la mitad sentía una presión «constante» y «omnipresente» para participar en actividades sexuales por parte de padres, familiares, amigos, compañeros de equipo y medios de comunicación. Como explica la investigadora de sexualidad Michele Clements-Schreiber, es «culturalmente inaceptable que un hombre reciba una oportunidad sexual con menos entusiasmo». Para los hombres heterosexuales, fingir entusiasmo por un encuentro sexual no deseado puede parecer la única forma de preservar su masculinidad y «demostrar» su heterosexualidad.

«LOS HOMBRES GAY SON INSACIABLES SEXUALMENTE»

De manera similar, los guiones sexuales que posicionan a los hombres gay como «hipersexuales» o «promiscuos» a menudo los hacen sentir presionados para expresar su homosexualidad a través del sexo. Un estudio de 2021 realizado a 24 hombres gay, bisexuales y *queer* descubrió que la mayoría practicaba sexo no deseado con regularidad porque se sentían presionados por la expectativa de que tendrían «apetitos sexuales ilimitados».

Un participante del estudio dijo: «Intenté evitar tener relaciones sexuales, pero luego me sentí obligado a hacerlo porque no sabía cómo retirarme sin sentirme avergonzado, ¿tiene sentido? Y así terminé teniendo, bueno, ya sabes, teniendo sexo, pero sin estar realmente muy comprometido y queriendo irme muy rápido».

Otro participante del estudio explicó: «Es probable que haya tenido amigos a los que les gustaba de esa manera y a mí no me gustaban, pero simplemente les seguía la corriente porque no quería herirlos, pero sabía que no estaba bien».

Para los hombres homosexuales, fingir entusiasmo por el sexo no deseado puede parecer un requisito para afirmar su homosexualidad, asegurar su pertenencia social y lograr una reputación positiva en la comunidad gay.

«EL SEXO ES UN DEBER DE LA MUJER»

Muchas mujeres describen acostarse con sus parejas masculinas por un sentido del deber y la obligación. Un estudio de 2009 descubrió que muchas mujeres en relaciones a largo plazo expresaban su preocupación por «perder el amor, la confianza o la relación» si se negaban a tener relaciones sexuales. Las participantes en el estudio citaron creencias como «Si mi pareja quiere sexo, es mi responsabilidad» y «Es responsabilidad de la mujer satisfacer a su hombre».

Del mismo modo, las mujeres también pueden tener relaciones sexuales no deseadas para ganarse el afecto de una nueva pareja o evitar que las tachen de mojigatas. Ella, de 34 años, me dijo:

> Aproximadamente la mitad de las personas con las que he tenido relaciones sexuales consentidas, especialmente en mi adolescencia y hasta los veintitantos, no eran personas con las que realmente quería acostarme. No es que hubiera presión o coacción deliberada, pero cuando era más joven siempre quise ser «la chica *cool*», y había una regla social tácita que decía que si te encontrabas sola en una habitación con un chico, sobre todo después de besarle, se esperaba que te acostaras con él. De lo contrario, eras una provocadora o una mojigata.

Porque queremos intimidad emocional

Algunos de nosotros aceptamos el sexo no deseado porque queremos fomentar la cercanía, reparar afectos rotos o profundizar nuestra conexión emocional con nuestras parejas. El sexo, cuando se desea de verdad, puede ser una forma poderosa de profundizar la intimidad, pero se vuelve problemático cuando regularmente pasamos por alto el desinterés de nuestros cuerpos para obtener estas ganancias emocionales.

Karen, de 55 años, explica:

> Mi exesposo y yo pasamos unos años tambaleándonos entre divorciarnos e intentar que funcionara. Teníamos discusiones tremendas, andábamos con pies de plomo durante unos días y luego, como un reloj, se acercaba a mí y me daba un abrazo sin palabras. Minutos después estábamos en la cama. Realmente no quería tener sexo, pero para entonces había tanta distancia entre nosotros que supongo que sentí que tener sexo era la única forma de reconstruir la relación. Durante esos minutos, cuando sus brazos estaban alrededor de mí, todo volvía a estar bien.

Las investigaciones demuestran que quienes se sienten ansiosos en sus relaciones a menudo alivian sus preocupaciones recurriendo al sexo para ganarse la tranquilidad de su pareja, obtener su aprobación o evitar el rechazo. Como resultado, dependen en gran medida del sexo para satisfacer sus necesidades emocionales, y son más propensos a tener experiencias sexuales no deseadas, pero consentidas, dentro y fuera del vínculo en el que están comprometidos.

Comprender los orígenes del sexo consensuado no deseado puede ayudarnos a superar la vergüenza y desarrollar la autocompasión. Como todas las formas de complacer a la gente, este patrón se puede romper con práctica e intención. Además de las herramientas para establecer límites descritas en el capítulo 10, los siguientes ejercicios pueden ayudarnos a respetar nuestros límites sexuales:

Intenta preparar el lenguaje con antelación

Si te cuesta establecer límites sexuales en el momento, practicar el lenguaje con antelación puede resultar de ayuda. Prueba con frases como «Esto es divertido, pero no quiero ir más allá», «Dejémoslo en un beso esta noche», «La conexión que siento contigo es más amistosa que sexual», «No quiero intimar» o «No quiero tener sexo».

Una vez que hayas encontrado algunas frases que te parezcan auténticas, practícalas en voz alta. Puedes ensayarlas frente al espejo, hacer un juego de roles con un amigo o practicar con tu terapeuta.

Quinn, estudiante de primer año no binarie, se siente frustrade después de una serie de encuentros sexuales que realmente no quería. En el campus, todo el mundo está siempre ligando y parece más fácil simplemente seguir las expectativas que tener una conversación incómoda.

Quinn se compromete a reforzar sus límites sexuales, así que elige una frase sencilla: «No tengo ganas de que pase algo esta noche», y la practica frente al espejo. Incluso recluta a su compañero de habitación, Hayden, para hacer un juego de roles; se ríen cuando Hayden utiliza todas las frases cursis que puede y Quinn responde una y otra vez: «No tengo ganas de que pase algo esta noche».

Al final de la semana, Quinn ha dicho la frase tantas veces que se le ha quedado grabada en la mente. Se pone su ropa favorita y se dirige a una fiesta en una residencia cercana. He aquí que, unas horas más tarde, Quinn está hablando con un compañere no binarie, Jay, quien le pone el brazo alrededor de la cintura y le pregunta:

—Entonces, ¿quieres venir a mi habitación?

Quinn siente una punzada; está disfrutando de la conversación, pero no siente ningún deseo sexual. Aunque a Quinn le late el corazón de los nervios (no recuerda la última vez que rechazó un ligue), dice a la velocidad de la luz:

—Notengoganasdequepasealgoestanoche.

Jay mira a Quinn con cara de interrogación.

—Lo siento, no te entendí.

Quinn respira hondo, calmando su corazón, y dice más despacio:

—No tengo ganas de que pase algo esta noche.

—Oh —dice Jay—. Ok. Entendido.

Jay termina la conversación cortésmente poco después. Aunque Quinn siente cierta culpa residual por rechazar a Jay, también se siente inusualmente ligere, casi mareade de alegría al darse cuenta de que la decisión fue toda suya. Más tarde, cuando Quinn regresa a su habitación, se pone una piyama cómoda y se mete en la cama, sonriendo y felizmente en soledad.

Intenta establecer límites proactivos

Si todavía te preocupa tu capacidad para establecer límites sexuales en el calor del momento, experimenta con establecerlos por adelantado a través de un mensaje de texto, por teléfono o en persona antes de que las cosas se calienten.

Puedes enviar un mensaje que diga: «Para que lo sepas, no quiero tener sexo esta noche», «Me cuesta poner límites en el momento, así que quería avisarte de antemano que quiero ir despacio en lo que respecta al sexo», «Esta noche vamos a mantener las cosas amistosas y, si hay química, podemos hacer más en otro momento» o «Esta noche no estoy de humor sexy. ¿Vemos una película y nos abrazamos?».

Establecer límites de antemano puede reducir la presión de encontrar las palabras en el momento. Si más tarde quieres profundizar en la intimidad, siempre puedes renegociar tu límite.

Intenta discernir tus motivaciones

Si utilizas constantemente el sexo como sustituto de la intimidad emocional, puedes practicar el discernimiento de tus motivos al iniciar o consentir una actividad sexual.

En lugar de seguir la corriente automáticamente, acostúmbrate a hacer un examen de conciencia y preguntarte: «¿Mi cuerpo desea físicamente a esta persona en este momento? ¿De verdad quiero sexo o solo es un sustituto de algo que quiero aún más, como afecto, amabilidad, ternura o amor? ¿Me siento desconectado, distante, resentido, solo o triste? ¿He hablado con esta persona sobre estos sentimientos y las necesidades insatisfechas que subyacen a ellos?».

Si descubres que tu impulso sexual enmascara una necesidad más profunda, tal vez de intimidad emocional, seguridad o amor, considera la posibilidad de hablar de esta necesidad con tu pareja.

El esposo de Catherine, Peter, ha estado fuera de la ciudad durante dos semanas por negocios. Viaja a menudo por trabajo y, cuando está fuera, suele llamar a Catherine cada dos noches y enviarle mensajes de texto a lo largo del día. Esta vez, ha estado inusualmente callado, ha enviado un par de mensajes de texto, pero no se ha molestado en llamar.

Para cuando Peter regresa de su último viaje, Catherine se siente insegura. Su mente da vueltas: «¿Está enojado conmigo? ¿Conoció a alguien más mientras estaba fuera? ¿Salió con alguien de la oficina?».

Cuando Peter llega a casa, Catherine lo recibe nerviosa en la puerta. Él le da un beso y le pone las manos en la cintura.

—Te extrañé —dice sonriendo—. ¿Quieres que nos vayamos a la recámara?

Casi está de acuerdo, pero hace una pausa y se pregunta: «¿Quiero sexo ahora mismo o es solo el medio para un fin que quiero aún más?». Se conecta con su cuerpo y nota que su pecho está tenso y su mandíbula, apretada. No se siente deseosa en absoluto, todavía se siente insegura. Lo que más desea es saber que Peter todavía la quiere, que todavía le importa. También quiere entender por qué no estuvo en contacto mientras estuvo fuera.

Ella le pone suavemente una mano en el pecho.

—Esperemos —dice—. Entra y acomódate, y luego hablemos un poco de tu viaje.

Después de que él desempaca y se baña, hablan de su tiempo fuera. Ella admite su inseguridad y, aunque él se pone un poco a la defensiva al principio, se disculpa por no haber estado más en contacto. Él revela que se había sentido estresado por una fecha límite y reconoce que podría habérselo dicho antes para que ella entendiera su silencio.

Su conversación calma sus preocupaciones. Más tarde esa noche, cuando se meten en la cama, siente un destello de deseo genuino en su cuerpo. En la oscuridad, busca a Peter. Ahora que se siente más conectada, puede disfrutar de su experiencia sexual, no como el medio para un fin, sino como una adición placentera a una sensación *existente* de seguridad emocional.

DIFICULTADES PARA RECIBIR

Como personas complacientes, tendemos a sentirnos más a gusto cuando damos a los demás, lo que puede dificultar el placer sexual. Podemos sentir la presión de volver a centrar la atención en nuestra pareja, preocuparnos de que no disfruten lo que están dando, o apresurarnos a llegar al clímax más rápidamente para no «molestar».

A veces nos cuesta acceder a nuestro propio placer porque estamos demasiado centrados en la *experiencia que nuestros acompañantes tienen de nosotros* y no en *nuestra* experiencia física. Este fenómeno, llamado *espectador*, ocurre cuando nos vemos desde una perspectiva en tercera persona durante el sexo, en lugar de enfocarnos en nuestras sensaciones o en nuestra pareja. Podemos llegar a estar tan preocupados por tener un «buen desempeño», estar tan distraídos por cómo nos vemos, olemos, saboreamos y sonamos, que no podemos saborear la experiencia en sí.

La educadora sexual y escritora Ella Dorval Hall describe:

> Me preocupaba tanto la satisfacción de mi pareja y lo que pensaban de mí que no podía concentrarme en los placeres del sexo. Me pasaba encuentros enteros criticando mi técnica, analizando lo que mi pareja debía estar pensando de mí e intentando anticiparme a lo que quería. Los pensamientos intrusivos eran brutales. Mi ansiedad por el rendimiento me hacía sentir como si hubiera una persona más en la habitación juzgándome, pero esa persona adicional era mi propia voz, en mi propia cabeza, diciéndome todas las formas en que no estaba satisfaciendo a mi pareja y cómo no le gustaría por ello.

Cuando estamos distraídos y desconectados de nuestras sensaciones, tenemos más problemas para sentir placer y alcanzar el orgasmo. Aunque el orgasmo no es el único indicador de una experiencia sexual satisfactoria, podemos preocuparnos por decepcionar a nuestras parejas si no llegamos al clímax, lo que crea una profecía autocumplida: cuanto más ansiosos estamos, menos probabilidades tenemos de llegar al clímax.

El orgasmo implica la desactivación de las regiones del cerebro asociadas con la ansiedad; para llegar al clímax, necesitamos dejarnos llevar y entregarnos a la sensación. Al carecer de la capacidad de relajarnos de verdad, podemos fingir el orgasmo como medio para complacer a nuestras parejas. Un estudio reveló que el 28% de los hombres y el 67% de las mujeres afirmaron haber fingido un orgasmo. Las cuatro razones más comunes que dieron para hacerlo fueron que el orgasmo era improbable, que querían que el sexo terminara, que querían evitar herir los sentimientos de su pareja y que querían complacer a su pareja.

De la misma manera que romper el patrón de complacer a la gente nos obliga a sintonizar con nuestros propios deseos y necesidades, romper el patrón de la complacencia sexual nos obliga a sintonizar con nuestro propio placer y deseo.

Intenta intercambiar masajes

Podemos aumentar poco a poco nuestra capacidad de recibir intercambiando formas de contacto menos cargadas sexualmente, como masajes y caricias en la espalda. Reserva una hora para intercambiar masajes con tu pareja. Mientras te masajean, concéntrate *solo* en recibir mientras tu pareja se concentra *solo* en dar. Date permiso para no forzar ningún sonido ni actuar de ninguna manera. Observa cómo esta experiencia difiere de tus interacciones sexuales típicas.

Luego, cambia: concéntrate *solo* en dar, mientras que tu pareja se concentra *solo* en recibir. Saber que ambos tendrán el mismo tiempo para dar y recibir puede ayudar a eliminar la presión de complacer en exceso a tu pareja. El propósito de este ejercicio es simplemente deleitarse con sensaciones físicas placenteras sin un objetivo final.

Intenta eliminar la presión de llegar al orgasmo

Si tienes dificultades para alcanzar al orgasmo, considera hablar de ello con tu pareja con antelación. Esto puede aliviar tu ansiedad por el rendimiento y establecer expectativas cómodas para tu experiencia sexual.

Por ejemplo, podrías decir: «No veo el orgasmo como el destino del sexo; me gusta disfrutar del proceso», «Para que lo sepas, me lleva mucho tiempo sentirme lo suficientemente cómoda como para venirme», o «Incluso si me la estoy pasando muy bien, no suelo venirme. No es así como funciona mi cuerpo».

Aunque estas exenciones de responsabilidad pueden ofrecer claridad a tu pareja, en última instancia son para tu propio beneficio: te dan el espacio que necesitas para relajarte y alivian la presión de alcanzar un objetivo. Paradójicamente, quitar la presión del orgasmo podría ser justo lo que necesitas para sentirte cómoda y relajada como para llegar; y si no, también está bien: alcanzar un orgasmo no tiene por qué ser el final del buen sexo.

MANTENER NUESTROS DESEOS EN SEGUNDO PLANO

Ser sincero sobre cómo queremos que nos toquen puede ser difícil, ¡no solo para los que quieren complacer a los demás, sino para la mayoría de la gente! A veces, no hablamos de nuestras preferencias porque tenemos miedo de que a nuestras parejas no les guste lo que sugerimos. Quizá queremos tener sexo más rudo, pero nuestra pareja parece preferir el sexo más suave; tal vez queremos probar un juguete nuevo, pero nos preocupa que nuestra pareja no esté abierta a ello.

A veces no mencionamos nuestros deseos porque no queremos ofender a nuestras parejas. Quizá deseemos que nuestras parejas nos besen con más suavidad o que nos penetren en un ángulo o a una velocidad diferentes. Aunque estas preferencias pueden resultar difíciles de comunicar, es importante recordar que las parejas sanas *querrán saber* si están haciendo algo que no nos gusta. Es preferible una conversación breve e incómoda a un patrón continuo de contacto físico no deseado.

Sin duda, hablar de nuestros deseos y dar retroalimentación sexual puede resultar incómodo, sobre todo porque a la mayoría no nos enseñaron a comunicarnos con franqueza sobre el sexo. Sin embargo, hacerlo es la única manera de asegurarnos de tener una experiencia sexual que ambas personas disfrutan. Nuestras parejas no pueden aprender el lenguaje de nuestro cuerpo a menos que se lo enseñemos, y eso incluye dar retroalimentación sobre lo que nos gusta y lo que no.

Intenta dar la vuelta al guion

Si te sientes inseguro a la hora de dar tu opinión, tómate un momento para darle la vuelta al guion. Imagina que estás besando, complaciendo o teniendo sexo con tu pareja pero ella no está disfrutando de la sensación y, en lugar de decir algo, se queda en silencio, sintiéndose incómoda mientras tú continúas sin enterarte.

Para la mayoría de nosotros este escenario imaginario es mortificante. Dar la vuelta al guion nos ayuda a ver que preferiríamos que nuestros compañeros nos dijeran cuando algo no les gusta, *aunque* sea momentáneamente incómodo. Podemos hacerles el mismo favor a nuestros compañeros hablando con valentía sobre lo que funciona y lo que no.

Intenta empezar la conversación fuera de la recámara

Si expresar tus deseos o dar tu opinión te resulta difícil en ese momento, inicia un diálogo con tu pareja en un entorno no sexual. Dedica un tiempo a hablar de sexo durante la cena o con el café de la mañana.

Para iniciar una conversación sobre sexo, puedes decir: «Oye, ¿hay algo nuevo que quieras probar en la cama? He estado pensando en ello y tengo algunas ideas», u «Hoy se me ocurrió una idea sexy. ¿Quieres oírla?», o «¿Se te antoja que hablemos de sexo? Se me ocurrieron algunas cosas que quiero compartir y me encantaría saber lo que piensas».

Para dar una respuesta sexual, podrías decir: «Sé que normalmente hacemos X de esta manera, pero estaba pensando que podríamos experimentar haciéndolo de esta manera: ____________________», o «Me encanta cómo me tocas, y se me ocurrió una cosa que podría hacer que fuera aún mejor: ____________________», o «El otro día oí hablar de esta postura/juguete/actividad, y si se te antoja, me encantaría probarla contigo».

En estas conversaciones incluso podrías utilizar algunos de los guiones de transparencia radicales que comentamos en el capítulo 10, como «Me siento un poco incómodo mencionando esto, pero si nuestros papeles fueran al revés, me gustaría que lo supieras: ____________________», o «Sé que intercambiar opiniones sobre sexo puede resultar un poco incómodo, pero si estás abierto a ello, me encantaría compartir contigo cierta retroalimentación», o «Me da vergüenza contarte esto, pero hay algo que he querido probar en la cama: ____________________».

Andrea y Cody llevan saliendo de manera informal unas semanas. Tienen conversaciones increíbles y una química sexual muy fuerte, excepto por un pequeño problema: a Andrea *realmente* no le gusta la forma en que besa Cody. Él utiliza mucha lengua y Andrea prefiere mucho menos, pero no tiene ni idea de cómo abordarlo con él.

Después de su última cita, Andrea admitió para sí misma que los besos de Cody la dejaban asqueada en lugar de excitada. Ahora se pregunta: «¿Debería pedirle que cambiara la forma en que me besa? ¿O debería simplemente decirle que no somos compatibles y terminar con él?».

Aunque la idea de tener una conversación incómoda no le atrae (no quiere avergonzarlo), la idea de terminar su relación le parece peor. Andrea siente que ella y Cody tienen un gran potencial. Decide que una conversación incómoda vale la pena si pueden encontrar una salida.

La noche siguiente, Cody va a casa de Andrea para ver una película. Cuando entra por la puerta, la abraza y se acerca para besarla. Andrea se da un discurso mental para animarse: «¡Estás haciendo esto por los dos!» y se aparta suavemente de él. Sonríe y dice:

—Me siento un poco cohibida por esto, pero ¿puedo contarte algo?

Él asiente.

—¿Qué cosa?

—Ok, pues… nunca he sido muy de besos con lengua —dice—. Para mí, lo importante son los labios, y menos lengua es mejor. ¿Podríamos experimentar con eso?

Cody se toma un momento para responder.

—Oh… sí —ríe torpemente y se le pone la cara roja—. Lo siento, um… Ahora me siento apenado. Odio pensar que todo este tiempo no te ha gustado cómo beso.

Andrea se preocupa. Ugh, lo avergoncé… ¡esto es exactamente lo que quería evitar! Ella también se da cuenta de que se está poniendo roja.

—Mira, sé que es muy incómodo —reconoce, poniendo su mano en su brazo—. Me encanta pasar tiempo contigo y nuestra química física es genial. Sé que cada uno besa de forma diferente, pero pensé que tal vez si te lo decía podríamos encontrar una forma que funcione para los dos.

Cody se queda callado unos momentos. Luego asiente.

—Ok. Mi ego está herido, pero quiero hacerlo —responde, guiñando un ojo—. ¿Por qué no vamos a tu habitación y me enseñas exactamente cómo te gusta que te besen?

Ella ríe, sintiéndose agradecida por su apertura mental.

—Trato hecho —responde con una sonrisa, tomando su mano en la suya. Tardan unas cuantas sesiones de experimentación, pero al final encuentran una forma de besarse que les resulta natural y excitante a ambos. Andrea siente un inmenso alivio, agradecida por haberse arriesgado a ser vulnerable con respecto a sus deseos.

LA COMUNICACIÓN ES LA BASE

En última instancia, nuestros esfuerzos por romper el patrón de complacer a la gente repercuten en todos los ámbitos de nuestra vida. Cuanto más nos sintamos cómodos usando nuestra voz y expresando nuestras necesidades fuera de las situaciones sexuales, más cómodos nos sentiremos defendiéndonos dentro de ellas.

Identificar a las parejas con las que podemos comunicarnos de forma segura y abierta es quizá el paso más importante que podemos dar en nuestro viaje hacia una sexualidad empoderada. Debemos prestar atención a cómo responden los demás a nuestros límites, deseos y comentarios. Alguien que es coercitivo, que nos presiona sexualmente, que no es receptivo a nuestros comentarios o que muestra poco o ningún interés en nuestro placer no es alguien que merece nuestro afecto. A medida que rompemos el patrón de complacer a la gente, aprendemos a escuchar los deseos de nuestro cuerpo, a atender sus señales y, lo más importante, a respetar sus límites. Llegamos a comprender que el sexo no es algo que hacemos «por otra persona», sino una actividad compartida que nace del deseo genuino.

20

REDESCUBRIR EL JUEGO

Para la persona complaciente que se esfuerza, rinde y complace constantemente, la vida se convierte en una tarea pesada. Nuestros rostros están todo el tiempo tensos con falsas sonrisas mientras gastamos hasta la última gota de nuestra energía cuidando a otras personas. Como vimos en el capítulo anterior, todo, desde nuestros días de trabajo hasta nuestra vida sexual, se convierte en una fuente de obligación y resentimiento.

Sin embargo, después de trabajar un tiempo para romper el patrón, empezamos a encadenar días de comodidad y tranquilidad. Hay inevitables baches en el camino, pero en general, nuestras necesidades están cubiertas, nuestros deseos han sido expresados y nuestros límites nos mantienen a salvo. Ya no vivimos en modo de supervivencia y, desde este lugar de paz desconocida, nos damos cuenta de que han pasado años desde que *realmente* nos dimos permiso para jugar.

Las investigaciones demuestran que el juego aumenta nuestra autoestima y bienestar. Inyecta ligereza, presencia y color a nuestra vida, ofreciendo un contraste revitalizador a nuestras obligaciones diarias. El juego suele relegarse al ámbito de los niños, pero para la persona que se esfuerza por agradar, es un antídoto esencial contra el abandono de uno mismo y el enfoque crónico en los demás.

El juego nace de nuestros propios deseos únicos. Es una experiencia encarnada de priorización de uno mismo. Para la persona que pasó años creyendo que su propósito era hacer que todos los demás se sintieran cómodos, hacer algo simplemente *por el placer de hacerlo* es un acto de sanación radical. En este capítulo, exploraremos las múltiples formas que puede adoptar el juego; examinaremos por qué perdemos nuestro sentido lúdico y aprenderemos a cultivar una mentalidad en torno a él; también practicaremos la reconexión con nuestro sentido de la alegría y el deleite.

¿QUÉ ES JUGAR?

El psiquiatra Stuart Brown, fundador del Instituto Nacional del Juego, afirma que no consiste en realizar una actividad específica, sino de la mentalidad con que lo hacemos. Todo juego, dice, «ofrece una sensación de compromiso y placer, saca al jugador de una sensación de tiempo y lugar, y la experiencia de hacerlo es más importante que el resultado».

Para una persona, tocar el piano puede ser un pasatiempo, otra puede pasear en bote por el río y otra puede coleccionar sellos o probar nuevas recetas. Lo que une a estas actividades como pasatiempo es el hecho de que están motivadas intrínsecamente: no jugamos por un resultado futuro, sino por el puro placer de la experiencia.

A medida que nos alejamos de la infancia, empezamos a llamar «recreación» al juego, tal vez en un intento de hacernos parecer más dignos. Curiosamente, la palabra *recreación* proviene de las raíces latinas *re* (de nuevo) y *creare* (crear, producir), y se utilizó por primera vez en el siglo XIV en el sentido de «curar a una persona enferma». La recreación consistía, literalmente, en devolverle la vida a alguien. Esta traducción resulta conmovedora incluso en nuestro mundo moderno. Nosotros, no solo aquellos que luchamos por complacer a la gente, sino todos en general, sufrimos una desconexión de la alegría, el placer y el juego. Muchos de nosotros transitamos nuestros días como si corriéramos dentro de una rueda de hámster llena de obligaciones e interminable.

Evolutivamente estamos programados para jugar, todos los mamíferos lo están. Sin embargo, muchos de nosotros sentimos que no sabemos hacerlo. Para algunos, esto va acompañado de un sentimiento de desolación o vergüenza: «Debería ser algo natural para mí, pero no lo es».

POR QUÉ OLVIDAMOS DISFRUTAR POR DISFRUTAR

Cientos de fuerzas sociales y culturales conspiran para impedirnos jugar. En lugar de pensar en la alegría como una habilidad que hemos perdido, podríamos pensar en ella como una cualidad innata en nosotros, una a la que es difícil acceder en nuestra cultura moderna. El juego ha ido disminuyendo entre los niños, y no solo entre los adultos, desde 1955. Los expertos especulan sobre algunas razones para ello: el aumento de la paternidad sobreprotectora, pasar menor tiempo en la naturaleza, la atención a la escolarización y el aumento del tiempo frente a la pantalla. Por lo general, llegan a la misma conclusión: es difícil sentirte cómodo haciendo algo que nunca se te permitió.

Tanto entre niños como entre adultos, mirar fijamente a las pantallas se ha convertido en nuestro pasatiempo más común; hemos pasado, del juego creativo y comprometido, al consumo pasivo de medios. Aunque consumir medios puede ser un pasatiempo (e incluso eso está en debate), no es jugar. Miles de estudios atestiguan el hecho de que en realidad nos deprime y nos pone más ansiosos.

Lo más importante es que hemos perdido el contacto con el juego porque nuestra cultura da prioridad a ganar dinero, alcanzar un estatus y ser productivo. Como un subproducto del capitalismo, la cultura del esfuerzo afirma que solo somos valiosos por lo que producimos y, en este marco, el juego no solo deja de ser importante, sino que también se convierte en una pérdida de tiempo precioso. Tricia Hersey, autora de *Rest Is Resistance*, escribe: «Además de robarte la imaginación y el tiempo, la cultura del esfuerzo ha robado la capacidad de disfrutar, tener aficiones, ocio y experimentar. Estamos atrapados en un ciclo interminable de ir y hacer. Debemos descubrir, simplificar y dejar de lado nuestra adicción a estar ocupados».

Esta adicción a estar ocupados y a la productividad deja poco espacio para el juego. A medida que envejecemos, nuestro tiempo libre se ve abrumado por nuestras listas de tareas pendientes, que no dejan de crecer. Respondemos correos electrónicos mientras vemos la televisión a medias, respondemos mensajes de texto mientras esperamos a que cambie el semáforo.

Cuando *conseguimos* sacar tiempo para el juego y la creatividad, la cultura del esfuerzo nos anima a monetizar nuestras actividades. Si eres un gran pintor, te instan a vender tus cuadros; si eres un comediante, te animan a entrar en las redes sociales y conseguir seguidores. De repente, el objetivo de nuestro pasatiempo ya no es la experiencia de jugar, sino las recompensas asociadas: dinero, reconocimiento y estatus. Transformar el pasatiempo en negocio borra uno de los principios fundamentales del juego: que el proceso es más importante que el resultado.

La cultura del esfuerzo también fomenta el perfeccionismo: la idea de que algo solo vale la pena si se hace a la perfección. Muchos de nosotros dejamos de jugar cuando nos damos cuenta de que nunca seremos «los mejores», y muchos de nosotros podemos rastrear esta desconexión hasta un momento en el que nos dimos cuenta de que no jugábamos «a la perfección». Dejamos el equipo de futbol cuando perdimos un partido, dejamos la improvisación cuando nuestro chiste no funcionó, dejamos de componer canciones cuando recibimos un comentario crítico después de una actuación. El perfeccionismo y el juego no se mezclan.

En conjunto, estas fuerzas perpetúan la ilusión de que el juego no importa. Si nos cuesta jugar, no es un fallo personal; de hecho, es una señal de que hemos seguido perfectamente las reglas de la sociedad, buscando producir, lograr y triunfar. Para redescubrir el juego, debemos sumergirnos bajo estas actitudes arraigadas para recordar que es una fuerza necesaria y revitalizadora.

RECUERDA JUGAR: UNA REFLEXIÓN

Date un momento para leer el siguiente pasaje. Luego, siéntate cómodamente, cierra los ojos y tómate unos minutos para reflexionar.

> Recuerda un momento de tu infancia en el que estabas jugando.
>
> Quizá estabas al aire libre, en la naturaleza, cerca del mar o en el bosque. Quizá lo hacías con un hermano o un amigo en la sala.
>
> Quizá jugabas algún deporte en un equipo bajo el sol.
>
> Quizá jugabas solo, acompañado únicamente de tu imaginación.
>
> Observa cómo se desarrolla este recuerdo en tu mente.
>
> Recuerda tu entorno: las vistas, los sonidos, los aromas.
>
> Haz una pausa en la imagen de esa versión más joven de ti.
>
> Repara en tu rostro, tu sonrisa, la forma en que reías.
>
> Estabas presente en el momento. No tenías preocupaciones.
>
> Estabas completamente comprometido y lleno de vida.
>
> Observa lo que sientes al imaginarte esta versión de ti más joven.
>
> ¿Sientes nostalgia?
>
> ¿Un deseo?
>
> ¿Quizá una sensación de dolor o tristeza?
>
> Tómate un momento para reconocer esta emoción en tu corazón y cuerpo. Incluso podrías decirle: «Te escucho. Estoy aquí».
>
> Luego, cuando estés listo, abre los ojos.

Cuando ofrezco esta reflexión durante mis pláticas públicas, me sorprenden las reacciones viscerales de los miembros de la audiencia. Algunos emergen de su ensueño con lágrimas corriendo por sus mejillas. Otros, abren los ojos agradablemente aturdidos, murmurando: «Había olvidado lo bien que se sentía eso».

Suze, de 28 años, compartió su reflexión conmigo:

> Recuerdo que tengo seis o siete años y estoy saltando en los charcos en el patio trasero. Había caído una tormenta eléctrica ese día. Llevo mis grandes botas rojas de lluvia y chapoteo tan fuerte como puedo, riéndome y animando a mi hermana pequeña, Anna, a que me siga. Creamos un mundo imaginario juntas, tratábamos cada charco como un nuevo destino en el que teníamos que chapotear para conseguir su tesoro. Lo juro por Dios, estuvimos ahí fuera durante horas. Me alegra acordarme de eso, pero también es triste. No recuerdo la última vez que me perdí en algo tan simple. Siento como si esa niña fuera una desconocida para mí.

Malik, de 50 años, ofreció su reflexión:

> Tenía 10 años cuando me invitaron a unirme al equipo de futbol. Todos los domingos nos reuníamos en el parque para entrenar. Recuerdo un día en particular, nunca se me olvidó. La brisa era fuerte y lo único que podía oler era hierba recién cortada. Estaba jugando en el centro del campo, persiguiendo el balón, corría tan rápido que sentía que iba a despegar. Me sentía eufórico. Completamente vivo. No pensé en nada más durante las dos horas que duró el entrenamiento. Ahora tengo suerte si puedo estar cinco minutos sin revisar mi correo electrónico.

Con esta reflexión podemos sentir, de una manera que trasciende la lógica de la cultura del esfuerzo, la necesidad de jugar. No nos hizo ganar dinero, no nos dio estatus ni fama, pero el sentimiento, la sensación de presencia, vitalidad y alegría, es algo que anhelamos desesperadamente todos estos años después.

LAS MUCHAS CARAS DEL JUEGO

A muchos nos preocupa no ser el tipo de persona que puede volver a jugar. Algunos somos más introvertidos y preferimos la tranquila compañía de los libros a la sobreestimulación de las fiestas. Otros sentimos que no somos lo suficientemente bobos para jugar, que no sabemos contar chistes o que no tenemos suficiente tiempo.

Cuando nuestra comprensión del juego es limitada, podemos sentirnos intimidados con solo pensarlo. Pero el juego no es igual para todos. A lo largo de miles de entrevistas, Stuart Brown identificó ocho personalidades de juego dominantes. Estas ofrecen una variedad de formas de cómo el juego puede ser diferente para cada uno de nosotros:

- Los **coleccionistas** disfrutan coleccionando objetos (sellos, coches, monedas, libros) o experiencias (como asistir a todos los conciertos de su banda favorita).
- Los **competidores** disfrutan de juegos estructurados con reglas específicas y juegan para ganar.
- Los **creadores/artistas** disfrutan hacer cosas de cero: escribir canciones, tejer, trabajar la madera, pintar, escribir, etcétera.
- Los **directores** disfrutan creando, organizando y facilitando experiencias y eventos.
- Los **exploradores** disfrutan de la novedad y el descubrimiento, no solo de nuevos lugares, sino también de nuevas ideas, comidas, personas, puntos de vista, etcétera.
- Los **bromistas** disfrutan de las tonterías, de hacer bromas, contar chistes y hacer reír a los demás.
- Los **kinestésicos** disfrutan moviendo el cuerpo a través de actividades como la danza, el senderismo, el yoga o los deportes.
- Los **narradores** disfrutan de la imaginación y de crear historias a través de la escritura, la danza, las conferencias, la magia y otros medios.

Estas ocho personalidades nos proporcionan un marco para identificar qué tipo de juego nos resulta más natural. Puede que nos sorprendamos al descubrir que ciertas actividades agradables que no habíamos considerado necesariamente como juego ya están apareciendo en nuestra vida diaria.

Stuart, de 37 años, siempre ha sido un tipo serio. Sacó excelentes calificaciones en todas las pruebas que hizo en la escuela y en la universidad pasaba la mayoría de las noches estudiando en su dormitorio de la residencia. Nunca le han interesado las fiestas, la comedia o las multitudes ruidosas, por lo que le preocupa no ser lo suficientemente extrovertido o divertido para reencontrarse con su parte lúdica.

Pero cuando repasa las ocho personalidades del juego, siente una oleada de reconocimiento al leer sobre los exploradores. A Stuart le encanta aprender datos aleatorios sobre personas, lugares y cosas; ningún tema es demasiado oscuro para disuadir su interés. De niño, siempre veía *Jeopardy!* con su abuela y, ahora de adulto, en su tiempo libre recorre Wikipedia en busca de datos interesantes.

Nunca pensó en esto como un juego, simplemente disfrutaba de la emoción de descubrir algo nuevo, pero ahora se da cuenta de que es un explorador de ideas. Se pregunta cómo podría ampliar intencionadamente esta vía de diversión.

Recordando su afición infantil por el concurso *Jeopardy!,* comprueba si alguno de sus bares favoritos tiene noches de trivia. No suele socializar en grupos, pero imagina que tener un propósito común, como responder preguntas en un concurso, le haría sentirse más cómodo. También busca en Google proyecciones de documentales locales, pues piensa que podría ser una forma divertida de aprender cosas nuevas en un entorno desconocido.

Dos meses después, Stuart asiste regularmente al concurso de preguntas y respuestas de los miércoles por la noche en la cervecería local, y ya ha asistido a la proyección de un documental en la ciudad. Su vida se siente más vibrante ahora que está reservando un tiempo para explorar.

Al igual que Stuart, una vez que hayamos determinado nuestra personalidad de juego, podemos considerar intencionadamente cómo construir un repertorio lúdico más sólido. Un competidor podría buscar equipos deportivos; un bromista, un grupo de improvisación; un creador, una clase de pintura.

¿Y EL TIEMPO DE PANTALLA?

Hoy en día, es imposible no preguntarse: «¿Deslizar el dedo por TikTok es jugar? ¿Ver una película nueva es jugar? ¿Y hacer sudokus en el teléfono?». El tiempo de pantalla puede ser una forma de juego, todo depende de cómo interactuemos con él. Para que una experiencia sea un juego debe ser placentera y activa, ya sea mental o físicamente. Cuando usamos pantallas para absorber información de forma pasiva (como solemos hacer en las redes sociales), no estamos jugando; solo estamos pasando el rato.

El psicólogo Mihály Csíkszentmihályi escribe en su libro *Fluir* que, aunque el tiempo de ocio es necesario, con moderación, la mayoría de la gente no lo encuentra especialmente agradable, y los estudios demuestran que no aumenta nuestra sensación general de felicidad. El ocio, explica, consiste en «absorber información pasivamente sin utilizar ninguna habilidad ni explorar nuevas oportunidades de acción. Como resultado, la vida transcurre en una secuencia de experiencias aburridas y ansiosas sobre las que una persona tiene poco control». Esta descripción, aunque escrita antes de la llegada de las redes sociales, guarda un asombroso parecido con la forma en que muchos de nosotros nos sentimos después de pasar demasiado tiempo en Instagram o ver demasiado Netflix.

Por el contrario, el juego es activo (física o mentalmente), comprometido y agradable. A menudo implica un cierto grado de desafío personal, lo que puede conducir a un estado de flujo: «El estado de concentración y compromiso que se puede lograr al completar una tarea que desafía las habilidades de uno». En el flujo, estamos totalmente absortos en nuestra actividad; el tiempo parece desaparecer. Malik, el jugador de futbol infantil, describió un estado de flujo: «Me sentí eufórico. Completamente vivo. No creo que haya pensado en otra cosa durante las dos horas de entrenamiento».

Quizá hayas experimentado momentos de flujo mientras trabajabas en un proyecto artístico, escalabas una montaña, tocabas la guitarra o entrenabas para un maratón. Estos momentos de conciencia plena, que Csíkszentmihályi llama experiencias óptimas, se encuentran entre los más agradables de la vida. Resulta fascinante que las investigaciones demuestren que, aunque la sensación de ego parece desaparecer durante un estado de flujo, nuestra sensación de identidad emerge con más fuerza una vez que finaliza la actividad. Los estados de flujo son especialmente beneficiosos para aquellos que rompemos con el patrón de complacer a los demás, ya que refuerzan nuestra sensación de identidad independiente.

Teniendo esto en cuenta, nuestro tiempo de pantalla puede ser de juego si es atractivo y activo, como cuando usamos nuestros dispositivos para juegos desafiantes, para crear (escribir historias, componer música, diseñar gráficos, editar videos, etcétera) o para investigar nuevas ideas. Si el tiempo de pantalla ya ocupa la mayor parte de nuestro tiempo libre, y para la mayoría de nosotros es así, nos beneficiaremos si damos prioridad a formas de juego que van más allá del dispositivo y se adentran en el mundo: nuestros cuerpos, nuestro entorno, nuestros amigos y nuestras comunidades.

CÓMO CULTIVAR UNA ACTITUD LÚDICA

Dado que el juego va en contra de la cultura del esfuerzo, reconectar con la alegría requiere que desarrollemos una nueva actitud: una actitud lúdica. Mientras que la actitud de la cultura del esfuerzo gira en torno al perfeccionismo, los logros y la producción, la actitud lúdica da prioridad a la presencia, la ligereza, la espontaneidad, la novedad y la comunidad.

Para ilustrar cómo cultivar una mentalidad lúdica utilizaremos el caso de Mariah, de 59 años, que lleva más de dos años trabajando para romper el patrón de complacer a la gente. Se ha vuelto hábil a la hora de priorizar sus necesidades y establecer límites, pero todavía le cuesta sacar tiempo para la alegría y el juego.

Mariah tiene la personalidad de la jugadora creadora. Cuando era joven, disfrutaba dibujando, esculpiendo y pintando con acuarelas; su habitación de la infancia estaba llena de obras de arte, pero a medida que fue creciendo se desconectó de su creatividad. Sus padres toleraban su arte, pero recibía constantes elogios cada vez que lograba algo destacado en el ámbito académico, por lo que centró toda su atención en obtener buenas calificaciones, ingresar a una universidad de prestigio y avanzar en su carrera profesional.

Después de graduarse, Mariah se convirtió en contadora y, desde que puso en marcha su negocio hace treinta años, el trabajo ha dominado por completo su tiempo. Gana mucho dinero, tiene reservas financieras para reducir sus horas de trabajo a la mitad y vivir cómodamente el resto de su vida. Pero, aun así, rara vez se toma vacaciones, se salta la comida la mayoría de los días y suele trabajar por las noches y los fines de semana.

Después de treinta años de este ritmo frenético, se siente agotada y vacía. Dar demasiadas prioridades al trabajo no le da el descanso, el equilibrio o el disfrute que necesita. Se está haciendo mayor y no quiere que sus próximas décadas se definan por la contabilidad, pero la idea de crear tan solo por placer le resulta ajena.

El proceso importa más que el resultado

Incluso temporalmente, puede ser difícil liberar nuestro impulso de lograr y alcanzar. Si nos cuesta liberar el deseo de triunfar, podemos practicar replantearnos lo que significa tener éxito en el juego. En el juego, el éxito no consiste en pintar el paisaje perfecto, ganar el torneo de comedia o escribir una canción perfecta; consiste en pintar, contar chistes y componer canciones. En el juego, el éxito está en el hacer.

Mariah es una persona orientada a objetivos, eso es lo que la ha hecho tan exitosa. Le encanta la satisfacción que le produce tachar una casilla de su lista de tareas pendientes. La idea de jugar de forma completamente desestructurada la pone nerviosa, así que decide reservar dos segmentos de treinta minutos cada semana para la creatividad.

Espera aumentar esta cantidad más adelante, pero quiere empezar poco a poco.

Cuando llega la hora de su primera cita de juego, se sienta en la cocina con un bloc de dibujo. Su pie golpea el suelo de forma errática; muerde el extremo del lápiz. Casi se ríe de lo incómodo que resulta sacar tiempo para su arte. Decide dibujar la barra de la cocina y, mientras su mano se mueve por la página, lucha contra la autocrítica: «¡Mira lo oxidada que estás! ¿Te acuerdas de cómo se hace esto?».

A pesar de las dudas, Mariah sigue adelante; no es el tipo de persona que se echa para atrás ante un compromiso. Cuando pasan los treinta minutos, tiene una representación aproximada de la barra de la cocina. La voz en su mente intenta susurrarle que no es muy buena, pero ella se recuerda a sí misma que el objetivo no era «ser buena», sino simplemente tener tiempo para el arte. Cierra su bloc de dibujo sintiendo una sensación de logro por hacer lo que se propuso hacer.

Acepta lo incómodo

El nerviosismo, la inquietud y la duda son normales a medida que reconstruimos nuestra relación con el juego. Como Mariah, podemos reconocer estas voces internas sin dejar que se conviertan en barreras. Podemos aceptar lo incómodo recordándonos que estamos haciendo algo desconocido, algo que rara vez se nos ha inculcado en nuestra cultura. Podríamos preguntarnos: «¿Estoy dispuesta a sufrir un poco de incomodidad para aumentar drásticamente la alegría en mi vida?».

Cultiva el espacio en blanco

El espacio en blanco es tiempo sin aportaciones del mundo exterior: tiempo en el que no estamos mirando el teléfono, viendo la televisión, leyendo, escuchando un pódcast o hablando con otras personas. Hoy en día, el espacio en blanco es un bien escaso. Momentos como hacer fila en el supermercado y esperar en la parada del autobús se han convertido en oportunidades para consumir: un mensaje de texto, un meme, un pódcast. Pero el espacio en blanco es necesario para jugar. En lugar de reaccionar a la información, nuestras mentes tienen la oportunidad de divagar, explorar, expresarse, sentir curiosidad y crear. Podemos sorprendernos por los pensamientos inusuales y expansivos que tenemos cuando no estamos reaccionando constantemente a las aportaciones del mundo exterior.

Podemos cultivar el espacio en blanco reservando tiempo, aunque solo sean diez minutos, para simplemente *estar.* Podemos dar paseos sin nuestros teléfonos, sentarnos con calma en el sillón y soñar despiertos, o recostarnos en el pasto y contemplar las estrellas.

Al principio, a Mariah no le gusta la idea del espacio en blanco. Ha pasado los últimos treinta años pegada a sus pantallas. En las raras noches en las que no trabajaba, dejaba la televisión en silencio mientras su pódcast favorito sonaba de fondo. La verdad es que no recuerda la última vez que eligió no hacer nada en absoluto.

Ella imagina que estar en movimiento hará que el espacio en blanco se sienta más llevadero, así que el siguiente día soleado decide dar un corto paseo alrededor de un lago cercano. Haciendo muecas, deja su teléfono en casa.

Durante los primeros 15 minutos, la mente de Mariah va de una tarea a otra; intenta sacar el teléfono para responder a un correo electrónico y se disgusta cuando recuerda que no lo trae. Contempla el lago con la esperanza de distraerse de su mente cavilante, y le sorprende la forma en que el azul del agua combina con el azul del cielo despejado. Si no fuera por la lejana línea de árboles que marca el horizonte, el cielo y el agua parecerían una franja infinita de azul. Se imagina pintando la escena en acuarela, dándole un título ingenioso como *Cielo sobre cielo* o *Como es arriba, es abajo.*

Es agradable sentirse inspirada por algo de su entorno, hace mucho tiempo que no se sentía con ganas de pintar una escena en particular. Mariah decide salir a buscar inspiración más a menudo, dejando su teléfono en casa y aventurándose en el mundo que la rodea.

Recuerda tu propia mortalidad

Cuando nuestra mente está centrada en las tareas diarias, en las del día siguiente o en una fecha límite de trabajo, el juego puede parecer irrelevante. ¿Por qué dedicar tiempo a algo tan trivial como dar un paseo o dejar que nuestra mente divague cuando hay cosas más importantes que hacer?

Pero cuando nos damos cuenta de que algún día estaremos en nuestros lechos de muerte, recordando con nostalgia nuestro tiempo en esta tierra, la importancia del juego de repente se vuelve muy clara. Como Mariah, no queremos reflexionar sobre nuestra vida y darnos cuenta, dolorosamente, de que fueron un aluvión incesante de correos electrónicos, plazos y miradas fijas a nuestros teléfonos. Queremos recordar una vida llena de belleza, creatividad, vitalidad y risas. Cuando nos sintamos desmotivados para jugar, este cambio de mentalidad puede ayudarnos a volver a centrarnos en lo que en verdad importa.

Cuatro meses después de que Mariah empezara a dedicar tiempo al juego y la creatividad, su vida se ve y se siente muy diferente a como era antes. Al llegar la noche, Mariah ya no está absorta en hojas de cálculo en la oficina. En cambio, se sienta en la luz tenue de su cocina, dibujando y pintando mientras las horas pasan. Tiene pegado en el refrigerador un folleto de un retiro artístico de dos semanas, lo ve cada mañana cuando se prepara el café. Todavía no se siente preparada para dar ese paso, pero sabe que algún día lo hará.

Las habilidades de Mariah no son las que eran hace cuarenta años, pero no le importa; sigue con ello porque le aporta alegría y presencia en su vida. Estos momentos con su bloc de dibujo son su respiro, su oportunidad de conectar consigo misma y con su imaginación. A veces se arrepiente de no haber comenzado a jugar antes, pero en el momento en que pone el lápiz en su bloc de dibujo, sus preocupaciones y arrepentimientos se desvanecen en el silencio de la creatividad.

EJERCICIOS PARA REDESCUBRIR EL JUEGO

Una vez que hayamos identificado nuestra personalidad de juego y comenzado a cultivar una mentalidad lúdica, podemos reconectar utilizando los siguientes ejercicios.

Empieza con solo diez minutos

Al principio, sacar tiempo para jugar puede ser un reto. Sin embargo, es importante recordar que no tenemos que cambiar radicalmente nuestra vida ni nuestros horarios diarios para hacer espacio al juego. El simple hecho de incorporar *diez minutos de actividad lúdica* de forma regular ayuda a que esta parte se vuelva más cómoda y natural para nosotros.

A medida que empieces a redescubrir el juego, prepárate para el éxito comprometiéndote a realizar actividades breves. Algunos ejemplos (dependiendo de tu personalidad lúdica) podrían incluir: pasar diez minutos bailando en la sala, atrapar la pelota con un amigo, investigar algo interesante, contarle un chiste a alguien, practicar imitaciones de voces, hacer un crucigrama, moldear barro, tocar la guitarra, encestar o dar un pequeño paseo.

Javier es padre soltero. Trabaja como consultor y tiene juntas virtuales desde casa cuando sus dos hijas están en la escuela. Cuando las niñas llegan a casa, las tardes de Javier transcurren en un torbellino de actividad: cocina la cena, las ayuda con la tarea, les lee antes de acostarse y, si tiene suerte, consigue leer unas páginas de su libro antes de dormirse.

Su vida es muy ajetreada. Las limitaciones de su agenda le impiden apuntarse a una clase o unirse a un equipo. Sin embargo, quiere con urgencia más diversión en su vida, está cansado de que cada día se sienta como una lista interminable de cosas por hacer.

Un día, mientras las niñas están en la escuela, se pone a ordenar la sala de juegos y ve una baraja de cartas debajo del sillón. Recuerda haber pasado tiempo con un amigo de la universidad que podía hacer todo tipo de trucos con ellas y a Javier se le ocurre una idea divertida:

«¿Y si aprendiera algunos trucos de magia? No debería ser demasiado difícil, y sé que a las niñas les encantaría».

Mira el reloj, le quedan diez minutos antes de su próxima reunión. Toma las cartas, les limpia el polvo, se sienta en la silla de su escritorio y abre YouTube. Diez minutos después ha aprendido los conceptos básicos de un truco sencillo. Tendrá que seguir trabajando en ello, pero le resulta estimulante concentrar su energía en algo ligero y divertido.

Después de dos semanas de estos breves intervalos de juego, les muestra a sus hijas los trucos que aprendió. Las niñas gritan: «¡Otra vez! ¡Hazlo otra vez!». Él se ríe, emocionado por su alegría. Estas noches mágicas se convierten en una rutina informal: cada fin de semana, les muestra a sus hijas el nuevo truco que aprendió durante la semana.

Es un pequeño cambio en la agenda de Javier, pero le ofrece un respiro muy necesario del estrés de su vida diaria. Durante unos minutos cada día, vuelve a sentirse como un niño y la ligereza de esos momentos es suficiente para darle fuerzas hasta el día siguiente.

Di sí a la espontaneidad y a la novedad

Después de las exigencias diarias de la vida moderna, muchos de nosotros solo queremos relajarnos con la comodidad de lo familiar. Si quisiéramos pasar todas las noches viendo Netflix o navegando por las redes sociales, podríamos hacerlo fácilmente. Pero cuando intentamos reconectar con el juego, es importante salir de nuestras zonas de confort y decir sí a lo desconocido. Hacer actividades nuevas y espontáneas es, en sí mismo, una forma de jugar, y cuando decimos sí a lo desconocido, es posible que nos sorprendan las actividades que despiertan nuestro interés.

Decir sí a la espontaneidad puede significar ver un folleto de un evento en tu ciudad y asistir, ir a ver a una nueva banda local, explorar una parte desconocida de la ciudad por capricho, entablar una conversación con un extraño en la cafetería, o decir sí cuando un amigo te invita a una excursión o a un día de playa.

Inscríbete en un grupo de juego

Después de toda una vida reprimiendo nuestros instintos lúdicos, puede resultar difícil acceder a ellos por nuestra cuenta. Jugar en grupo nos aporta inspiración, comunidad y rutina. Incluso si eres nuevo en una actividad, hay muchos grupos para principiantes en los que reunirse y aprender juntos. Puedes probar a unirte a un equipo deportivo recreativo, a un club de lectura, a un círculo de tejedores, a un grupo de senderismo, a un grupo de escritores, a una clase de cocina, a un grupo de improvisación o a una reunión de coleccionistas.

Pasa tiempo con alguien juguetón

Cuando estamos atrapados en las arenas movedizas del estrés y el exceso de trabajo, pasar tiempo con alguien juguetón puede sacarnos de ahí. Quizá tengas un amigo o familiar que siempre esté dispuesto a vivir una nueva aventura. Los bebés y los niños son los mejores para jugar; tal vez tengas un sobrino o sobrina con el que puedas pasar tiempo si no tienes hijos, o tal vez puedas ser voluntario en una organización local que trabaje con niños. Pasar tiempo con animales también puede ayudarnos a acceder a un espíritu presente y espontáneo.

Genevieve está teniendo muchas dificultades para jugar. Este año ha sido difícil para ella: la ascendieron en el trabajo y el aumento de responsabilidades la dejó más estresada y ansiosa que nunca. Le gustaría poder jugar, pero su ansiedad se lo pone difícil. Cuando se enfrenta a la elección de salir y probar una nueva actividad o quedarse en casa y ver la televisión, quedarse en casa le parece la opción más cómoda.

Un sábado después de una semana angustiosa, Genevieve está acurrucada en el sillón con sus pants. Recibe un mensaje de texto de su mejor amiga, Janelle. «¿Estás por ahí? ¡Te extraño! ¡Hagamos algo!».

Las dos se conocieron en la universidad y Genevieve se sintió inmediatamente atraída por la risa fácil y la personalidad bulliciosa de Janelle, quien siempre fue la amiga que coordinaba planes, compraba entradas para conciertos, organizaba pícnics y reservaba viajes espontáneos de fin de semana. Genevieve quiere a Janelle, pero está tentada a quedarse en casa. «No sé», le responde. «Tuve una semana estresante y me siento deprimida. No quiero arruinar el ambiente».

Janelle responde al instante: «Deprimida o no, ¡estaré allí en 30 minutos! Te sentirás mejor cuando acabe contigo :)».

Genevieve se ríe a pesar de sí misma; siempre puede contar con Janelle para levantarle el ánimo. Treinta minutos después, llega en su destartalado Jeep, con música *dance* a todo volumen saliendo por las ventanillas abiertas. Genevieve se sube al asiento del pasajero y se tranquiliza al instante con la risa fácil y el humor sarcástico de Janelle. Pasan la tarde en la ciudad, toman un helado, curiosean en la tienda de segunda mano y manejan hasta un lugar pintoresco para ver la puesta de sol.

Cuando Janelle la deja en casa, Genevieve se da cuenta de que han pasado horas desde que pensó en el trabajo. Siente una ligereza que casi había olvidado en las últimas semanas. Se promete a sí misma que dedicará tiempo a sus amigas como Janelle, incluso cuando esté estresada, porque esos son los momentos en los que necesita jugar más que nunca.

21

PERMITIR LA AMBIGÜEDAD Y PRACTICAR EL DISCERNIMIENTO

Romper el patrón de complacer a la gente nos da permiso para jugar, crear y entregarnos de todo corazón a nuestros deseos. Empezamos a cultivar una relación más profunda que nunca con nosotros mismos y desde este lugar de conexión podemos desarrollar la autoconfianza y el discernimiento necesarios para tomar decisiones difíciles.

Ahora que practicamos la habilidad de ponernos en primer lugar, estamos preparados para aportar más matices a nuestra toma de decisiones. Sabemos cómo establecer límites firmes y ahora podemos decidir si queremos flexibilizarlos de vez en cuando. Sabemos cómo poner nuestras necesidades en primer lugar y podemos decidir si queremos priorizar ocasionalmente las necesidades de un ser querido.

A medida que rompamos el patrón nos enfrentaremos a situaciones complejas que pondrán nuestra empatía en contra de nuestro nuevo compromiso de ponernos en primer lugar. Las personas necesitadas nos seguirán pidiendo ayuda cuando ya estemos sobrecargados. Nuestros seres queridos nos seguirán pidiendo cosas que nos llevarán al límite. Los desajustes en valores, necesidades y deseos pueden requerir que hagamos concesiones para mantener nuestras relaciones. En estos casos, estamos llamados a practicar el discernimiento: reunir múltiples datos para tomar decisiones conscientes que se ajusten a nuestros valores.

Antes, anteponíamos a los demás como algo natural: decíamos que sí porque no podíamos decir que no. Ahora que hemos aprendido a satisfacer nuestras necesidades, a protegernos con límites y a calmarnos atravesando la incomodidad, nos cuidamos a nosotros mismos y, desde esta confianza, podemos encarnar una mayor flexibilidad.

En este capítulo exploraremos cómo tomar decisiones difíciles cuando nuestra empatía y nuestra autodefensa están en conflicto; cómo alejarnos del pensamiento en blanco y negro, y adoptar una actitud matizada; y cómo normalizar nuestros errores y aceptar las lecciones aprendidas en el camino.

LA HISTORIA DE JASMINE

Durante dos años, Jasmine estuvo casada con Leslie, una mujer atrapada en las garras de la adicción al alcohol. Durante su matrimonio, las borracheras de Leslie fueron una fuente constante de tensión para la pareja. Se quedaba fuera toda la noche, se acostaba con desconocidos en los bares y trataba a Jasmine con desdén. Al final, Jasmine se cansó de los malos tratos de Leslie. Su divorcio se formalizó hace seis meses.

Es comprensible que Jasmine se sienta enojada y resentida con Leslie, y cree que la forma más rápida de curarse es evitar toda comunicación con ella. Bloqueó a Leslie en las redes sociales y borró su teléfono, y en los seis meses transcurridos desde su divorcio ha hecho todo lo posible por rehacer su vida.

Una noche, a las once, Jasmine oye que tocan a su puerta. Se acerca, mira por la mirilla y allí está Leslie: confundida, angustiada y claramente borracha. Cuando Jasmine abre la puerta, lo único que huele es el alcohol.

Los ojos de Leslie están desenfocados al tiempo que suplica con palabras arrastradas que la deje pasar ahí la noche. Afirma que no tiene otro lugar a dónde ir ni nadie a quien recurrir. A pesar de la embriaguez de Leslie, Jasmine le cree; sabe que la adicción de Leslie alejó a todos sus amigos y familiares hace mucho tiempo.

En este momento, los valores de Jasmine están en conflicto. Por un lado, Leslie le causó un dolor terrible, nunca respetó sus límites y la trató con una dureza injustificable. Después de su divorcio, Jasmine se prometió a sí misma que nunca volvería a interactuar con ella, y le asombra que Leslie tenga la audacia de presentarse en su puerta y pedirle ayuda después de todo lo que la hizo pasar.

Por otro lado, Leslie está claramente angustiada y a Jasmine le preocupa que, si no la deja entrar, pueda acabar durmiendo en la calle, con el riesgo de que le pase algo más. Por mucho dolor que le haya causado, Jasmine no le desea ningún mal.

¿Es este un momento para que Jasmine se mantenga firme en sus límites o un momento para ser flexible?

CÓMO TOMAR DECISIONES DIFÍCILES

En situaciones complicadas como la de Jasmine, debemos practicar el discernimiento: sopesar la información que tenemos ante nosotros y tomar una decisión intencionada que esté en línea con nuestros valores. Es necesario dejar de lado la idea de que existe un conjunto perfecto de reglas que podemos seguir para «hacerlo bien», así como rechazar el pensamiento en blanco y negro en favor de los matices de gris. Nuestra tarea es identificar cómo actuar de manera respetuosa con nosotros mismos sin perder la compasión que nos hace ser quienes somos.

Las siguientes pautas pueden ayudarnos a tomar decisiones meditadas y matizadas.

Pausa

En el fragor de un momento difícil, podemos sentir la tentación de actuar impulsivamente: hacer lo que sea necesario para resolver la situación problemática y sus emociones desagradables, *en ese mismo instante.* Sin embargo, la acción impulsiva no nos da tiempo para contemplar nuestros valores y evaluar múltiples caminos a seguir, ambas prácticas necesarias para el discernimiento.

Podemos cultivar un paisaje mental más tranquilo haciendo una pausa, respirando profundamente unas cuantas veces y conectando con nuestro cuerpo. A veces, como en el caso de Jasmine, solo tenemos unos momentos antes de tener que decidir. En ocasiones, tenemos el espacio para posponer la decisión y puede que nos beneficie dormir bien por la noche y llegar a una conclusión al día siguiente.

El tiempo de Jasmine es limitado, así que invita a Leslie a sentarse en su escalinata mientras se toma unos minutos para pensar qué hacer a continuación.

Piensa a largo plazo

Las decisiones complejas requieren que nos distanciemos y consideremos el panorama general. ¿Cómo podría cada camino afectar no solo nuestro presente, sino también nuestro futuro? ¿Qué camino contribuye mejor a la vida que deseamos llevar en general?

A veces, el camino que es mejor para nosotros incluirá un periodo de incomodidad a corto plazo en el camino hacia la libertad a largo plazo. Cuando solo pensamos en la gratificación a corto plazo, es posible que este camino ni siquiera se nos pase por la cabeza; podemos tomar decisiones que nos hagan sentir bien en el momento, pero que al final nos dejen vacíos, desconectados o desalineados con nuestros valores. Para pensar a largo plazo, imagínate dentro de cinco años y pregúntate: «En retrospectiva, ¿de qué elección me sentiré más orgulloso?».

Libera la idea de una «respuesta correcta»

Al tomar decisiones difíciles, es común sentir que hay una respuesta objetivamente correcta que encontraremos si buscamos lo suficiente: la «respuesta correcta» que conducirá a la felicidad y la tranquilidad sin complicaciones.

Pero en la mayoría de los casos, especialmente en los que implican relaciones, no existe una solución perfecta, simplemente hay múltiples caminos a seguir, algunos de los cuales se alinean más estrechamente con nuestros valores que otros. Por lo general, *todos* los caminos implican cierto grado de beneficio, cierto grado de sacrificio y cierto grado de incomodidad. Al renunciar a la idea de una respuesta correcta, nos damos permiso para evaluar qué camino nos funciona mejor, ahora mismo, en este momento.

Recuerda que tu camino es único

Cuando ejercemos el discernimiento, recordamos que no existe una solución única para todos. Todos tenemos historias, culturas, necesidades, deseos, valores, sueños y miedos diferentes. Cada uno de estos factores influye en nuestras decisiones, y el camino que mejor nos funciona no necesariamente funcionará para los demás. Recopilar comentarios externos puede ser útil, pero las sugerencias de los demás solo deben ser un pequeño componente en nuestra decisión final.

Jasmine sabe que sus amigos y familiares tendrían opiniones muy firmes sobre cómo manejar la repentina aparición de Leslie. Sus padres, furiosos por la forma en que Leslie trató a su hija, le aconsejarían que llamara a la policía de inmediato. Está igualmente segura de que sus amigos de la iglesia la animarían a darle una cama caliente para pasar la noche y dejarla irse al día siguiente.

Jasmine entiende que ninguno de los dos grupos tiene necesariamente la razón o la culpa, simplemente tienen experiencias, valores y prioridades diferentes. En última instancia, Jasmine tendrá que tomar esta decisión por sí misma.

Dado el estado en el que se encuentra Leslie, Jasmine está tentada a dejarla entrar, pero le preocupa que hacerlo deshaga todos sus esfuerzos por romper el patrón de complacer a la gente. «Me prometí a mí misma que nunca volvería a interactuar con Leslie», piensa Jasmine. «Si la dejo pasar la noche, ¿estaré sacrificando mi autoestima? ¿Todo mi trabajo para romper el patrón de complacer a la gente habrá sido en vano?».

ROMPER CON EL PENSAMIENTO BINARIO EN BLANCO Y NEGRO

Cuando pensamos en blanco y negro vemos el mundo en extremos. O somos muy buenos o muy malos; las decisiones son correctas o completamente erróneas. Por esta razón, el pensamiento binario en blanco y negro es el enemigo del discernimiento. Nos impide ver el mundo tal como es: complejo, incierto y en constante cambio.

A medida que rompemos el patrón de complacer a la gente, podemos encontrarnos inmersos en pensamientos en blanco y negro como: «*Nunca* volveré a anteponer las necesidades de los demás a las mías», «*Nunca* tendré que explicar mis límites a nadie», «Romperé las relaciones si no son *perfectas*», «si alguien se molesta cuando establezco límites, es *tóxico*» o «si no pueden satisfacer todas y *cada una* de mis necesidades, no son adecuados para mí».

Al principio, estas actitudes pueden resultarnos atractivas porque nos sitúan inequívocamente en primer lugar. También podríamos sentir alivio al pensar en una única y sencilla regla que se aplica a todas las circunstancias a las que nos enfrentamos. Sin embargo, practicar el discernimiento requiere que veamos más allá del binario blanco y negro, y consideremos que tal vez la verdad tenga más matices.

El matiz en acción

Las alternativas matizadas a estas perspectivas en blanco y negro incluyen:

Blanco y negro: nunca volveré a anteponer las necesidades de otra persona a las mías.

- **Matiz:** al romper el patrón de complacencia, es importante que practique anteponer mis propias necesidades después de años de priorizar las de los demás.
- **Matiz:** en ocasiones, cuando nuestras necesidades son dispares, puede ser necesario anteponer las de los demás para encontrar compromiso y mantener nuestras relaciones.

- **Matiz:** a veces, respetar mis valores significa anteponer a los demás de vez en cuando, sobre todo si necesitan mi ayuda urgentemente.

Blanco y negro: nunca tengo que explicar mis límites a nadie.

- **Matiz:** no explicar mis límites a personas que pueden malinterpretarlos es una forma de protegerme.
- **Matiz:** a veces, explicar mis límites puede ayudar a que sean más llevaderos para los demás.

Blanco y negro: cortaré las relaciones si no son perfectas.

- **Matiz:** puedo priorizar las relaciones que me ofrezcan, en lo posible, más acuerdos, paz y conciliación.
- **Matiz:** acepto que ninguna relación será perfecta. Incluso las relaciones más sanas incluyen desajustes, conflictos y compromisos.

Blanco y negro: si alguien se molesta cuando establezco límites, es una persona tóxica.

- **Matiz:** me alejaré de situaciones en las que otros respondan a mis límites con rabia, manipulación psicológica y sentimientos de culpa. Estas son respuestas inaceptables y no tengo por qué tolerarlas.
- **Matiz:** es natural que la gente se sienta triste cuando introduzco espacio o distancia en nuestra relación. Otros pueden tener sentimientos negativos sobre mis límites, pero aun así respetarlos con sus acciones.

Blanco y negro: si no pueden satisfacer todas y cada una de mis necesidades, no son adecuados para mí.

- **Matiz:** después de años conformándome con personas que trataban mis necesidades con juicio y desdén, solo estoy interesada en relaciones con personas que quieran satisfacer mis necesidades.

- **Matiz:** incluso si alguien quiere satisfacer mis necesidades, es poco probable que pueda cubrir todas y *cada una de ellas* en todo momento. Depende de mí decidir cuáles de mis necesidades no son negociables y cuáles sí.

Mientras Jasmine reflexiona sobre su situación, se da cuenta de que se aferra a una perspectiva en blanco y negro: que ayudar a Leslie significaría que todos sus esfuerzos por dejar de complacer a la gente no sirvieron de nada. Cuando Jasmine se desafía a sí misma a inyectar más matices en su perspectiva, llega a algunas conclusiones:

«Ninguna acción por sí sola deshará dos años de trabajo para dejar de complacer a la gente», piensa. «Escuchar mis valores puede significar poner a los demás en primer lugar de vez en cuando, especialmente si en verdad necesitan mi ayuda. Además, hay una diferencia entre ayudar a Leslie porque siento que no puedo decir que no y hacerlo porque confío en que puedo acceder y negarme, pero esta vez decir sí. Lo primero es complacer a la gente; lo segundo es amabilidad».

PRACTICAR EL DISCERNIMIENTO

Al enfrentarnos a situaciones complejas, podemos preguntarnos: «¿Cómo sabré qué camino tomar? ¿Cómo sabré cuando priorizar a los demás es una traición a mí mismo y cuando es simplemente una expresión de cariño? ¿Cómo sabré cuando una relación está atravesando un periodo de confusión o si debo dejarla ir?».

Las siguientes herramientas pueden ayudarnos a encontrar respuestas a estas difíciles preguntas.

Lluvia de ideas y opción múltiple

Cuando nos tomamos el tiempo para pensar de forma creativa, normalmente podemos encontrar más de dos caminos a seguir en cualquier circunstancia. Están las decisiones obvias, A y B, y luego una variedad de opciones intermedias que contienen algún elemento de compromiso.

Desde una perspectiva en blanco y negro, Jasmine tiene dos opciones. Podría recibir a Leslie con los brazos abiertos y ofrecerle un lugar donde pasar la noche; o podría rechazar la petición de Leslie y no dejarla entrar.

Cuando Jasmine se detiene a considerar varias opciones, se da cuenta de que hay más de dos caminos a seguir. Podría dejar que Leslie entrara y durmiera en el sillón, pero no en la recámara de invitados; ofrecerle comida y agua, pero exigirle que pase la noche en otro lugar; llamar a los servicios municipales que no sean de emergencia (como el 911) y solicitar su ayuda para manejar la situación; llamar a un servicio de emergencia local o a un refugio para que acoja a Leslie durante la noche; o llamar a una selección de centros de rehabilitación para ver si tienen camas disponibles para Leslie.

Contrasta dos ruedas de valores

Como exploramos en el capítulo 4, cuando nos enfrentamos a decisiones difíciles podemos contrastar dos ruedas de valores para discernir qué camino se alinea mejor con nuestros valores. Para este ejercicio, necesitarás tener tus ocho valores principales a la mano.

1. Dibuja un círculo y divídelo en ocho partes como si fuera una pizza. Escribe tus valores alrededor de los bordes de cada parte. Esto representa la Decisión A.
2. Crea un círculo idéntico al lado y escribe tus valores alrededor de los bordes. Esto representa la Decisión B.
3. Comienza con la Decisión A. Para cada valor alrededor de la rueda, pregúntate: «En una escala del 1 al 10, siendo 10 el máximo y 1 el mínimo, ¿en qué medida la decisión A encarna este valor?».
4. Según tu respuesta, sombrea la porción de adentro hacia afuera. Una clasificación de 10 significa que la porción

estará completamente sombreada; una clasificación de 5 significa que la porción estará sombreada a la mitad; una clasificación de 1 significa que apenas tendrá sombra.

5. Sigue este proceso para cada segmento de la decisión A. Si no ves cómo se aplica un valor a la decisión actual, sombréala con líneas. Al final, tendrás una representación visual de hasta qué punto la decisión A encarna tus valores.
6. A continuación, sigue el mismo proceso para la decisión B. Cuando hayas terminado, puedes comparar las dos ruedas para ver qué decisión encarna tus valores de manera más completa en general.

Las ruedas de valores de Jasmine tienen este aspecto:

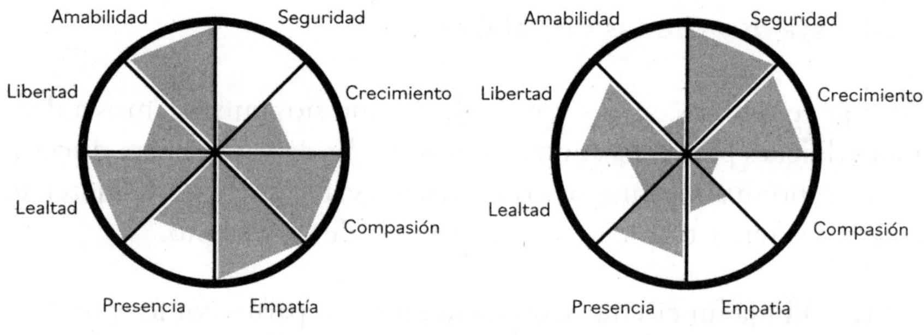

Avanzar en el tiempo

Es normal sentir la tentación de elegir la forma de actuar que alivie más rápidamente nuestra incomodidad. Sin embargo, elegir el camino que mejor se alinee con nuestra integridad requiere que evaluemos la situación *con la perspectiva del tiempo*.

Para cada opción que estés considerando, pregúntate: «Si elijo esta opción, ¿cómo será mi vida dentro de una hora?, ¿dentro de una semana?, ¿dentro de un año?, ¿dentro de cinco?».

En primer lugar, Jasmine se plantea mantener firmemente sus límites y no dejar entrar a Leslie. «En una hora», piensa, «no podré dormir, estaré nerviosa por el bienestar de Leslie y preocupada por si está herida. En una semana, me preguntaré qué le ha pasado, revisaré los periódicos locales y los grupos de Facebook para ver si hay algún anuncio. En un año, creo que podría arrepentirme de esto. Me preocuparé de haber dejado que mi orgullo se interpusiera en ayudar a una persona con una necesidad real que no tiene a dónde ir».

Entonces Jasmine contempla dejar entrar a Leslie: «En una hora, estaré frustrada y resentida porque esta persona que me trató tan mal se está refugiando en mi casa. Me preguntaré si me traicioné a mí misma al relajar mi límite de no volver a interactuar con ella. En una semana, Leslie ya no estará aquí. Puede que todavía sienta resentimiento por el hecho de que haya venido, pero no me preguntaré qué le habrá pasado. En un año, esto será un recuerdo lejano».

Rellena un cuadrante de pros y contras

En esta nueva versión de la antigua lista de pros y contras contrastamos nuestras opciones evaluando los pros y contras a corto plazo, y los pros y contras a largo plazo. Luego, revisamos ambos cuadrantes, uno al lado del otro, para tener una mejor idea de ambos caminos en general.

El cuadrante de pros y contras de Jasmine tiene este aspecto:

DECISIÓN A: DEJAR ENTRAR A LESLIE	
Pros a corto plazo • Leslie está a salvo. • No le daré vueltas en mi cabeza a la idea de si Leslie está bien o si le pasó algo.	**Pros a largo plazo** • No me preguntaré: «¿Qué le pasó a Leslie aquella noche?». • Estaré orgullosa de no haber dejado que mi bagaje personal me impidiera ayudar a alguien que lo necesitaba desesperadamente.
Contras a corto plazo • No dormiré bien esta noche. • Estar cerca de Leslie puede ser incómodo y detonar sentimientos que aún me afectan.	**Contras a largo plazo** • Ayudarla esta noche viola mi límite de no volver a interactuar con ella nunca más. • Si la ayudo esta noche, Leslie podría pensar que estoy dispuesta a ayudarla de nuevo.

DECISIÓN B: NO DEJAR ENTRAR A LESLIE	
Pros a corto plazo • No tendré que tratar con Leslie.	**Pros a largo plazo** • Sentiré que mantuve mi posición y respeto por mis límites.
Contras a corto plazo • Leslie podría enfermarse o lesionarse. • Podría sentir arrepentimiento o vergüenza por mi decisión, especialmente si Leslie termina herida.	**Contras a largo plazo** • Me sentiré culpable por no ayudar a alguien que lo necesita. • Podría arrepentirme.

Una vez que Jasmine ha pensado en sus opciones, decide encontrar un equilibrio. Se siente cómoda ayudando a Leslie esta vez; hacerlo está en consonancia con sus valores de compasión, empatía y amabilidad. Aunque no se siente cómoda dejando que Leslie se quede en el cuarto de invitados —eso le parece demasiado íntimo—, le ofrece dormir en el sillón.

Esa noche, Jasmine duerme inquieta. A la mañana siguiente se levanta temprano, se pone la bata y va a la sala para despertar a Leslie. Está desorientada y todavía un poco borracha.

Jasmine no se molesta en hacer cumplidos.

—Viniste aquí ayer pidiendo un lugar donde pasar la noche y dejé que durmieras en el sillón —dice con firmeza—. Esta es la única vez que estoy dispuesta a hacerlo. Si vuelves a aparecer por aquí, no te dejaré entrar. En su lugar, tendré que llamar a la policía.

Jasmine dice esto tanto por su beneficio como por el de Leslie. Quiere que las expectativas sean muy claras: estuvo dispuesta a ayudarla una vez, pero no lo volverá a hacer.

—Necesito que te vayas ahora —dice Jasmine. Camina decidida hacia la puerta principal y la mantiene abierta, expectante. Leslie asiente y murmura algo ininteligible; sale lentamente, arrastrando los pies hacia la luz de la mañana.

Jasmine cierra la puerta tras de sí y exhala un aliento que no se había dado cuenta de que había estado conteniendo. Se dirige a la cocina y comprueba cómo se siente con respecto a su decisión. Sin duda, tener a Leslie en casa fue incómodo, Jasmine está conmocionada. Por otro lado, sabe que si no la hubiera dejado quedarse, tampoco habría dormido bien, se habría quedado despierta pensando que Leslie estaba en la calle a la mitad de la noche.

Al final, Jasmine se siente orgullosa del equilibrio que logró: hizo un esfuerzo adicional y ayudó a alguien que lo necesitaba, pero dejó claro que se trataba de una amabilidad puntual. Para ella, el hecho de que fuera una *elección intencionada y deliberada, basada en sus valores*, hizo que se sintiera completamente diferente a la complacencia compulsiva de su pasado.

APROVECHAR LAS LECCIONES APRENDIDAS

¿Qué pasa si, a pesar de nuestros esfuerzos por ser exigentes, terminamos eligiendo un camino que luego nos parece poco acorde con quienes somos y lo que queremos? Quizá decidimos transigir algo que luego concluimos que era una necesidad innegociable. A lo mejor terminamos una amistad debido a diferencias de valores y luego deseamos no haberlo hecho. Quizá establecemos un límite demasiado duro y después nos sentimos culpables por ser tan intransigentes.

A medida que rompamos el patrón de complacer a la gente, todos tomaremos decisiones de las que luego nos arrepentiremos. Esto no solo es normal, sino inevitable, y aceptar la certeza de cometer errores nos libera de la presión de hacerlo bien siempre. De hecho, algunas de nuestras lecciones más poderosas solo pueden aprenderse a través de cometer y corregir errores.

Las siguientes preguntas de reflexión pueden ayudarnos a encontrar joyas ocultas de aprendizaje cuando cometemos errores en nuestra toma de decisiones:

- ¿Cómo me enseñó este error qué es más importante para mí? ¿Cómo puedo incorporar este nuevo conocimiento en el futuro?
- ¿Es posible que cometer este error fuera la única forma de aprender esta valiosa información?
- ¿Qué me enseñó esta experiencia sobre mis valores? ¿Descubrió un valor profundamente arraigado que no había reconocido antes? ¿Me mostró que uno de mis valores era más importante de lo que nunca había imaginado? ¿Cómo puedo incorporar este conocimiento en mi vida?
- En el futuro, ¿cómo puedo manejar situaciones como esta, sabiendo lo que sé ahora?
- ¿Qué me enseñó esta experiencia sobre mi proceso de toma de decisiones? ¿Cómo debo perfeccionar mi proceso de toma de decisiones en el futuro?

- ¿Cómo puedo utilizar las lecciones aprendidas de esta experiencia para ayudar a otras personas?

En última instancia, no hay elecciones equivocadas cuando nos enfrentamos a situaciones complejas. En este espacio de ambigüedad, aprendemos, a través de la experimentación, quiénes somos y qué valoramos. Con cada decisión que luego parece un error, adquirimos una nueva comprensión de lo que no nos funciona e incorporamos ese conocimiento a nuestra conducta futura. Estas experiencias se convierten en los mejores maestros a medida que elaboramos nuestros propios y únicos planes de vida.

Después de años de complacer a los demás, después de años de sentir que *teníamos* que decir que sí, por fin tenemos el don de elegir. La verdadera libertad no siempre consiste en decir que no. Es la capacidad de *elegir:* decir que sí o que no en función de lo que valoramos, lo que sentimos y quiénes queremos ser.

EPÍLOGO: REDESCUBRIR LA (VERDADERA) ALEGRÍA DE DAR

Un secreto poco conocido sobre romper el patrón de complacer a la gente es que nos permite redescubrir la alegría de dar. Es extraño, ¿no? Uno pensaría que dejar de complacer a la gente significa dar menos: *ser menos generoso, menos amable, menos compasivo*.

Sin embargo, en realidad, romper el patrón es la puerta de entrada a un nuevo y rico terreno de generosidad: una generosidad sincera, auténtica y con límites. Ahora nuestras muestras de bondad son voluntarias, no obligatorias. Están impulsadas por la buena voluntad, no por la culpa. Confiamos en nosotros mismos para decir que no, así que cuando decimos que sí, lo decimos en serio, y nuestro dar, en lugar de enmascarar el resentimiento y la obligación, se convierte en una expresión sincera de cuidado y compasión por los demás.

De esta manera, romper el patrón de complacencia nos permite experimentar por primera vez la verdadera alegría de dar: ser generosos con los demás y la alegría de serlo con nosotros mismos.

LA ALEGRÍA DE DAR A LOS DEMÁS

Cuando trataba de complacer a la gente, compartir con los demás rara vez (o nunca) me producía alegría. Todos los días superaba mis propias limitaciones y «daba» incluso cuando me dejaba con una fatiga y un agobio profundos.

Para mí, «dar» era sinónimo de autoabandono. Cada nuevo compromiso era una adición más a la pila, cada vez más grande, de cosas que tenía que hacer por los demás, tuviera o no tiempo, espacio, energía y, mucho menos, ganas. Una y otra vez, mi generosidad me dejaba resentida con las mismas personas a las que intentaba ayudar. Mis intentos de servir desde una copa vacía tuvieron un alto costo físico y psíquico.

Pero ahora mi copa está, en general, llena. Atiendo regularmente a mis propios sentimientos, necesidades y deseos. Digo no a los compromisos que amenazarían mi bienestar. Solo invierto en relaciones que invierten en mí. He construido una base sólida de autocuidado y, como resultado, tengo el tiempo, la energía y el ancho de banda emocional para *compartir con límites:* dar a los demás de manera sostenible sin sacrificar mis necesidades en el proceso.

Esta nueva relación con compartir se ha convertido en una fuente de alegría inesperada y de conexión con la gente que quiero. Cuando mi amiga me pregunta si puedo llevarla al aeropuerto a las cuatro de la mañana siguiente, me planteo: «¿Me lo permite mi agenda? ¿Podré echarme una siesta corta mañana si es necesario?». Si la respuesta es no, digo que no: evito el exceso de generosidad (y el resentimiento). Pero si la respuesta es sí, lo digo y a las cuatro de la mañana siguiente me encuentro de camino a SeaTac, feliz de ayudar a un amigo necesitado. Mientras manejamos por la autopista adormecidas con cafés en la mano, siento la satisfacción de hacer una buena acción por alguien a quien quiero.

Cuando un ser querido me pide apoyo después de un día de ansiedad, me pregunto internamente: «¿Tengo el espacio emocional para esto? ¿Me siento con los recursos suficientes para contener sus emociones en este momento?». Si la respuesta es no, digo que no. Pero si la respuesta es sí, lo digo y cuando comparten sus ansiedades conmigo, me inunda la compasión. Me siento agradecida de que me confíen sus preocupaciones, me siento conectada con ellos en su vulnerabilidad. Al dar dentro de mis propios límites, puedo encarnar la bondad, la compasión y la generosidad *genuinas,* y sé que esta alegría de dar a los demás no sería posible si no hubiera experimentado primero la alegría de darme a mí misma.

EL PLACER DE DARNOS UN CAPRICHO

Es muy curativo darnos por fin el cuidado y la atención que durante tanto tiempo reservamos solo para los demás. No puedo decir cómo es para todos los que están al otro lado de la línea de complacer a la gente, pero así es como ha sido para mí.

Ahora más que nunca, mi tiempo es mío. Sigo teniendo que trabajar y pagar las facturas, pero mi tiempo libre ya no está abarrotado de compromisos no deseados que acepté con culpa. Cuando tengo energía, acepto las invitaciones de mis amigos a fiestas, conciertos y comidas compartidas; cuando no la tengo, me pongo cómoda con un té y un buen libro.

Ahora entiendo visceralmente que mis necesidades son una prioridad, no un lujo. Programo citas con el médico y voy regularmente al supermercado; salgo a correr, medito y disfruto de los tan necesarios descansos de las redes sociales. He llegado a aceptar que soy una persona sensible e introvertida, y después de años de menospreciarme a mí misma por ser «demasiado sensible», ya no estoy en guerra con mis necesidades de tranquilidad, silencio o tiempo a solas.

Priorizar mis deseos y placeres me ha costado más, pero cada vez lo hago mejor. El año pasado, por fin me compré un teclado, algo que quería desde que me fui de casa y dejé el piano de nuestra familia, a los 18 años. Hace poco, atendiendo a mi deseo de tocar más, me inscribí espontáneamente a una clase de improvisación. Se ha convertido en una enorme fuente de alegría y ligereza en mi vida.

Como tantas personas que se esfuerzan por agradar a los demás, he dejado atrás relaciones a medida que he ido encontrando mi voz. Muchos de los vínculos que forjé cuando me empeñaba en ser humilde no eran compatibles con la versión auténtica de mí. La transición para salir de esas relaciones fue difícil; a veces el dolor duró meses y me preguntaba si alguna vez saldría del valle, pero a raíz de ello, he dado prioridad a las conexiones con personas que me aceptan y me quieren por lo que soy.

Ahora, en mis relaciones, hago saber mis necesidades. Le pido apoyo a mi familia; le pido reciprocidad a mis amigos; le pido a mi pareja que me toque de *esta* manera, no de *esa* manera. En el pasado, me llevaba semanas encontrar el valor para hacer este tipo de peticiones (¡la mitad de las veces nunca lo encontraba!). Ahora, expresar mis necesidades es algo natural. No siempre es cómodo —todavía me visitan la culpa y el miedo de vez en cuando—, pero tener una conversación difícil es mucho mejor que dejar que un resentimiento tácito se agrave.

Como resultado, una corriente de honestidad y genuina intimidad recorre mis relaciones. Cuando otros hieren mis sentimientos, me siento cómoda haciéndoselos saber y confío en que ellos harán lo mismo. A veces, las conversaciones difíciles sobre nuestras heridas resultan incómodas. En ocasiones, esa incomodidad dura una hora; a veces, seis meses. A través de estas experiencias estoy aprendiendo que las relaciones que valen la pena no solo pueden resistir, sino que también pueden crecer y volverse más resistentes como resultado de conversaciones difíciles y honestas.

De manera similar, he llegado a aprender la alegría de la verdadera intimidad en el amor. Antes, estaba segura de que solo encontraría el amor si me hacía pequeña: menos emocional, menos obstinada, menos *yo*. Como resultado, sufría constantemente en las relaciones en las que yo era el personaje secundario silencioso y cariñoso en la historia de otra persona. Cuando empecé a dar a conocer mis verdaderos sentimientos y necesidades desde el principio, ahuyenté a algunas personas y atraje a otras. Al final, encontré una pareja que, para mi sorpresa diaria, quiere *más* de mí, no menos; que con *compasión* da cabida a mis grandes emociones; que da amor con libertad, tan solo porque quiere. La forma en la que me acepta me ha enseñado a aceptarme más a mí misma.

En cuanto a mi familia: tengo el don de saber que, si desaparecieran de la faz de la tierra mañana, no quedaría nada por decir entre nosotros. He compartido viejos agravios y he establecido nuevos límites que han sido recibidos con más gracia y compasión de la que podría haber pedido (reconozco que no todo el mundo tiene el privilegio de este tipo de sanación familiar; es un regalo que no doy por sentado). Mi yo más joven no podría haber imaginado el consuelo y la honestidad que compartimos hoy.

Estos cambios en mis relaciones han sido profundos y muy curativos, y aun así, ninguno de ellos se compara con los cambios que he presenciado en mi relación conmigo misma. Romper el patrón de complacer a la gente me ha permitido descubrir un sentido de agencia, confianza y respeto por mí misma como nunca antes había experimentado.

Después de años sintiéndome como una víctima de las peticiones y acciones de los demás, por fin reconozco que puedo elegir qué dar y qué tolerar. Esto no significa que elegir siempre sea *cómodo* —de hecho, a menudo duele—, pero sí significa que *tengo elección.* Puedo decir que no, puedo establecer límites, puedo alejarme de situaciones que no satisfacen mis necesidades. Antes pensaba que el poder consistía en conseguir que los demás cambiaran o en conseguir que los demás me dieran prioridad. Ahora entiendo que asumir la responsabilidad de mí misma y ser dueña de mi voluntad es la verdadera puerta de entrada a mi poder.

Como resultado de ejercer mi agencia, finalmente tengo la certeza inquebrantable de que me cuidaré, incluso en mis días más difíciles. Con cada necesidad que he priorizado, cada solicitud que he hecho, cada límite que he establecido y cada dolor creciente que he aliviado, me he demostrado que no me estoy dejando atrás: *no me voy a ningún lado.* Incluso ante los juicios de los demás, confío en mí misma para defenderme. Las percepciones que los demás tienen de mí importan, pero mis propias percepciones importan más.

Como resultado de construir esta confianza en mí misma, he descubierto, después de años de desearlo, que respeto quién soy. Esto no significa que nunca me sienta ansiosa, que no me juzgue o que no sea autocrítica (lo hago y no conozco a nadie que no lo haga), pero en general mis acciones se alinean con mis palabras, y mis palabras se alinean con mis valores. La persona que soy por *dentro* coincide con la persona que soy por *fuera,* y después de años atrapada tras la máscara de complacer a la gente, este es un grado de integridad que nunca me atreví a soñar que experimentaría.

Romper el patrón de complacer a la gente no es fácil, pero vale la pena *cada* dificultad, porque al otro lado aguardan nuestra voz, nuestra alegría y nuestro poder.

AGRADECIMIENTOS

Gracias a mi agente, Meg Thompson, por ser la primera en creer en este proyecto. Siempre estaré agradecida por tu arduo trabajo para encontrarle un hogar a *Deja de decir que sí cuando quieres decir que no* y por tus palabras de aliento, que me animaron en los momentos más difíciles. Gracias a mi editor, Eamon Dolan, por aportar tu mente aguda y perspicaz a este proyecto. Tus ediciones aportaron tanta claridad y potencia a mi manuscrito; ¡estoy asombrada de tu dominio del idioma inglés! Gracias también a Sandy Hodgman por gestionar los derechos en el extranjero y ayudarme a llevar este libro a los lectores de otros países. Estoy en deuda con el equipo de Simon & Schuster por su trabajo de corrección, *marketing*, promoción y demás para traer *Deja de decir que sí cuando quieres decir que no* al mundo. No podría imaginar un mejor hogar para este libro. A mis primeros lectores, Kali, Andi, Gerry y Joe, ¡gracias por ayudarme a perfeccionar mi primer borrador hace tantos años!

A Katie, Kali, Andi, Sarah y Grace: gracias por enseñarme el arte de construir amistades resistentes. Por ustedes aprendí que las mejores amistades pueden soportar conversaciones difíciles y salir fortalecidas y más hermosas que antes. Gracias por animarme a lo largo de este proyecto y mantenerme a flote con muchas pláticas nocturnas para infundirme ánimos.

A mis padres, Maggie y Ed: gracias por mostrarme amor, gracia y aceptación mientras aprendía a usar mi voz, incluso cuando las cosas que decía eran difíciles de escuchar. Han sido un modelo de amor incondicional que solo espero poder encarnar cuando yo misma sea madre algún día. Gracias por creer siempre en mí, animarme y hacerme reír. Los quiero.

Por último, gracias a Aaron, por enseñarme que no tengo que ser menos para merecer el amor. Tu apoyo incondicional me mantuvo a flote mientras completaba este proyecto. Que me aceptes tal como soy (con mis necesidades, mis grandes sentimientos y todo) ha sido el mayor regalo de mi vida. Gracias por enseñarme a amar y a ser amada.

NOTAS

1: COMPLACER A LOS DEMÁS: QUÉ ES, DE DÓNDE VIENE Y POR QUÉ LO ESTAMOS DEJANDO ATRÁS

25 *Walker explica que, en la niñez:* Pete Walker, «Codependency, Trauma, and the Fawn Response», Pete Walker, enero de 2003, https://pete-walker.com/codependencyFawnResponse.htm.

25 *Walker explica que quienes adulan:* Pete Walker, «The 4Fs: A Trauma Typology in Complex PTSD», Pete Walker, 2023, consultado el 5 de septiembre de 2023, http://pete-walker.com/fourFs_TraumaTypologyComplexPTSD.htm.

26 *Con el tiempo, muchos se desconectan por completo:* Tian Dayton, *Emotional Sobriety: From Relationship Trauma to Resilience and Balance* (Deerfield Beach, FL: Health Communications, 2008), 79.

26 *En la década de 1960, la psicóloga clínica Diana Baumrind*: Diana Baumrind, «Child Care Practices Anteceding Three Patterns of Preschool Behavior», *Genetic Psychology Monographs* 75, no. 1 (1 de febrero de 1967): 43-88.

26 *Los padres autoritarios son punitivos*: Edward Teyber y Faith Holmes Teyber, *Interpersonal Process in Therapy:* AN Integrative Model (Boston: Cengage Learning, 2010), 201.

26 *Se vuelven personas cuya motivación depende del exterior*: *Ibid.*

26 *Aunque muchas se convierten en adultos trabajadores*: *Ibid.*

28 *Creen que son dignos de amor*: Cathy W. Hall and Raymond E. Webster, «Risk Factors among Adult Children of Alcoholics», *International Journal of Behavioral Consultation and Therapy* 3, no. 4 (1 de enero de 2007): 494-511.

28 *Las investigaciones demuestran que los hijos adultos*: *Ibid.*

28 *En el hogar, las mujeres realizan cuatro horas*: Gus Wezerek y Kristen R. Ghodsee, «Opinion: Women's Unpaid Labor Is Worth $10,900,000,000,000», *The New York Times*, 11 de agosto de 2020, https://www.nytimes.com/interactive/2020/03/04/opinion/women-unpaid-labor.html.

29 *El psicólogo Marshall Rosenberg escribe*: Marshall B. Rosenberg y Deepak Chopra, *Nonviolent Communication: A Language of Life: Life-Changing Tools for Healthy Relationships* (Encinitas, CA: PuddleDancer Press, 2015), 84.

29 *Las mujeres, con más frecuencia que los hombres, son las responsables*: Britni De La Cretaz, «How to Get Your Partner to Take on More Emotional Labor», *The New York Times*, 8 de mayo de 2020, https://www.nytimes.com/article/emotional-labor.html.

29 *Las investigaciones demuestran que las mujeres se disculpan con mucha más*: Karina Schumann y Michael Ross, «Why Women Apologize More than Men», *Psychological Science* 21, no. 11 (20 de septiembre de 2010): 1649-55.

29 *Las mujeres son aún más propensas a ser*: Alice Robb, «Sheryl Sandberg Is Right about the Word "Bossy". This Data Proves It», *New Republic*, 19 de marzo de 2014, https://newrepublic.com/article/117076/sheryl-sandbergs-ban-bossy-campaign-right-about-one-thing.

29 *En general, se espera que los hombres*: Kelly Gonsalves, «Study Shows Men Still Feel Judged When They Talk about Their Feelings», mindbodygreen, 16 de octubre de 2019, https://www.mindbodygreen.com/articles/men-think-expressing-emotions-threatens-masculinity-study-shows

30 *Al negar sus necesidades de descanso y recuperación*: Nick Boettcher et al., «Men's Work-Related Stress and Mental Health: Illustrating the Workings of Masculine Role Norms», *American Journal of Men's Health* 13, no. 2 (1 de marzo de 2019): 155798831983841.

30 *Las culturas individualistas, como las de Estados Unidos*: Sjoerd Beugelsdijk and Christian Welzel, «Dimensions and Dynamics of National Culture: Synthesizing Hofstede with Inglehart», *Journal of Cross-Cultural Psychology* 49, no. 10 (2 de octubre de 2018): 1469-1505.

30 *Al hacer hincapié en la conformidad, la obediencia y la lealtad*: Ibid.

32 *Quienes obtienen una puntuación más alta en la escala de sociotropía*: Aaron Beck, «Cognitive Therapy of Depression: New Perspectives», en *Treatment of Depression: Old Controversies and New Approaches*, eds. Paula J. Clayton y James Elmer Barrett (Filadelfia: Lippincott Williams & Wilkins, 1983), 265-84.

32 *Las personas sociotrópicas son más propensas a desarrollar*: Peter Bieling, Aaron T. Beck y Gregory K. Brown, «Stability and Change of Sociotropy and Autonomy Subscales in Cognitive Therapy of Depression», *Journal of Cognitive Psychotherapy* 18, no. 2 (1 de abril de 2004): 135-48.

32 *Mientras tanto, la teoría de sistemas familiares de Bowen*: Diane R. Gehart, «Intergenerational and Psychoanalytic Family Therapies», en *Mastering Competencies in Family Therapy: A Practical Approach to Theory and Clinical Case Documentation* (Boston: Cengage Learning, 2017), 263-309.

32 *Las personas altamente diferenciadas tienen un sentido de sí mismas fuerte*: «Introduction to the Eight Concepts», Bowen Center for the Study of the Family, consultado el 5 de septiembre de 2023, https://www.thebowencenter.org/introduction-eight-concepts.

33 *Más que nada, las personas con apego ansioso*: Jeffry A. Simpson y W. Steven Rholes, «Adult Attachment, Stress, and Romantic Relationships», *Current Opinion in Psychology* 13 (1 de febrero de 2017): 19-24.

33 *Popularizado originalmente en la década de 1980*: Carrie A. Springer, Thomas W. Britt, y Barry R. Schlenker, «Codependency: Clarifying the Construct», *Journal of Mental Health Counseling* 20, no. 2 (1 de abril de 1998): 141-58.

34 *Los psicólogos definen el altruismo patológico*: Rachel Bachner-Melman and Barbara Oakley, «Giving 'Till It Hurts': Eating

Disorders and Pathological Altruism», in *Bio-Psycho-Social Contributions to Understanding Eating Disorders*, eds. Yael Latzer y Daniel Stein (Nueva York: Springer, 2016), 91-103.

36 *Los psicólogos definen el altruismo saludable*: Beth J. Seelig y Lisa S. Rosof, «Normal and Pathological Altruism», *Journal of the American Psychoanalytic Association* 49, no. 3 (1 de septiembre de 2001): 933-59.

36 *Los altruistas sanos satisfacen sus necesidades:* Scott Barry Kaufman y Emanuel Jauk, «Healthy Selfishness and Pathological Altruism: Measuring Two Paradoxical Forms of Selfishness», *Frontiers in Psychology* 11 (21 de mayo de 2020): https://doi.org/10.3389/fpsyg.2020.01006.

36 *Las investigaciones demuestran que este tipo de altruismo*: Bachner-Melman y Oakley, «Giving "Till It Hurts"».

36 *No esperamos necesariamente*: *Ibid.*

37 *Los psicólogos Scott Barry Kaufman y Emanuel Jauk animan a quienes*: Kaufman y Jauk, «Healthy Selfishness and Pathological Altruism».

38 *Las investigaciones también muestran que la supresión emocional puede contribuir:* Mostafa Bahre-mand et al., «Emotion Risk-Factor in Patients with Cardiac Diseases: The Role of Cognitive Emotion Regulation Strategies, Positive Affect and Negative Affect (A Case-Control Study)», Global Journal of Health Science 8, n.º 1 (17 de mayo de 2015): 173.

2: ENCONTRAR NUESTROS SENTIMIENTOS

45 *El psicólogo Tian Dayton, autor del libro* Emotional Sobriety, *explica:* Tian Dayton, *Emotional Sobriety: From Relationship Trauma to Resilience and Balance* (Deerfield Beach, FL: Health Communications, 2008), 153.

46 *La psicóloga Hillary McBride, en su libro* The Wisdom of Your Body, *explica:* Hillary L. McBride, *The Wisdom of Your Body: Finding Healing, Wholeness and Connection through Embodied Living* (Grand Rapids, MI: Brazos Press, 2021), 137.

48 *El antropólogo Roy Grinker explica:* Roy Richard Grinker, *Nobody's Normal: How Culture Created the Stigma of Mental Illness* (Nueva York: W. W. Norton, 2021), 27.

48 *Después de recopilar los datos, el equipo de investigación:* Lauri Nummenmaa *et al.*, «Maps of Subjective Feelings», *Proceedings of the National Academy of Sciences of the United States of America* 115, n.º 37 (28 de agosto de 2018): 9198-9203.

48 *Descubrieron que la ira se: Ibid.*

49 *Cuando notamos una emoción:* McBride, *The Wisdom of Your Body*, 123.

3: DESCUBRIR NUESTRAS NECESIDADES

56 *Los sentimientos difíciles como el resentimiento:* Rosenberg y Chopra, *Nonviolent Communication*, 84.

56 *En el extremo, el descuido de nosotros mismos:* Suzy Braye, D. Orr y Michael Preston-Shoot, «Learning Lessons aboyt Self-Neglect? An Analysis of Serious Case Reviews», *Journal of Adult Protection* 17, n.º 1 (9 de febrero de 2015): 3-18.

57 *Las investigaciones muestran que aquellos que practican un egoísmo saludable:* Kaufman y Jauk, «Healthy Selfishness and Pathological Altruism».

57 *Merriam-Webster define la palabra como:* «Need», *Merriam-Webster's Collegiate Dictionary*, consultado el 2 de septiembre de 2023, https://www.merriam-webster.com/dictionary/need.

4: DESCUBRIR NUESTROS VALORES

69 *En primer lugar, las investigaciones demuestran que actuar:* Kristine Klussman *et al.*, «The Importance of Awareness, Acceptance, and Alignment with the Self: A Framework for Understanding Self-Connection», *Europe's Journal of Psychology* 18, n.º 1 (25 de febrero de 2022): 120-31.

69 *En segundo, mientras que nuestros sentimientos cambian:* John W. Berry, Ype H. Poortinga y Janak Pandey, «Values», en *Handbook of Cross-Cultural Psychology: Basic Processes and Human Development,* vol. 3 (Boston: Allyn & Bacon, 1997), 77-118.

69 *En tercero, se ha demostrado que alinear:* Matthew McKay, Jeffrey C. Wood y Jeffrey Brantley, *The Dialectical Behavior Therapy Skills Workbook: Practical DBT Exercises for Learning Mindfulness, Interpersonal Effectiveness, Emotion Regulation, and Distress Tolerance* (Oakland, CA: New Harbinger, 2019), 36-38.

77 *Cuando nos enfrentamos a decisiones difíciles:* Este ejercicio está adaptado de Marilyn Atkinson y The Art & Science of Coaching en Erickson Coaching International.

5: ACTUALIZAR EL CONCEPTO DE NOSOTROS MISMOS

86 *Aunque nuestros valores son los principios:* J. A. Bailey, «Self-Image, Self-Concept, and Self-Identity Revisited», *Journal of the National Medical Association* 95, n.º 5 (1 de mayo de 2003): 383-86.

86 *Cuando somos niños, aún no tenemos la capacidad:* Raymond M. Bergner y James R. Holmes, «Self-Concepts and Self-Concept Change: A Status Dynamic Approach», *Psychotherapy* 37, n.º 1 (1 de enero de 2000): 36-44.

88 *Para ilustrarlo: si crees que no eres digno: Ibid.*

89 *Las investigaciones demuestran que el requisito previo más importante:* Hazel Rose Markus y Elissa Wurf, «The Dynamic Self-Concept: A Social Psychological Perspective», *Annual Review of Psychology* 38, n.º 1 (1 de enero de 1987): 299-337.

92 *Esto se debe a que nuestra mente utiliza tres métodos: Ibid.*

92 *Para contrarrestar nuestro hábito de recordar solo: Ibid.*

96 *El psicólogo y filósofo William James:* Gretchen Rubin, «Act the Way You Want to Feel», Slate, 6 de noviembre de 2009, https://slate.com/human-interest/2009/11/act-the-way-you-want-to-feel.html.

6: PERMITIR NUESTROS DESEOS

104 *Experimentamos envidia cuando:* W. Gerrod Parrott y Richard H. Smith, «Distinguishing the Experiences of Envy and Jealousy», *Journal of Personality and Social Psychology* 64, n.º 6 (1 de enero de 1993): 906-20.

104 *Las investigaciones demuestran que la envidia también puede ser:* Richard H. Smith y Sung Hee Kim, «Comprehending Envy», *Psychological Bulletin* 133, n.º 1 (1 de enero de 2007): 46-64.

107 *Las investigaciones demuestran que dividir nuestros objetivos más grandes:* Szu-Chi Huang, Liyin Jin y Ying Zhang, «Step by Step: Sub-Goals as a Source of Motivation», *Organizational Behavior and Human Decision Processes* 141 (1 de julio de 2017): 1-15.

8: ESTABLECER LÍMITES CON NOSOTROS MISMOS

135 *Las investigaciones sugieren que compartir tu objetivo:* Howard J. Klein et al., «When Goals Are Known: The Effects of Audience Relative Status on Goal Commitment and Performance», *Journal of Applied Psychology* 105, n.º 4 (1 de abril de 2020): 372-89.

10: ESTABLECER LÍMITES CON LOS DEMÁS

160 *Acuñado por un bloguero:* Zawn Villines, «What Is Gray Rocking?», *Medical News Today*, 10 de enero de 2023, https://www.medicalnewstoday.com/articles/grey-rock.

161 *La diferenciación es la capacidad:* Gehart, «Intergenerational and Psychoanalytic Family Therapies», 263-309.

168 *La técnica del disco rayado es una forma:* Manuel J. Smith, *When I Say No, I Feel Guilty* (Nueva York: Bantam, 1975): 60-62.

169 *Silvy Khoucasian, terapeuta y asesora de relaciones:* Silvy Khoucasian, «Sometimes One Person's Boundaries Are Incompatible with Another Person's Needs», Instagram, 2023, consultado el

10 de enero de 2024, https://www.instagram.com/p/CwdYBUqvEb7/.

11: ESTABLECER LÍMITES EMOCIONALES

174 *Los padres emocionales se dejan:* Lindsay C. Gibson, *Adult Children of Emotionally Immature Parents: How to Heal from Distant, Rejecting, or Self-Involved Parents* (Oakland, CA: New Harbinger, 2015), 70.

178 *Esto puede resultar agradable cuando las cosas:* Gehart, «Intergenerational and Psychoanalytic Family Therapies», 263-309.

180 *Una cita popular atribuida al psiquiatra:* Stephen Covey y Alex Pattakos, *Prisoners of Our Thoughts: Viktor Frankl's Principles for Discovering Meaning in Life and Work* (National Geographic Books, 2017), IV.

181 *Se ha demostrado que las metáforas visuales:* Valerie Thomas, *Using Mental Imagery in Counselling and Psychotherapy: A Guide to More Inclusive Theory and Practice* (Nueva York: Routledge, 2015), 55-56.

12: LO QUE PODEMOS Y NO PODEMOS CONTROLAR

199 *La autora Elizabeth Gilbert dijo:* Elizabeth Gilbert, «You are afraid of surrender because you don't want to lose control», Facebook, 12 de julio de 2020, https://www.facebook.com/GilbertLiz/photos/a.356148997800555/3234180116664081.

13: CÓMO LA OPPRESIÓN NOS MANTIENE EN SILENCIO

203 *Para los hombres negros, cualquier:* Brea Love, «NAACP Explains the "Angry Black Person" Bias», ABC10, 31 de marzo de 2021,

https://www.abc10.com/article/news/local/naacp-explains-angry-black-person-bias/103-dce57751-10bd-403e-81fd-4e7cec058671.

203 *Las mujeres negras también suelen ser:* Daphna Motro et al., «Race and Reactions to Women's Expressions of Anger at Work: Examining the Effects of the 'Angry Black Woman' Stereotype», *Journal of Applied Psychology* 107, n.º 1 (1 de enero de 2022): 142-52.

203 *Mientras tanto, las mujeres latinas:* Dana Mastro y Elizabeth Behm-Morawitz, «Latino Representation on Primetime Television», *Journalism & Mass Communication Quarterly* 82, n.º 1 (1 de marzo de 2005): 110-30.

203 *Las personas de color a menudo se enfrentan a:* Courtney L. McCluney, «The Costs of Code-Switching», *Harvard Business Review,* 28 de enero de 2021, https://hbr.org/2019/11/the-costs-of-codeswitching.

203 *El cambio de código puede disminuir: Ibid.*

204 *Las investigaciones demuestran que las mujeres:* Alexis Krivkovich et al., «Women in the Workplace 2022», McKinsey & Company, 18 de octubre de 2022, https://www.mckinsey.com/featured-insights/diversity-and-inclusion/women-in-the-workplace.

204 *Mientras tanto, las mujeres racializadas, las mujeres LGBTQ+: Ibid.*

204 *Las mujeres que abordan estas desigualdades:* Chloe Grace Hart, «The Penalties for Self-Reporting Sexual Harassment», *Gender & Society* 33, n.º 4 (1 de mayo de 2019): 534-59.

204 *Las investigaciones muestran que las mujeres soportan:* Allison Daminger, «The Cognitive Dimension of Household Labor», American Sociological Review 84, n.º 4 (9 de julio de 2019): 609-33.

204 *Cuando las mujeres piden a sus parejas masculinas:* Gemma Hartley, «Women Aren't Nags—We're Just Fed Up», *Harper's Bazaar,* 8 de julio de 2019, https://www.harpersbazaar.com/culture/features/a12063822/emotional-labor-gender-equality/.

204 *Soraya Chemaly escribe en:* Soraya Chemaly, *Rage Becomes Her: The Power of Women's Anger* (Nueva York: Simon & Schuster, 2018), 14.

205 *Desde 2020, la discriminación:* Sarah Kate Ellis, «Executive Summary: Accelerating Acceptance 2022», en *Executive Summary: Accelerating Acceptance 2022*, GLAAD, 12 de mayo de 2023, https://glaad.org/publications/accelerating-acceptance-2022/.

205 *Dentro del sistema judicial estadounidense:* «Mapping Attacks on LGBTQ Rights in U.S. State Legislatures», American Civil Liberties Union, 1 de septiembre de 2023, https://www.aclu.org/legislative-attacks-on-lgbtq-rights.

205 *70% de los estadounidenses LBGTQ+: Ibid.*

205 *El 75% de las personas trans:* Sandy James *et al.*, «Executive Summary of the Report of the 2015 Transgender Survey», National Center for Transgender Equality, diciembre de 2016, https://transequality.org/sites/default/files/docs/usts/USTS-Executive-Summary-Dec17.pdf.

205 *A pesar de la creciente popularidad:* Elisabeth Sheff, «Polyamorous Women, Sexual Subjectivity and Power», *Journal of Contemporary Ethnography* 34, n.º 3 (1 de junio de 2005): 251-83.

206 *Para evitar daños, las personas no monógamas: Ibid.*

206 *La neurodiscriminación es el trato injusto:* Ariane Resnick, «What Does It Mean to Be Neurodivergent?», Verywell Mind, 5 de julio de 2023, https://www.verywell mind.com/what-is-neurodivergence-and-what-does-it-mean-to-be-neurodivergent-5196627.

206 Neurodivergente *es un término general: Ibid.*

206 *Las personas neurodivergentes a menudo:* Billie Olsen, «What Is Masking and Why Do Neurodivergent People Do It?», LGBTQ and ALL, 24 de septiembre de 2021, https://www.lgbtqandall.com/what-is-masking-and-why-do-neurodivergent-people-do-it/.

206 *En un estudio de 2017:* Laura Hull et al., «Putting on My Best Normal: Social Camouflaging in Adults with Autism Spectrum Conditions», *Journal of Autism and Developmental Disorders* 47, n.º 8 (19 de mayo de 2017): 2519-34.

206 *Otro escribió: Ibid.*

206 *A lo largo de los años:* Rebecca Stanborough, «Autism Masking: To Blend or Not to Blend», Healthline, 19 de noviembre de

2021, https://www.healthline.com/health/autism/autism-masking#effects.

207 *Como vimos en el capítulo 1, las culturas colectivistas:* Hazel R. Markus y Shinobu Kitayama, «Culture and the Self: Implications for Cognition, Emotion, and Motivation», *Psychological Review* 98, n.° 2 (abril de 1991): 224-253.

207 *En las culturas colectivistas, aquellos que defienden:* Eftychia Stamkou et al., «Cultural Collectivism and Tightness Moderate Responses to Norm Violators: Effects on Power Perception, Moral Emotions, and Leader Support», *Personality and Social Psychology Bulletin* 45, n.° 6 (3 de noviembre de 2018): 947-64.

210 *Como explican Emily y Amelia Nagoski:* Emily Nagoski y Amelia Nagoski, *Burnout: The Secret to Solving the Stress Cycle* (Nueva York: Ballantine Books, 2019), 27-49.

210 *Cuando no podemos escapar completamente: Ibid.*

211 *La organizadora comunitaria Nakita:* Nakita Valerio, «This Viral Facebook Post Urges People to Rethink Self-Care», *Fashion,* 13 de julio de 2021, https://fashion magazine.com/flare/self-care-new-zealand-muslim-attack/.

14: CAMINAR A TRAVÉS DEL FUEGO

218 *Las personas que juzgan sus emociones:* Brett Q. Ford et al., «The Psychological Health Benefits of Accepting Negative Emotions and Thoughts: Laboratory, Diary, and Longitudinal Evidence», *Journal of Personality and Social Psychology* 115, n.° 6 (1 de diciembre de 2018): 1075-92.

220 *Holly Whitaker, en su:* Holly Whitaker, *Quit like a Woman: The Radical Choice to Not Drink in a Culture Obsessed with Alcohol* (Nueva York: Dial Press, 2019), 147.

15: ENFRENTAR EL MIEDO, LA CULPA Y LA IRA

222 *Tara Brach, psicóloga:* Tara Brach, *Radical Acceptance: Embracing Your Life with the Heart of a Buddha* (Nueva York: Bantam Books, 2003), 27.

229 *Después de hablar con miles de pacientes:* Bronnie Ware, *Top Five Regrets of the Dying: A Life Transformed by the Dearly Departing* (Londres: Hay House, 2019), 42.

231 *La psicóloga Marolyn Wells escribe:* Marolyn Wells, Cheryl Glickauf-Hughes y Rebecca Jones, «Codependency: A Grass Roots Construct's Relationship to Shame-Proneness, Low Self-Esteem, and Childhood Parentification», *American Journal of Family Therapy* 27, n.º 1 (1 de enero de 1999): 63-71.

234 *Las investigaciones demuestran que el ejercicio:* Nagoski y Nagoski, *Burnout: The Secret to Solving the Stress Cycle,* 27-49.

235 *Los estudios demuestran que la ira es:* Charles S. Carver y Eddie Harmon-Jones, «Anger Is an Approach-Related Affect: Evidence and Implications», *Psychological Bulletin* 135, n.º 2 (1 de enero de 2009): 183-204.

235 *Mientras que la ansiedad y la tristeza: Ibid.*

17: PERMITIR EL DUELO, LAS TRANSICIONES Y LOS NUEVOS COMIENZOS

260 *Los rituales de duelo nos ayudan:* Francesca Gino y Michael Norton, «Why Rituals Work», *Scientific American,* 14 de mayo de 2013, https://www.scientificamerican.com/article/why-rituals-work/.

262 *Holly Whitaker, que escribe:* Holly Whitaker, «#34 You Are Doing It. This Is the It», *Recovering,* 17 de noviembre de 2022, https://hollywhitaker.substack.com/p/34-you-are-doing-it-this-is-the-it.

268 *William Bridges, autor:* William Bridges y Susan Bridges, *Transitions: Making Sense of Life's Changes* (Nueva York: Da Capo Lifelong Books, 2019), 139.

18: NO HAY NOSOTROS SIN MÍ

271 *La palabra intimidad se deriva de:* Richard E. Sexton y Virginia Staudt Sexton, «Intimacy: A Historical Perspective», en *Intimacy,* ed. M. Fischer et al. (Nueva York: Plenum Press, 1982), 1-20.

273 *Una de las formas más comunes:* Pete Walker, *«The 4Fs»,* en Esther Perel, *Mating in Captivity: Unlocking Erotic Intelligence* (Nueva York: HarperCollins, 2009), 25.

279 *Según un estudio del Instituto Gottman:* «The Four Horsemen: The Antidotes», Instituto Gottman, 5 de febrero de 2023, https://www.gottman.com/blog/the-four-horsemen-the-antidotes/.

279 *Según el Instituto Gottman, estos cuatro comportamientos: Ibid.*

283 *De hecho, las investigaciones muestran que comprometerse:* Wei-Fang Lin et al., «We Can Make It Better: ‹We› Moderates the Relationship between a Compromising Style in Interpersonal Conflict and Well-Being», *Journal of Happiness Studies* 17, n.º 1 (5 de octubre de 2014): 41-57.

284 *El psicoterapeuta John Gottman escribe:* Ellie Lisitsa, «Manage Conflict: The Art of Compromise», Instituto Gottman, 28 de diciembre de 2020, https://www.gottman.com/blog/manage-conflict-the-art-of-compromise/.

19: EL PATRÓN DE COMPLACER A LOS DEMÁS Y EL SEXO

289 *Muchas personas complacientes tienen:* Lucia F. O'Sullivan y Elizabeth Rice Allgeier, «Feigning Sexual Desire: Consenting to Unwanted Sexual Activity in Heterosexual Dating Relationships», *Journal of Sex Research* 35, n.º 3 (1 de agosto de 1998): 234-43.

291 *Chris Ash, víctima de un abuso sexual:* Chris Ash en conversación con la autora, abril de 2023.

292 *Algunas personas que sufren un trauma:* Walker, «The 4Fs».

292 *Estas personas aprenden que su:* Bessel Van Der Kolk, «Posttraumatic Stress Disorder and the Nature of Trauma», *Dialogues in Clinical Neuroscience* 2, n.º 1 (31 de marzo de 2000): 7-22.

292 *Bessel van der Kolk, psiquiatra: Ibid.*

293 *Los guiones sexuales son creencias generalizadas:* Sarah Bonell et al., «Benevolent Sexism and the Traditional Sexual Script as Predictors of Sexual Dissatisfaction in Heterosexual Women from the U.S.», *Archives of Sexual Behavior* 51, n.º 6 (5 de julio de 2022): 3063-70.

294 *Un estudio de 1994 descubrió:* Cindy Struckman-Johnson y David Struckman-Johnson, «Men Pressured and Forced into Sexual Experience», *Archives of Sexual Behavior* 23, n.º 1 (1 de febrero de 1994): 93-114.

294 *Un estudio de 2019 realizado con 87 chicos:* Kiera D. Duckworth y Mary Nell Trautner, «Gender Goals: Defining Masculinity and Navigating Peer Pressure to Engage in Sexual Activity», *Gender & Society* 33, n.º 5 (26 de julio de 2019): 795-817.

294 *Como explica la investigadora de sexualidad:* Michele Clements-Schriber, John Rempel y Serge Desmarais, «Women's Sexual Pressure Tactics and Adherence to Related Attitudes: A Step toward Prediction on JSTOR», *Journal of Sex Research* 35, n.º 2 (mayo de 1998): 197-205.

294 *De manera similar, los guiones sexuales que posicionan:* Diane Felmlee, David Orzechowicz y Carmen E. Fortes, «Fairy Tales: Attraction and Stereotypes in Same-Gender Relationships», *Sex Roles* 62, n.º 3-4 (5 de enero de 2010): 226-40.

294 *Un estudio de 2021:* Virginia Braun et al., «Sexual Coercion among Gay and Bisexual Men in Aotearoa/New Zealand», *Journal of Homosexuality* 56, n.º 3 (1 de abril de 2009): 336-60.

294 *Un participante del estudio dijo: Ibid.*

295 *Otro participante del estudio explicó: Ibid.*

295 *Un estudio de 2009 descubrió:* Rachel Jones y Elsie E. Gulick, «Reliability and Validity of the Sexual Pressure Scale for Women-Revised», *Research in Nursing & Health* 32, núm. 1 (1 de febrero de 2009): 71-85.

295 *Las participantes en el estudio citaron: Ibid.*

296 *Las investigaciones demuestran que quienes se sienten ansiosos:* Susan M. Johnson y Dino Zuccarini, «Integrating Sex and Attachment in Emotionally Focused Couple Therapy», *Journal of Marital and Family Therapy* 36, n.º 4 (30 de septiembre de 2009): 431-45.

296 *Como resultado, dependen:* Amy L. Gentzler y Kathryn A. Kerns, «Associations between Insecure Attachment and Sexual Experiences», *Personal Relationships* 11, n.º 2 (27 de abril de 2004): 249-65.

300 *Este fenómeno, llamado* espectador: Paul D. Trapnell, Cindy M. Meston y Boris B. Gorzalka, «Spectatoring and the Relationship between Body Image and Sexual Experience: Self-Focus or Self-Valence?», *Journal of Sex Research* 34, n.º 3 (1 de enero de 1997): 267-78.

300 *La educadora sexual* y *escritora Ella*: Ella Dorval Hall, «I'm a Recovering People Pleaser. Now That I Know What I Want and Need, I Have Better Sex», *Insider,* 31 de marzo de 2023, https://www.insider.com/enjoy-sex-healing-people-pleasing-habits-performance-anxiety-2023-3.

301 *El orgasmo implica la desactivación*: Johnson y Zuccarini, «Integrating Sex and Attachment in Emotionally Focused Couple Therapy».

301 *Las cuatro razones más comunes*: Charlene L. Muehlenhard y Sheena K. Shippee, «Men›s and Women›s Reports of Pretending Orgasm», *Journal of Sex Research* 47, n.º 6 (2 de noviembre de 2010): 552-67.

20: REDESCUBRIR EL JUEGO

307 *Las investigaciones demuestran que el juego aumenta nuestra autoestima y bienestar:* Tamlin S. Conner, Colin G. DeYoung y Paul J. Silvia, «Everyday Creative Activity as a Path to Flourishing», *Journal of Positive Psychology* 13, n.º 2 (17 de noviembre de 2016): 181-89.

308 *Todo juego, dice:* Jennifer Wallace, «Why It's Good for Grown-Ups to Go Play», *Washington Post,* 20 de mayo de 2017, https://

www.washingtonpost.com/national/health-science/why-its-good-for-grown-ups-to-go-play/2017/05/19/99810292-fd1f-11e6-8ebe6e0dbe4f2bca_story.html.

308 *Evolutivamente estamos programados para jugar*: «Play Science: What We Know So Far», National Institute for Play, consultado el 6 de septiembre de 2023, https://www.nif play.org/play-science/summary-of-key-findings/.

309 *El juego ha ido disminuyendo*: Esther Entin, «All Work and No Play: Why Your Kids Are More Anxious, Depressed», *Atlantic,* 12 de octubre de 2011, https://www.theatlantic.com/health/archive/2011/10/all-work-and-no-play-why-your-kids-are-more-anxious-depressed/246422/.

309 *Aunque consumir medios:* K. C. Madhav, Shardulendra P. Sherchand y Samendra Sherchan, «Association between Screen Time and Depression among US Adults», *Preventive Medicine Reports* 8 (1 de diciembre de 2017): 67-71.

309 *Tricia Hersey, autora de:* Tricia Hersey, *Rest Is Resistance: A Manifesto* (Nueva York: Little, Brown Spark, 2022), 73.

313 *Estas ofrecen una:* «Play Personalities», National Institute for Play, consultado el 6 de septiembre de 2023, https://www.nifplay.org/what-is-play/play-personalities/.

315 *El ocio, explica, consiste en:* Mihály Csíkszentmihályi, *Flow: The Psychology of Optimal Experience* (Nueva York: HarperCollins, 2009), 68.

316 *Estos momentos de conciencia plena:* Marino Bonaiuto et al., «Optimal Experience and Personal Growth: Flow and the Consolidation of Place Identity», *Frontiers in Psychology* 7 (7 de noviembre de 2016): https://doi.org/10.3389/fpsyg.2016.01654.

316 *Resulta fascinante que las investigaciones demuestren:* Csíkszentmihályi, *Flow,* 49.

21: PERMITIR LA AMBIGÜEDAD Y PRACTICAR EL DISCERNIMIENTO

330 *Cuando pensamos en blanco y negro:* Dan Brennan, «Black and White Thinking», WebMD, 30 de marzo de 2021, https://www.webmd.com/mental-health/black-and-white-thinking.